UN ENLÈVEMENT

AU

XVIIIᵉ SIÈCLE

Imp. A. Salmon.

JULES CLARETIE

UN
ENLÈVEMENT
AU XVIIIe SIÈCLE

Documents tirés des Archives nationales

PARIS

E. DENTU, ÉDITEUR

LIBRAIRE DE LA SOCIÉTÉ DES GENS DE LETTRES

PALAIS ROYAL, 15, 17 ET 19, GALERIE D'ORLÉANS

1882

Tous droits réservés.

A MA MÈRE

Tu as été, ma chère mère, la confidente de mes projets littéraires, de mes espoirs, de mes rêves; lorsque je revenais autrefois de ces journées passées aux Archives, c'est à toi que j'apportais tout d'abord, comme une moisson faite dans le passé, ces trouvailles inconnues que je poursuivais avec une juvénile passion dans le domaine de l'histoire. Te rappelles-tu ces fièvres de joie lorsque j'avais découvert un document nouveau, dégagé de la brume d'autrefois un fait ignoré ou un mort méconnu? Ces années de labeur et de recherches, où j'allais chaque jour m'asseoir devant les papiers jaunis de la rue du Chaume, je voudrais les revivre! La fiction m'a souvent consolé de l'histoire, mais plus souvent encore l'histoire m'a arraché aux réalités des heures présentes.

C'est à toi, ma bien-aimée mère, que je veux dédier ce travail sur nos Archives nationales et sur un procès bien curieux du siècle passé. J'aurai peut-être mis le meilleur de moi-même dans mes livres d'histoire. Celui-ci contient bien des recherches; je l'ai fort longtemps travaillé, et c'est pourquoi je le crois digne de toi; il t'apportera, d'ailleurs, à défaut du mérite, une nouvelle preuve de ma reconnaissance pour tant de dévouement, et le témoignage de la profonde affection de

Ton fils,
JULES CLARETIE.

12 septembre 1882.

Une Visite à l'Hôtel Soubise

I

Il est à Paris un lieu en quelque sorte sacré où dort le passé de la France : c'est le palais des Archives. Je n'oublierai jamais l'émotion qui me saisit lorsque je visitai pour la première fois cet hôtel Soubise, où reposent les documents laissés par les siècles. Je me rappelais ces lignes ardentes où Michelet parlait de ses visites au Musée des monuments français, fondé jadis par A. Lenoir. « C'est là, et nulle autre part, dit-il dans son livre du *Peuple,* que j'ai reçu la vive impression de l'Histoire. Je remplissais ces tombeaux de mon imagination, je sentais ces morts à travers ces marbres, et ce n'est pas sans

1*

quelque terreur que j'entrais sous les voûtes où dor-
maient Dagobert, Chilpéric et Frédégonde. » Aux
Archives, ce ne sont point les morts qu'on rencontre, mais leur âme même, le testament de leur
vie, la trace, brûlante encore pour ainsi dire, de leurs
luttes, de leurs larmes et de leur sang. Et ce n'est
point à travers le marbre que passent l'écho lointain de
ces sanglots et le torrent de ces mille blessures : c'est
à travers les cartons entassés, ou plutôt exactement
catalogués, étiquetés, rangés avec un soin pieux et
correct sur les rayons des longues salles. En Espagne,
on glisse par des trous creusés dans la muraille, on
encastre, en quelque sorte, les unes au-dessus des autres, les bières des morts, et les cadavres dorment par
rangées dans les parois des cimetières. Il en est de
même aux Archives, et une pensée vous vient lorsqu'on traverse ces salles où tant de chartes, d'actes,
d'ordonnances, de lois, de lettres, de pièces de toutes
sortes sont ensevelis; lorsque la bonne odeur du
papier jauni vous pénètre, une pensée s'empare de
vous, mélancolique et recueillie, et il y a de la piété
envers les aïeux dans le regard qu'on jette à ces cadavres de pensées, de gloires, de haines et d'amours.

Ci-gît l'histoire !

Tout ce qu'il y a de vénérable et de grand, d'affreux
et de sublime dans les souvenirs de la France, tout

ce qui est fait pour enseigner la postérité, rendre la foi en l'avenir par le spectacle du passé, tout cela est contenu dans ce magnifique palais des Archives, où il semble.que, la nuit, doivent revenir les âmes de ceux qui ne sont plus.

Les anciens conservaient leurs archives dans les temples. L'hôtel Soubise n'est pas un temple, mais c'est la réunion de plusieurs hôtels qui méritaient de demeurer historiques. Il y avait jadis, à l'angle des rues du Chaume et des Quatre-Fils, un emplacement assez vaste qu'on appelait le grand *Chantier du Temple* parce qu'il appartenait aux Templiers, et dont les Parisiens firent présent au connétable Olivier de Clisson, le compagnon et le successeur de Duguesclin. Là, Clisson fit bâtir un hôtel qui, à sa mort, passa au comte de Penthièvre. Les Anglais s'en emparèrent et Penthièvre en fut dépossédé. Vers le milieu du xvie siècle, en 1553, l'hôtel Clisson fut acheté par Anne d'Este, duchesse de Guise, aux Babau de la Bourdaisière. En 1556, le duc de Guise donnait cette résidence au cardinal de Lorraine qui, à son tour, en fit présent au prince de Joinville, son neveu. J'emprunte tous ces détails au *Guide des rues et monuments de Paris*, un petit livre portatif où le regretté M. Frédéric Lock, un des hommes les plus érudits de ce temps — surtout en ce qui touche à

Paris — avait résumé une grande partie de sa science.
Que de fois n'avons-nous pas, à travers les ruelles
maintenant disparues du vieux Paris, fait la chasse à
l'histoire, notre modeste *Guide* de Lock sous le bras !

Derrière cet hôtel Clisson se trouvait, donnant
sur la rue de Paradis, l'ancien hôtel de Navarre, propriété du duc de Nemours, comte d'Armagnac, décapité sous Louis XI, et dont les biens avaient été
confisqués. Le comte de Laval étant devenu pos-
sesseur de cet hôtel lui avait donné son nom, et le
conseiller Brinon allait acheter cette propriété, puis
vendre l'hôtel au cardinal de Lorraine qui, lui, le
donna à son frère François, duc de Guise. A l'ancien
hôtel de Navarre communiquait l'hôtel de la Roche-
Guyon, bâti rue Vieille-du-Temple et appartenant,
en 1560, au comte de Montbazon qui le vendit au
duc de Guise. Le cardinal de Lorraine avait acheté,
de son côté, un assez vaste logis situé à côté de l'hôtel
Clisson, et ce fut là que, réunissant ces diverses
propriétés en une seule, ils s'établirent durant la
Ligue, opposant leur sorte de cour improvisée à la
cour des Valois et les pignons de l'hôtel Clisson aux
tourelles du vieux Louvre.

De cet hôtel Clisson, qui datait du xıvᵉ siècle,
il ne reste aujourd'hui qu'un bâtiment donnant dans l'ex-rue du Chaume, aujourd'hui rue des

Archives, et flanqué de deux tourillons. Dans ce bâtiment est pratiquée « la porte d'entrée qui conduisait à l'École des Chartes, lorsque cette école n'avait point encore été transportée dans une maison dépendant actuellement des Archives et située rue des Francs-Bourgeois, n° 58 ».

Avec les tourelles du Palais de Justice, les tourillons de la rue des Archives sont peut-être les seules tourelles du moyen âge qui subsistent encore dans Paris (1).

Cette ancienne porte d'entrée de l'École des Chartes, c'était l'entrée principale de l'hôtel de Guise. Ce furent les princes lorrains qui firent bâtir, sur les plans de l'architecte Lemaire, une grande partie des bâtiments encore existants. En 1697, l'hôtel fut acheté aux héritiers d'Élisabeth d'Orléans, veuve du dernier duc de Guise, par le prince François de Rohan-Soubise, et la somptueuse demeure des Guise prit désormais le nom d'*Hôtel Soubise*, qu'elle a gardé. Le prince de Rohan

---

(1) On voyait encore, il y a quelques années, à l'angle de la rue du Chaume et de la rue des Quatre-Fils, une partie de l'ancien hôtel de Guise, avec la fenêtre à balcon d'où, suivant la tradition, le duc de Guise aurait précipité Saint-Mégrin, qu'il croyait l'amant de la duchesse.

(Paris-Guide.)

appela alors à lui De la Maire, qui supprima l'ancienne entrée, fit ouvrir, sur la rue de Paradis, une porte que décoraient huit trophées d'armes et les statues encore debout d'Hercule et de Pallas, par Guillaume Coustou ; la cour d'honneur fut entourée d'une colonnade superbe, composée de cinquante-six colonnes, accouplées deux à deux et supportant, conjointement avec cinquante-six pilastres engagés dans le mur d'enceinte, une galerie couverte ornée d'une balustrade à jour (1).

C'est un des plus élégants et, à l'intérieur, un des plus somptueux monuments de Paris que cet hôtel Soubise, qui faillit être, en mai 1871, livré aux flammes par les insurgés, comme la préfecture de police, où tant de documents précieux étaient accumulés aussi, et qui ne fut sauvé que par un membre de la Commune, alors délégué à l'Imprimerie nationale. Il donna aux garçons de bureau demeurés aux Archives un papier marqué au timbre de la Commune de Paris et interdisant formellement aux gardes nationaux fédérés de pénétrer dans l'hôtel des Archives, puis il signa cette pièce de son nom. Cet ordre lui valut la clémence du conseil de guerre.

(1) Voir la *Préface* du *Musée des Archives nationales,* 1 vol. in-4°, chez Plon.

Pendant toute la durée de la Commune le drapeau
tricolore n'avait point cessé de flotter sur les Archives de la France.

Ce n'est que depuis 1808 que les archives de la
nation sont logés à l'hôtel Soubise. Elles ont tour à
tour été réunies dans le local de l'Assemblée nationale, lorsque, par le décret du 7 septembre 1789,
l'Assemblée constituante créa, sous le nom d'*Archives nationales*, un dépôt des pièces qui lui étaient
directement envoyées et d'une minute de ses procès-
verbaux; puis à Paris, d'abord dans la bibliothèque
des Feuillants, ensuite dans le couvent des Capucins
de la rue Saint-Honoré. Après le 10 août 1792, les
Archives avaient été installées aux Tuileries et elles y
étaient restées jusqu'au jour où les consuls avaient
pris possession du palais. On les avait alors trans-
portées au Corps législatif, d'où elles partirent pour
l'hôtel Soubise (1). En 1812, le local étant devenu
insuffisant, Napoléon avait ordonné la construction
d'un Palais des Archives, d'une contenance de cent
mille mètres cubes, entre le pont d'Iéna et le pont de

---

(1) Il existe aux Archives un décret de Napoléon Ier, daté de
Paris, 6 mars 1808, autorisant la régie de l'enregistrement et du
domaine à céder l'hôtel de Toulouse à la Banque de France,
moyennant une somme de 2 millions, et à *acheter l'hôtel de Soubise* et le Palais-Cardinal.

la Concorde, sur la rive gauche de la Seine. Ce décret impérial ne reçut pas d'exécution : M. de Montalivet posa une première pierre et ce fut tout. « En 1814 et 1815, dit M. Lock, toutes les pièces que Napoléon avait rapportées de ses conquêtes furent enlevées par les étrangers. On assure que, depuis, plus d'un gouvernement aurait confisqué à son profit certaines pièces des Archives (1). »

L'hôtel Soubise, ou plutôt le palais des Archives nationales, s'est fort agrandi de 1830 à 1870, et il faut lire dans la préface du beau livre consacré au *Musée des Archives* la succession des agrandissements, et comment, sous Daunou, sous Letronne, sous M. de Laborde, des constructions nouvelles, où l'on n'a employé, dit-on, que des matériaux incombustibles, furent faites en même temps qu'on achetait l'hôtel de M. Geoffroy d'Assy où se trouve aujourd'hui la *salle du public*.

---

(1) Les princes et les familles émigrées, de retour en France après 1815, réclamèrent et obtinrent en partie la remise de leurs titres séquestrés pendant la Révolution. On remit même à un neveu de d'Hozier les papiers purement historiques de cet ancien généalogiste, et en 1820 l'Université se fit livrer la plupart des documents précieux qui composaient une collection relative à l'instruction publique.

(Huillard-Bréholles.)

Mais ce n'est pas, à vrai dire, des modifications du monument que je voudrais parler. Ce n'est pas même l'histoire de la formation de cette immense et merveilleuse collection que j'entends esquisser. Une telle monographie serait la tâche d'un archiviste paléographe, et d'ailleurs elle a été faite très savamment, mais à un point de vue systématique, par M. de Laborde, dont le livre : *Les Archives de la France, leurs vicissitudes pendant la Révolution, leur régénération sous l'Empire,* tient plus du pamphlet que de l'histoire, et d'une façon très véridique par M. Henri Bordier, dont l'ouvrage est excellent, tout à fait savant, lumineux et juste. Il ne faudrait pas oublier, non plus, les solides travaux de MM. Vallet de Viriville et Huillard-Bréholles.

Non, je veux simplement conduire avec moi le lecteur aux Archives et lui faire traverser ces galeries, ces salles du *Musée* qui, malgré leurs décorations élégantes, leurs dorures et leurs peintures, sont pourtant d'autres Catacombes. A coup sûr, on trouvera plaisir et profit à une semblable visite, et l'hôtel Soubise, comme au temps des Guise, peut rivaliser aujourd'hui encore avec le Louvre. Le Louvre a ses Raphaël et ses Titien, ses maîtres italiens et ses divins *magots* flamands. Il a Véronèse, Velasquez, Rubens, Ruysdaël et Hobbema. Mais

l'hôtel Soubise a ses vieilles chartes et ses parchemins, où palpite le grand drame, le drame éternel
de l'histoire. La vérité, l'âpre, poignante et émou-
vante vérité, vaut bien les séductions et les con-
solations de l'art. Elle aussi elle séduit, elle console, elle captive, elle enseigne. En sortant des
Archives, comme en sortant du Louvre, on se sent
à la fois pensif, étonné et meilleur.

C'est à la Convention qu'on doit une fondation
pareille. Colbert avait bien autrefois ordonné qu'on
prît copie des pièces les plus intéressantes déposées
dans les archives du Midi. Outre les dix mille fonds
d'archives locales, publiques ou privées, le *Trésor
des Chartes* était déposé à la Sainte-Chapelle, et,
vers 1760, des bénédictins avaient pris copie, par
ordre du Gouvernement, de plusieurs milliers de
pièces qui existent encore, dit Eugène Despois, à la
Bibliothèque. Mais ce qui est certain, c'est que la
Convention seule, par la loi du 7 messidor an II
(25 juin 1794), organisa, ou plutôt fonda, en réalité,
les Archives nationales. Jusque-là, l'Assemblée constituante et l'Assemblée législative s'étaient plus
préoccupées d'archives à elles spéciales que d'archives appartenant à la nation. Pour elles, comme
on l'a fort bien dit, tout datait de 1789. Condorcet
lui-même proposait, le 19 juin 1792, d'autoriser

tous les départements « à brûler les titres qui se trouvent dans les divers dépôts. » Il ne voulait point que tout ce qui subsistait du passé conservât un « ridicule espoir de retour ». M. de Laborde a volontairement exagéré les pertes que subit alors l'archéologie, et comparé les destructeurs des papiers servant à constater les usages et les droits féodaux à des « Peaux-Rouges dansant autour du foyer où rôtissent leurs victimes ». La vérité, c'est qu'il faut déplorer, à tous les points de vue, cette destruction, et que l'archiviste de Lille, cité par M. Huillard-Bréholles, avait cent fois raison lorsqu'il écrivait, en 1793, au ministre Garat : « Quand il serait vrai que ces papiers anciens et gothiques ne seraient que des titres de féodalité, je pense qu'on devrait encore les conserver comme des monuments propres à faire aimer la Révolution. »

D'ailleurs, il faut être juste, le respect du papier, de la pièce authentique, de la lettre écrite, de l'autographe, du texte curieux, inédit, inattendu, qui fera l'histore plus complète, ce respect est tout contemporain. C'est une vertu nouvelle, une vertu du siècle présent. Il y a cent ans, un tailleur, dont parle Lebeuf, découpait, pour faire des bandes qui lui servaient à prendre mesure des habits qu'il faisait, des manuscrits de saint Augustin, datant du XIIe siècle (1). De 1804 à 1816, combien de gens venaient compulser les archives, étudier l'histoire sur le vif, la peindre, si je puis dire, *d'après nature ?* Combien en douze années ? Sept ! — Oui, sept seulement : Dupont (de Nemours), Stendhal, Alexis Monteil, le cardinal Maury, Valery, et deux autres érudits dont on ne nous a point donné les noms. Il a fallu attendre les historiens, qui seront avec les poètes lyriques la gloire de ce siècle, pour voir le papier authentique honoré comme il mérite de l'être. Les Michelet, les Guizot, les Augustin Thierry, pour ne citer que les morts, nous ont enseigné ce que vaut un texte original.

Le premier des conservateurs de ces archives avait été Camus, cet austère Camus, religieux et résolu, qui ne se contentait point de veiller sur la poussière des paperasses, qui étudiait, interrogeait les vieux parchemins, qui faisait mieux encore, et allait arrêter Dumouriez jusque dans son camp.

Dans la séance de l'Assemblée nationale du vendredi 14 août 1789, Camus avait été nommé archiviste par 531 voix sur 692 votants. Il allait avoir une lourde tâche. Les papiers que Cambon devait, quel-

(1) Lebeuf, cité par Hennin, *Monuments de France.* — Voy. Despois, *Le Vandalisme révolutionnaire.*

ques années plus tard, proposer de trier afin d'y trouver des gargousses pour l'artillerie (ce qu'on fit, au surplus, jusque sous la Restauration), les papiers abondaient. C'était une épaisse pluie de chartes et de parchemins venus de tous les points de la France renouvelée de fond en comble, et de toutes les sources. M. de Laborde a énuméré ce que j'appellerais volontiers ces alluvions successives qui montrent bien le rajeunissement, la refonte même de la nation tout entière.

« Le 4 août 1789, dit-il, les justices seigneuriales ne savaient plus que faire de leurs minutes et de leurs procès-verbaux ; le 10 août, le clergé remettait les registres de ses dîmes et le 2 novembre les titres de ses biens. L'administration des provinces rendait, le 15 janvier 1790, aux départements nouvellement formés ce qui appartenait aux localités et à l'État ; le 13 février, on mettait sous le scellé, dans toute la France à la fois, les archives innombrables des ordres religieux, et le 24 février, tous les enregistrements des droits féodaux ; ce fut bien une autre invasion le 7 septembre, quand l'Assemblée fixa la fermeture des parlements et des cours de justice à la fin du mois, et quand leurs immenses archives furent dévolues à la nation. A Paris seulement, c'étaient au moins quarante mille registres et plus de cent mille liasses.

« Vint ensuite la suppression, dans toute la France, des cours des comptes et des monnaies, dont les archives étaient énormes; puis, le 13 février 1791, l'abolition des corporations et des jurandes, qui toutes avaient des archives spéciales. La séquestration des biens des princes (9 novembre 1791), des condamnés, des émigrés (9 février 1792), amenait la confiscation de leurs titres. Enfin l'enregistrement de l'état civil enlevé aux paroisses donna à l'État des milliers de liasses et de registres dans lesquels, depuis des siècles, on inscrivait les naissances, mariages et morts des habitants. La police et ses commissaires, l'Hôtel de Ville et ses circonscriptions, avaient d'immenses archives; elles furent fermées et les clés remises à l'Assemblée. La dernière suppression eut lieu le 8 août 1793; ce fut celle des académies, dont les archives multiples conservaient des papiers, des tableaux et des machines (1). »

Ce fut Camus qui dut aviser à la classification de toutes ces pièces, sauf pendant le temps qu'il passa dans les cachots de l'Autriche, Dumouriez l'ayant livré aux hussards allemands. Durant la captivité

---

(1) *Archives de la France,* par le marquis de Laborde. — Veuve Renouard, éditeur.

de Camus, l'intérim de la direction des Archives fut rempli par un homme de beaucoup de science et de raison, Baudin (des Ardennes) (1). Camus avait eu d'ailleurs à lutter beaucoup pour réaliser son projet de centralisation et arriver à la suppression des archives domaniales et judiciaires. Un moment, au début de ses travaux, il avait même offert sa démission à l'Assemblée.

Le 29 juin 1790, Gossin présentait au nom du comité de constitution un plan sur tout ce qui concernait les Archives nationales.

Un des articles portait que l'ancien archiviste serait perpétué de ses fonctions; mais Camus se déclarait démissionnaire, et n'était arrêté dans cette résolution que par Garat l'aîné.

Deux mois après environ, le 4 septembre au soir, Gossin faisait lecture de son plan d'organisation. Lachède demande alors qu'il soit décrété que nul membre de l'Assemblée nationale ne pourra accepter la place d'archiviste. Cette motion est appuyée; mais une grande partie de l'Assemblée réclamant

---

(1) Camus fut échangé, le 27 novembre 1795, avec les députés Quinette et autres, contre Marie-Thérèse-Charlotte de France. Or, les Archives possèdent l'arrêté du Directoire exécutif ordonnant cet échange (6 frimaire an IV).

la question préalable, l'Assemblée décide qu'il n'y a pas lieu à délibérer. C'est alors que La Vie, demandant la parole, s'écrie : « L'Assemblée, en écartant une motion de cette nature, a fait une chose sage, mais elle n'a point fait assez pour être juste. Je demande qu'il soit voté des remerciements à M. Camus, pour les soins qu'il a donnés aux Archives nationales. » Cette proposition est décrétée au milieu des applaudissements réitérés de la très grande majorité de l'Assemblée (1).

Après une très légère discussion, un décret était rendu dans cette même séance du 4 septembre, où nous trouvons, entre autres articles, ce qui suit :

Art. premier. — Les Archives nationales sont le dépôt de tous les actes qui établissent la constitution du royaume, son droit public, ses lois, sa distribution en départements.

Art. 2. — Tous les actes mentionnés dans l'article précédent seront réunis dans un dépôt unique, sous la garde de l'archiviste national, qui sera responsable des pièces confiées à ses soins.

---

(1) *Gazette nationale,* ou le *Moniteur universel,* n° 249. Lundi 6 septembre 1790, deuxième année de la Liberté.

Art. 3.—L'archiviste, nommé par l'Assemblée, et ses successeurs seront perpétuels....

Art. 5. — L'archiviste sera tenu d'habiter dans le lieu même où les Archives sont établies ; il ne pourra s'en absenter que pour cause importante et après avoir donné avis aux commissaires....

Le traitement de l'archiviste était fixé à 6,000 livres par année, hors le temps où il serait membre de l'Assemblée nationale. Un article, l'article 13, disait : « Les Archives seront ouvertes, pour répondre aux demandes du public, trois jours de la semaine, depuis neuf heures du matin jusqu'à deux heures, et depuis cinq heures après midi jusqu'à neuf heures. Mais on ne pourra entrer dans les salles et cabinets de dépôt que pendant le jour ; jamais il n'y sera porté ni feu ni lumière (1). »

Je pourrais multiplier, en feuilletant le *Moniteur*, les citations relatives à cette période d'organisation des Archives, mais, encore un coup, l'étude présente a un autre but, beaucoup moins ambitieux qu'une monographie.

---

(1) Aujourd'hui la *salle du public* ou salle de travail est ouverte, comme le bureau des renseignements, de dix heures du matin à trois heures de l'après-midi ; mais on ne communique plus rien après deux heures et demie.

On trouvera cependant — je tiens à le signaler — un intéressant rapport sur l'état des Archives, à la date de 1791, dans le compte rendu de la séance de l'Assemblée nationale du jeudi 13 octobre, jour où Vergniaud parle de « l'immensité des matériaux accumulés par chacun des comités de l'Assemblée nationale constituante ». — « Tel est, dit-il, le nombre prodigieux des cartons dépositaires de ces matériaux ; telle est l'épaisseur des registres tabulaires qui en indiquent l'objet, que, pour examiner seulement ces derniers avec quelque fruit, il nous aurait fallu (à lui et aux commissaires nommés pour vérifier l'état des archives) un travail de plusieurs mois. » Vergniaud propose donc à l'Assemblée d'entendre tout simplement le rapport de Camus : « Il sera le fil à l'aide duquel on pourra se reconnaître dans le labyrinthe des bureaux dont l'Assemblée constituante avait été forcée de s'environner, et dans les mines fécondes d'instruction qu'elle nous a laissées. » Et l'Assemblée votait, après lecture, l'impression du rapport de Camus.

Camus devait avoir pour successeur, en 1804, l'intègre Daunou, qui, à la chute de l'Empire, fut congédié et ne rentra à la direction des Archives qu'en 1830 ; de la Rue lui avait succédé dans cet intervalle sans le remplacer. En 1842, l'érudit Letronne prit, aux Archives, la place de Daunou, et fut remplacé, en 1848, par M. de Chabrié. Le directeur des Archives pendant le second Empire fut M. de Laborde, qui laissera son nom à la création de l'admirable Musée paléographique et sigillographique. Aujourd'hui enfin, le directeur général de nos Archives nationales est le savant M. Alfred Maury, dont l'amabilité et la bienveillance égalent l'érudition.

Cette immense quantité de documents conservés à l'hôtel Soubise est divisée en quatre grandes sections.

1° La *section administrative*, concernant les documents spécialement relatifs à l'administration domaniale, financière et contentieuse de l'ancienne France, tels que : ordonnances, lettres patentes, bons et brevets du roi, actes émanés de l'ancien Conseil d'État et de l'ancienne Chambre des comptes, etc. Elle reçoit les versements des ministères de l'Intérieur, de la Guerre, des Finances, de l'Instruction publique et des Cultes, de l'Agriculture, du Commerce et des Travaux publics.

2° La *section historique*, concernant les documents qui se rapportent à l'histoire politique, militaire et religieuse de la France. Les archives en quelque sorte secrètes, ou du moins si peu étudiées jusqu'ici (1), du ministère des affaires étrangères, enrichiraient singulièrement cette section.

3° La *section législative et judiciaire*, concernant les lois et actes émanés des Assemblées législatives. Elle reçoit les versements du ministère de la Justice.

4° La *section du secrétariat*, créée en 1856 et chargée, « outre les soins du service intérieur, de la conservation des actes du pouvoir exécutif jusqu'en 1815, c'est-à-dire des actes de la royauté constitutionnelle de Louis XVI, du Comité de salut public, du Directoire, du Consulat et du premier Empire ; papiers qui, sous le nom de *secrétairerie d'État*, étaient restés au Louvre jusqu'en 1849 ». Cette section a aussi dans ses attributions la bibliothèque des Archives et la garde des objets précieux contenus dans la fameuse *armoire de fer*, où la Convention enfermait les planches des assignats.

Cette armoire qui contient tant d'objets d'une haute valeur historique, nous allons la rencontrer sur notre chemin, en faisant, en curieux plus encore qu'en érudit, une visite à l'hôtel Soubise.

---

(1) Elles commencent à devenir publiques.

II

Après avoir franchi le seuil de la grande porte qui s'ouvre sur la rue de Paradis, on entre. A droite, on pousse une petite barrière devant la loge du concierge, et on pénètre, par une sorte de couloir, dans une façon d'antichambre qui s'ouvre, à gauche, sur le bureau des renseignements, et à droite sur la salle du public. C'est dans le bureau des renseignements que se fait par écrit, sur une feuille de papier fournie par les employés, la demande de communication des pièces à consulter ; c'est dans la salle du public que sont communiquées ces pièces.

Elle est petite, cette pièce, et silencieuse. Autour des tables, les chercheurs travaillent, penchés sur les textes et plus sérieusement attachés à leur œuvre que les lecteurs de la Bibliothèque. Savent-ils sur quelles tables ils font glisser leurs mains, ils appuient leurs coudes, ils ouvrent les cartons qu'on leur descend des hautes salles ? Ces tables de bois noir, rondes, à cinq pieds tournés, ce sont celles qui servaient aux membres du Parlement de Paris et autour desquelles, plus tard, prirent place les juges au Tribunal révolutionnaire. Fouquier-Tinville s'est peut-être assis là, à cette même place où nous étudions les cartons de 1794, où nous consultons l'interrogatoire de Camille Desmoulins.

Et ce ne sont point là les seuls meubles curieux, les seuls *accessoires* de l'histoire qu'on rencontre à l'hôtel Soubise. Tel archiviste ne s'assied-il pas sur le fauteuil où se tenait Sylvain Bailly, en qualité de président de l'Assemblée nationale? Ne verrons-nous point, au Musée, le bureau encore taché de sang, où fut couché Robespierre, la mâchoire fracassée? Le bureau de M. Alfred Maury est, paraît-il, le bureau même du prince de Condé, et les vieux siéges de chêne luisant en forme d'X qu'on rencontre là-haut, dans les galeries, sont les siéges des conseillers au Parlement du temps de Henri II.

Tout ici, encore une fois, vous parle du passé, tout l'évoque, et, mieux encore que les choses, ces savants archivistes, enfermés là, chacun voué à une époque différente, attaché à une section, et qui, tous, avec une patience admirable, se sont donné pour tâche de ressusciter quelque personnage oublié ou de projeter une vive et décisive lumière sur quelque point obscur de notre histoire. Nous par-

lons des travaux des Allemands; nous les admirons
encore, nous les vantions autrefois. Mais l'érudition
germanique est-elle supérieure à cette active érudition française, claire et profonde à la fois comme un
beau lac transparent?

Il y a là, dans nos Archives, des hommes d'un
talent rare et qui ont, en ces dernières années,
donné à leur pays des œuvres absolument durables.
Les opinions sont diverses, les points de vue différents; mais les ouvrages font honneur à la grande
école historique d'où ils sont sortis. Sans parler des
excellents travaux de M. Alfred Maury, le directeur général; de M. J. Tardif, et de M. Douët-
d'Arcq, dont un seul livre, le *Choix des pièces iné-
dites relatives au règne de Charles VI,* mériterait
de faire vivre le nom, MM. de Mas-Latrie, Émile
Campardon, E. Boutaric, Schneider, n'ont-ils pas
signé maint ouvrage, restitué des anciens textes,
édité des *Mémoires* d'un intérêt capital? M. Ed.
Dupont, chef du secrétariat, n'est-il pas un des
savants les plus profonds et les plus aimables qu'on
puisse rencontrer? De cette maison des Archives
sont sortis bien des livres qui ont marqué vivement
et d'une façon durable dans l'histoire littéraire de
notre France. M. Léon Gautier, l'éditeur et l'anno-
tateur de la *Chanson de Roland;* M. Luce, l'historien

de Duguesclin; M. Guiffrey, l'auteur de l'*Histoire
des beaux-arts;* M. Lot, qui connaît par le menu
le Parlement de Paris et les *Olim;* M. Longnon,
qui vient de publier une étude biographique sur
François Villon, d'après des documents inédits,
sont archivistes aux Archives nationales. M. Auguste
Longnon est, en vérité, une sorte d'homme de
génie en son genre; il a le génie de l'érudition.
Jusqu'à l'âge de vingt-deux ans, il exerça la profession de cordonnier, et cependant il trouvait, tout
en faisant ses souliers, le temps de devenir un érudit.
On avait vu des ouvriers rimeurs, Charles Poncy,
Magu ; des cordonniers poètes, témoin l'auteur du
Livre du Bon Dieu, Édouard Plouvier. Mais un
ouvrier capable de faire si bonne figure parmi nos
paléographes, d'écrire, à la même heure que
M. Auguste Vitu, cette étude sur Villon, de comprendre les vieux textes, et d'animer ainsi la bio-
graphie d'un enfant perdu du xve siècle, voilà ce
qui est plus étonnant, à coup sûr. La poésie est un
don natif; mais la science est la conquête de tous
les jours et de toutes les heures.

La plupart des érudits que je viens de citer ont
concouru à la formation de ce Musée paléographique fondé par M. de Laborde et dont on trouvera
une sorte de catalogue commenté, annoté et en-

richi de fac-similés, chez l'éditeur Plon (1). Il est à regretter que le volume n'ait pas été terminé et s'arrête à la Convention nationale, ou plutôt au Directoire, et que, pour la partie publiée, on n'ait pas eu la bonne idée de composer une table des noms cités, par ordre alphabétique. Tel qu'il est, ce volume n'en est pas moins précieux, et il va tout à l'heure nous servir dans notre visite aux salles du Musée.

MM. J. Tardif (pour les *Mérovingiens* et les *Carlo-vingiens*), M. Boutaric (pour les *Capétiens*), M. Huil-lard-Bréholles (pour les *Valois directs*), M. G. Saige (pour les *Valois collatéraux*), M. de Laborde (pour les *Bourbons, de Henri IV à Louis XIV*), M. E. Cam-pardon (pour les *Bourbons, Louis XV et Louis XVI*), M. Ed. Dupont (pour le *Régime constitutionnel* et *la République française*), ont rédigé les notices et classé les pièces historiques qui font la richesse de ce musée, unique au monde. Le travail de M. Ed. Dupont, travail des mieux faits et des plus intéres-sants, s'arrêtait à la mort de Napoléon Ier et com-prenait le Directoire, le Consulat, l'Empire et le début de la Restauration. Il faut regretter, et très

---

(1) *Musée des Archives nationales.* 1 grand volume, chez Plon, 1872.

vivement, que cette partie de notre histoire, et la plus poignante peut-être, ne figure que par fragments au Musée des Archives et n'ait pas été comprise dans le volume de M. Plon. Il est toujours temps de combler une lacune aussi regrettable.

On a organisé à Venise une sorte de musée comparable à ce Musée paléographique de l'hôtel Soubise, et le regretté M. Toffoli, ancien ministre de la République vénitienne au temps de Manin, a offert à son pays les autographes relatifs à l'Italie et à Venise qu'il possédait : lettres de Béranger, de Lamennais, de Victor Hugo, de Mgr l'archevêque Sibour, etc. Le *British Museum* a depuis longtemps mis en montre ses richesses paléographiques, depuis la *Magna Charta* jusqu'au livre de remerciements envoyé par les villes de France à l'Angleterre après la guerre de 1870-71, en passant par tant de siècles et en offrant tant d'autographes d'hommes divers : Shakespeare, Cromwell, Milton, Dickens, Macaulay; sans compter nos poètes mêmes : Corneille, Boileau, Racine, etc. Mais la collection exposée par le *British Museum* ne peut se comparer au magnifique ensemble de nos Archives, où figure, je le répète, toute notre histoire, depuis les temps barbares jusqu'à l'Exposition universelle de 1867.

Une promenade dans les galeries de l'hôtel Soubise a comme le vague d'un rêve. Passer des papyrus où saint Éloi a mis sa signature au registre qu'a touché la main de la Brinvilliers, de la condamnation du *Pantagruel* de Rabelais à l'acte d'accusation de Marie-Antoinette; aller de Henri IV à Voltaire, qui le chanta, et de Rousseau à Robespierre, conçoit-on cette féerie?

On vous montre, après une signature de Dagobert, une lettre de Coligny, écrite à Montgommery assiégé dans Rouen. La missive est tracée sur une chemise que le porteur a dû faire coudre à son pourpoint. Tout à côté, l'acte de mariage de Marie Stuart. Catherine de Médicis a signé là : *Caterine*, comme le duc de Brunswick signera *Bronsvig-Lunebourg*, son trop fameux manifeste que le sabre d'un soldat français lui fit payer à Iéna.

Tous les siècles défilent ainsi, et les morts avec eux. Une curieuse chose, c'est la liste des princesses d'Europe, dressée pour le mariage de Louis XV. Chaque nom de princesse est suivi des mentions de l'âge, de la nationalité et de la religion. Presque toutes sont luthériennes; Marie Leczinska est catholique, avec trois ou quatre autres. La plus vieille a quarante-neuf ans; la plus jeune sept ans. Tout à côté, des lettres de Mme de Pompadour, vrais *poulets* de femme galante : papier brodé et découpé, entouré

de filets bleus et roses, écriture de petite-maîtresse
nerveuse et impérieuse. Non loin de là sont exposées la condamnation de l'*Émile* et la protestation
de Voltaire en faveur de Calas. Ce sont d'étranges
antithèses. On voit dans un coin l'humble autographe de l'humble Lhomond, qui signe : *professeur
de sixième au collège du Cardinal Lemoine*. Pauvre
grand homme médiocre, qui nous a rendu tant de
services, et que nous avons tant maudit sur les
bancs de notre prison !.

Mais, avant de monter dans ces salles, en quelque
sorte attirantes comme une magie, donnons un
coup d'œil au *Musée sigillographique*, à la collection
des sceaux conservée au rez-de-chaussée. On traverse, pour y arriver, une longue salle toute pleine
de cartons à liscrés bleus et où se trouve accrochée
une fontaine en faïence, qui provient du Parlement
de Paris. Après le *Salon d'été,* où se faisaient jadis
les cours de l'École des Chartes, dans une petite
pièce décorée de peintures de Restout, de Vanloo
et de Trémolières, sont exposés, ou plutôt entassés dans des vitrines, les poinçons des orfèvres de
Paris, corporations diverses, fabricants de toile, etc.,
les timbres de la généralité de Paris, les fers ou
coins à battre monnaie. C'est là l'embryon d'un
musée qui sera fort curieux et qui est déjà tout

à fait précieux. (Il compte déjà 28,000 types.)

Au-dessus de ce musée, logé dans les appartements du prince, est installé le Musée paléographique ; pour celui-là, les appartements ont été restaurés, les moulures, les lambris, les peintures remis en état. Nous montons l'escalier et nous entrons dans la *Salle des Gardes,* avec sa voûte, ses grisailles et sés longues vitrines où, sous des rideaux jaunes, dorment les papyrus et les parchemins des Mérovingiens, Carlovingiens et Capétiens, avec leurs sceaux de cire pendant au bout des lacs. Deux bustes, l'un de Letronne, l'autre de Daunou, décorent cette vaste salle. Ce fut Daunou pourtant, ce grave Daunou, qui posa pour l'Amour dans un tableau célèbre de Gérard !

La première pièce, le document le plus ancien que nous rencontrions dans ce musée, est la confirmation d'une donation faite par Clotaire II à l'abbaye de Saint-Denis, en l'an 625 (juin ou juillet). C'est le plus ancien acte émané d'un roi de France qui soit conservé en original ; il a été réuni à une autre pièce, pour former une longue feuille de papyrus, au verso de laquelle on a transcrit, deux cents ans plus tard, au IXe siècle, un privilége d'immunité accordé par Dagobert Ier à l'abbaye de Saint-Denis. Comme tous les diplômes mérovingiens,

cet acte est écrit en *cursive;* l'avant-dernière ligne
se termine par la signature et le monogramme du
roi, suivi des mots qu'on rencontre si souvent,
tracés en lettres tironiennes : *In nomine Christi!* La
signature de Clotaire est *Chlothacharius,* comme e
nom de Clovis sera *Chlodovechus.* La façon dont les
scribes du temps latinisaient les noms germaniques
de nos premiers rois donne raison à Augustin
Thierry contre Charles Nodier, qui reprochait à
l'auteur des *Récits des temps mérovingiens* ses resti-
tutions de consonnes historiques.

« Les seuls titres originaux de l'époque mé-
rovingienne concernent, dit M. J. Tardif, des
églises et des abbayes. Les chartes et diplômes mérovingiens que possèdent les Archives ont été re-
trouvés dans les fonds de Notre-Dame de Paris, des
abbayes de Saint-Denis, Saint-Germain-des-Prés et
Saint-Maur-les-Fossés. » Rien n'est plus curieux, et,
mieux que cela, plus émouvant, que voir ces
grands diplômes tracés sur papyrus et dont l'écriture
semble aux profanes quelque chose comme des hié-
roglyphes. Les caractères apparaissent tracés d'une
encre rousse, grêles et barbares, sur le papyrus
jaune et parfois déchiqueté. « Le style de ces diplômes écrits à la cour des rois mérovingiens, où
se trouvaient réunis Gallo-Romains et Germains,

se ressent du mélange des deux races et des deux idiomes. La langue de ces actes, profondément atteinte par la dégénérescence des formes grammaticales, était encore altérée par les nombreux termes germaniques que les chanceliers furent forcés d'y introduire (1). »

Les Carlovingiens arrivent; déjà l'écriture, plus large, est devenue plus lisible. Les actes, rédigés en mauvais latin, sont écrits sur parchemin.

Le monogramme, la croix sommaire et le sceau de Charlemagne figurent au bas de plusieurs pièces. Ce sceau, qui a varié, est, d'ordinaire, une pierre antique. « Il est peu probable, dit M. André Lefèvre dans un court et substantiel article sur les *Archives* (2), que le grand empereur, malgré son amour pour les lettres et les subtilités grammaticales, ait jamais pu apprendre à écrire, ni même à signer son nom. Les temps qui suivirent son règne, comme ceux qui l'ont précédé, comptent parmi les plus tristes, les plus ignares, les plus douloureux qu'ait traversés l'humanité. » Les scribes et les clercs seuls savaient écrire alors, et loin de les en admirer, on leur en

---

(1) J. Tardif, Observations générales (*Musée des Archives nationales*).

(2) *L'Illustration*, 28 décembre 1867.

témoignait quelque mépris. Humbles et pauvres
gens ignorés, ils ont cependant conservé, comme
ce flambeau à demi éteint dont parle le poëte et
qu'on se passe de main en main, ils ont sauvé la
lumière tremblotante alors, et, grâce à ces inconnus
ensevelis au fond des cloîtres, si éclatante aujour-
u'hui !

Je ne m'arrêterai que devant les pièces les plus
importantes du Musée. Nous ne pouvons, on le
conçoit, refaire pas à pas (et la chose ici serait facile
pourtant) toute l'histoire de France.

Voici un des trésors des Archives : c'est le *Rouleau
de saint. Vital*. Le nom et la chose valent une explication.

« Au moyen âge, dit M. E. Boutaric, lorsqu'un
prince, un évêque, un abbé ou quelque autre personne distinguée mourait, on était dans l'usage de
faire part de son décès et de réclamer des prières dans
une circulaire en forme de rouleau, qu'un messager
transmettait aux églises avec lesquelles le défunt ou
sa communauté étaient en relations spirituelles. Au
reçu du message funèbre, chaque église traçait sur
le rouleau même un accusé de réception et profitait
de la circonstance pour recommander ceux qu'elle
avait eu la douleur de perdre. On choisissait dans la
communauté le clerc le plus savant, et la prose étant

souvent jugée indigne de célébrer les vertus de
ceux qu'on regrettait, les poëtes du cloître prenaient
part à une sorte de tournoi et s'efforçaient de méri-
ter une palme dont l'honneur rejaillissait sur la
maison. En même temps le plus habile calligraphe
était appelé à transcrire l'inscription qui devait
porter au loin le renom de la communauté. De là
des efforts poétiques souvent malheureux et des
spécimens d'écriture beaucoup plus intéressants par
la variété, la fantaisie et même le talent du scribe,
qui appelait quelquefois à son aide l'art du dessin,
surtout dans le tracé du *Titre* de l'église au nom
de laquelle la réponse était faite. »

Sous les vitrines de la salle des Capétiens, on
trouvera donc aux Archives nationales un de ces
rouleaux qu'on a pu appeler très justement un « monument unique ». C'est le rouleau du bienheureux
Vital, abbé de Savigny. Il date de la fin de l'année
1122, et toutes les écritures, tous les titres, les lettres
ornées, les rinceaux, les majuscules vermillonnées,
se retrouvent sur cette circulaire funèbre que le
messager transporta tour à tour — en la faisant partout *apostiller*, si je puis dire : — à Caen, à Bayeux, à
Pontoise, chez les moines de Saint-Martin, à Argenteuil, à Saint-Denis, à Paris, où il reçoit l'apos-
tille de Saint-Martin-des-Champs, de Saint-Germain-

des-Prés, de Saint-Victor, de Sainte-Geneviéve, de Notre-Dame; à Soissons, à Auxerre; puis, passant le détroit, en Angleterre : à Glocester, à Coventry, à York, à Westminster; pour revenir ensuite en France, de Vierzon à Chartres et de Chartres en Normandie, retourner en Angleterre, revenir encore en France, et repartir de nouveau pour Winchester et Salisbury.

Certes, n'y eût-il sur le rouleau du bienheureux Vital que le spécimen de ces *tituli* et de ces écritures diverses, ce serait là déjà une pièce capitale et d'un haut intérêt historique. Mais le rouleau de saint Vital nous offre une curiosité plus inattendue. On y trouve, parmi les poésies funèbres que tant de mains diverses et depuis plus de sept cents ans tombées en poussière ont tracées, un *autographe :* des vers d'Héloïse.

Lorsque le messager passa par Argenteuil et demanda à l'abbaye de femmes de Notre-Dame d'Argenteuil un *accusé de réception*, comme dit M. Boutaric, ce fut l'amante d'Abailard, retirée depuis plus de trois ans au couvent d'Argenteuil, qui se chargea d'écrire de sa main l'éloge du défunt abbé de Savigny.

M. Léopold Delisle, qui a analysé et, on peut le dire, révélé aux érudits eux-mêmes, en 1847, ce rouleau funèbre, longtemps conservé dans *l'armoire de fer* des Archives (1), pense que non seulement les vers ont été composés par Héloïse, mais encore qu'ils ont été écrits de sa main. Dans la vitrine où le rouleau de saint Vital est exposé, on peut déchiffrer dans le titre ce nom d'Héloïse : « *Helvidem* » et les premiers vers :

> *Flet pastore pio grex desolatus adempto,*
> *Soletur miseras turba fidelis oves.*

L'abbaye des femmes de Notre-Dame d'Argenteuil ne devait point subsister longtemps après le passage du messager porteur du rouleau du bienheureux Vital. Les religieuses furent bientôt chassées de leur couvent, à la demande de l'abbé Suger, et on mit à la place un prieuré de bénédictins. Le prétexte de cette violence fut la légèreté de la conduite des nonnes, et M. Boutaric pense que « la réputation d'Héloïse et ses malheurs ne furent pas étrangers à la décision qui dispersa les religieuses d'Argenteuil. »

Un peu plus loin, autre trésor, autre curiosité historique.

---

(1) Voir un article intitulé : *Des monuments paléographiques concernant l'usage de prier pour les morts,* dans la *Bibliothèque de l'École des Chartes* (2ᵉ série, tome III).

Le registre du Conseil du Parlement de Paris (du 12 novembre 1428 au 18 avril 1436), ouvert à la date du 30 mai 1429, nous montre, tracé par le greffier Clément de Fauquembergue, un dessin à la plume représentant Jeanne Darc « à mi-corps, tête nue, la main gauche appuyée sur la garde de son épée et tenant de la main droite sa bannière avec les lettres I. H. S. » Dessin naïf, s'il en fut, et qui rappelle les silhouettes enfantines et les croquis sommaires tracés sur les murailles par les gamins de tous les temps (on en a trouvé d'analogues à Pompéi). L'épée de la Pucelle est énorme, et sous le corselet le greffier a dessiné, du bout de sa plume, une cotte de mailles. Ce croquis curieux figure en marge de quelques lignes relatives à la levée du siège d'Orléans et à l'apparition de Jeanne :

« Mardi, X^e jour de may (1429) fu rapporté et dit à Paris publiquement que dimanche dernier passé les gens du Dauphin en grant nombre, apréz plusieurs assaulz continuelment entretenuz par force d'armes estoient entrez dedens la bastide que tenoient Guillaume Glasdal et autres capitaines et gens d'armes anglois de par le Roy, avec la tour de l'Yssue du pont d'Orléans par delà Loyre, et que ce jour les autres capitaines et gens d'armes tenans le siège et les bastides par-deçà Loyre devant la ville d'Orléans s'estoient partiz d'icelles bastides, et avoient levé leur siége pour aler conforter ledit Glasdal et ses compagnons et pour combattre les ennemis (les Français) *qui avoient en leur compagnie une pucelle seule ayant banière* entre lesdiz ennemis. »

Et cette pucelle « seule ayant banière », dont parle là le greffier Fauquembergue, c'est l'héroïne française, l'âme même de la patrie incarnée dans une femme, c'est le prodige le plus étonnant et le plus chevaleresque de l'histoire.

Qu'il y a loin de ces lignes sèches et en quelque sorte indifférentes, tracées par le greffier, de son écriture raide et allongée, sur les parchemins du registre du Conseil du Parlement ; qu'il y a loin de ce feuillet où Fauquembergue écrit à la date du 31 mai 1431 : « Par procès de l'Église, Jehanne, qui se faisoit appeller la Pucelle, qui avoit esté prise à une saillie de la ville de Compiengne par les gens de messire Jehan de Lucembourg,... a esté arse et brûlée en la cité de Rouen, et estoient escrips en la mitre qu'elle avoit sur sa teste les mots qui s'ensuivent : *heretique, relapse, apostate, ydolâtre*. Et en ung tableau devant l'eschaffaut de ladite Jehanne estoient escrips ces mots : *Jehanne qui s'est fait nommer la Pucelle, menteresse, pernicieuse, abuseresse du peuple, devineresse, supersticieuse, blasphèmeresse de*

Dieu, presumptueuse, mal créant de la foy de Jhesu Crist, vanteresse, ydolâtre, cruelle, dissolue, invocateresse de diables, apostate, scismatique et heretique »; qu'il y a loin, dis-je, de ces feuillets aux pages ardentes et aussi durables que notre langue, où Michelet célèbre, avec son grand cœur de Français, la plus charmante et la plus noble figure de la France !

Mais j'ai hâte, en vérité, de sortir de ces lointaines époques et d'arriver à des événements, à des hommes plus rapprochés du temps où nous vivons. En jetant un simple coup d'œil sur les vitrines où sont exposées les pièces du temps des Valois, de Henri IV, de Louis XIV, que de surprises nous rencontrerions, depuis l'original du politique *édit de Nantes*, tracé sur parchemin, avec sceau de cire rouge et verte, jusqu'à l'acte de révocation (Fontainebleau, octobre 1685), acte fatal et qui saigna la France aux quatre veines, jetant dans les bras de l'étranger, de l'Allemagne, les plus industrieux, les plus énergiques de ses fils ! Voilà pourtant, voilà le morceau de papier qui a causé tant de maux ! Auparavant, ne peut-on lire sur le gros *Registre en papier du bureau de la Ville de Paris,* ouvert à la date du 24 août 1572, une série de mandements du prévôt des marchands, après le compte rendu de l'audience de nuit dans laquelle le roi Charles IX, annonçant la conspiration des huguenots contre sa personne, ordonne au prévôt « de se saisir des clefs de la ville, de ne laisser sortir personne et de mettre sur pied la garde bourgeoise » ? Sur quoi le prévôt enjoint « aux bourgeois de s'armer, aux archers de la ville de se rendre en armes à l'hôtel-de-ville pour *éviter l'émotion et meurtres* », et interdit aux *passeurs d'eau* de faire traverser la Seine à *quiconque*. A la date du 25 — lendemain de la Saint-Barthélemy — se trouve relaté un nouvel acte interdisant toute espèce de pillage. Enfin, le 26, paraît un dernier mandement défendant de faire *aulcun tort à ceulx de la religion*. Quel drame et que de sang dans ces quelques lignes !

Sous ces vitrines où dort, après le temps des Valois, le siècle de Louis XIV, nous trouvons la signature de Bossuet, de Boileau, de Racine, de Sully, et — depuis que M. Campardon l'a si heureusement remis au jour — un autographe de Molière. Encore un coup, on se demande si l'on rêve. L'histoire est là, vivante. On n'a qu'à tendre la main pour la toucher.

Et combien est plus poignante encore celle qui va suivre !

III

LES ARTISTES ET LES GENS DE LETTRES

Je ne crois pas qu'il y ait, ni à Paris, ni même à Versailles, un salon aussi élégant, et d'une élégance aussi française, sans fracas, sans lourdeur, que le Salon doré, ou grande chambre à coucher de Mme de Soubise, qui porte, dans le Musée des Archives, le nom de Salle des Bourbons. Rien de plus charmant, de plus somptueux à la fois et de plus coquet. Les peintures de Boucher, les tapisseries refaites à Lyon sur le dessin original, la jolie frise, les glaces, la couleur chaudement cramoisie qui se marie si bien avec l'or des plafonds, sont ici d'un ton et d'un goût parfaits. Deux tableaux encadrés représentent des pastorales dues au pinceau de Boucher, et deux dessus de porte : *Minerve apprenant aux nymphes l'art de la tapisserie,* par Trémolière; *les Nymphes et l'Amour,* par Carle Vanloo. Derrière la balustrade qui marque la place autrefois occupée par le lit, sont exposés le testament de Louis XVI et divers autographes de Marie-Antoinette. Dans les autres vitrines se voient des documents de l'époque des Bourbons: La tradition, parfois assez maligne, veut que ce soit là, dans cette chambre même, que le fermier Ledoux ait obtenu, comme en souriant, la concession de la construction, par les fermiers généraux, des anciennes barrières de Paris. Il est certain que la concession fut obtenue. Ledoux fut très persuasif avec Mme de Soubise. La chronique chuchote de quelle façon; l'histoire se contente d'enregistrer le résultat.

Le testament de Marie-Antoinette est donc là, à côté de celui du roi, dans une vitrine spéciale. En jetant les yeux sur les pièces exposées dans ce salon, que de curiosités on rencontre! Voici des billets de la banque de Law. Ces billets du Mississipi étaient de différentes valeurs, on en a exposé quatre : l'un de dix livres tournois, l'autre de cinquante livres tournois, le troisième de cent livres tournois, le quatrième de mille livres tournois. Ils sont signés des principaux fonctionnaires de la banque : MM. Fenellon, Buresest et Bourgeois. Voilà pourtant ce qui a tourné la tête à tant de gens! Mais quoi! Avant ce Law dont M. Thiers a écrit l'histoire, la France n'avait point de marine; après lui, ses vaisseaux étaient nombreux. C'est un résultat.

Non loin de là, j'avise un autographe de Voltaire.
Les lettres du grand épistolier exposées ici ont été
publiées déjà ; mais voici deux pages de son adver-
saire Fréron qui valent la peine d'être recueillies.
Fréron ne trouve-t-il pas, n'a-t-il point trouvé des
défenseurs aujourd'hui ? Il ne s'agit rien moins que
de le réhabiliter. Ses avocats, M. Monselet, M. Jules
Soury, malgré leur talent, auront fort à faire.

L'autographe de maître Élie-Catherine Fréron
exposé aux Archives (1) est une lettre du 7 mars
1755, écrite au sieur Duché, maître de musique,
rue de la Comédie-Française, et où le critique de
l'*Année littéraire* se plaint des procédés du musicien.

« J'ai passé, dit-il, l'âge d'être dupe, et vous avez
bien fait de profiter de mon imbécillité. Vous me
coûtez, vous et votre femme, plus de douze mille
francs ; je paye pour vous les mille quarante-quatre livres de Mme Didier que vous avez reçues et mangées. Je
paye cent écus de pain au boulanger ; je paye douze
cents francs à M. Martin, dont il y a six cents au
moins pour ma noire sœur. J'ai payé des cafetiers,
des rôtisseurs, des tailleurs de cors, que sais-je ? J'ai
presque oublié mes bienfaits, aussi bien que vous.
Je vous ai laissé mes meubles, qui valaient mille écus

---

(1) Fréron était né à Quimper, en 1719 ; il est mort en 1776.

au moins ; je vous ai nourri, chauffé, etc., pendant trois ans. Vous étiez un pauvre petit maître de musique qui ne gagnait pas dix francs par mois ; je vous ai procuré des écoliers, je vous ai mis à même de gagner votre vie ; je vous ai sauvé de Bicêtre, où M. de Marville voulait vous envoyer ; je vous ai couvert de mes propres habits, de mon propre linge : voilà la récompense que j'en reçois ! je l'attendais d'une âme basse comme la vôtre. Ainsi vous ne m'étonnez ni ne me fâchez, soyez-en bien persuadé, car je suis convaincu que votre projet est de me tourmenter. Mais mon âme est inébranlable ; vous m'avez donné l'idée de ce dont les hommes sont capables. Ainsi, grâce à vous je suis devenu philosophe, et je m'attends tranquillement à tout. »

Il est évident que tout biographe de Fréron devra tenir compte désormais de cette lettre furieuse où son âme se montre à nu. Après tout, ce méchant écrivain n'était peut-être pas un méchant homme !

Donnons un regard à une pièce historique capitale : les confrontations des témoins avec Robert-François Damiens, accusé d'assassinat contre la personne de Louis XV (1757, 1er mars), et arrêtons-nous devant un autographe de Joseph Vernet, le chef de la dynastie des Vernet, le père de ce Carle qui disait en parlant de Joseph et d'Horace Vernet :

« Ma destinée est singulière : père de roi, fils de roi, jamais roi ! »

La pièce signée du nom de Joseph Vernet (1) est une lettre à M. de Marigny, datée de Rochefort, le 12 novembre 1761, et où Vernet, arrivé à Rochefort, écrit au marquis pour lui demander ses ordres au sujet des tableaux de ce port qu'il doit exécuter. Il lui annonce l'envoi à Paris des petits tableaux dont il avait eu la commande, et lui demande la permission, quand il aura fait un bon ouvrage, de l'offrir à Mme de Pompadour.

« Il y a douze jours, dit-il, que je suis icy pour proffiter de l'armement qu'on y fait, qui me fournit des objets convenables à orner les tableaux que je fais pour le roy. »

On trouverait dans nos Archives — sans compter les pièces historiques — assez de documents artistiques et littéraires pour éclairer plus d'un point de la vie des peintres ou des littérateurs du passé. Nous rencontrerons bientôt dans notre visite les noms des artistes de la Révolution et de l'Empire. En attendant, voici tour à tour Buffon, Florian, Cazotte, Bernardin de Saint-Pierre, Brillat-Savarin, Beaumarchais, — et combien d'autres ! — qui nous

---

1) Claude-Joseph Vernet, peintre, né en 1714, mort en 1789.

apportent eux-mêmes quelque renseignement sur leur existence, sur leurs goûts, sur leurs chagrins.

J'ai rencontré — non pas sous les vitrines du Musée, mais dans les cartons des Archives (1) — une suite de levées de scellés chez les artistes logés au Louvre, et qui nous initient, en quelque sorte, à la vie intime de ceux dont un huissier, de son style sec et net, décrit froidement le logis. J'ai publié dans la *Petite Revue anecdotique* la levée des scellés du comte de Caylus, décédé à l'Orangerie des Tuileries. La pièce est datée du jeudi 5 septembre 1765, et elle eût ajouté une page précieuse et plus d'un trait au portrait que nous donne de Caylus M. Clément de Ris dans son livre fort intéressant : *les Amateurs d'autrefois*. Avec les simples détails de cette levée de scellés on pourrait, en quelque sorte, reconstituer le cabinet tout entier du comte de Caylus.

Je vais donner ici le texte de quelques levées de

(1) Ces documents m'ont été communiqués par M. Émile Campardon, le fin connaisseur des choses et des hommes au xviiie siècle, qui les a trouvés dans les liasses des commissaires au Châtelet. C'est aux Archives encore que M. Campardon a recueilli la matière de ses piquantes et savantes études sur les *Théâtres de la Foire* et les *Petits Comédiens du temps passé*.

scellés qui intéresseront fort aussi, je pense, les curieux des choses de l'art. Le premier texte est daté du 16 juin 1732 et nous introduit chez le peintre Coypel, mort deux jours auparavant.

Apposition de scellés faite au Louvre
après le décès de Charles-Antoine Coypel, premier peintre du roy.

L'an mil sept cent trente-deux, le seize juin, quatre heures de relevée, nous, Pierre-Charles Davoust, huissier conseiller du roy, lieutenant général civil, criminel et de police de la prévosté de l'hostel du roy et grande prévosté de France, sommes transporté sur la réquisition de Me Jean-Charles Garnier, écuyer seigneur Disle, conseiller du roy, controlleur général des bâtiments de Sa Majesté et du département de Paris, laquelle réquisition nous a été par luy faite de l'ordre de monsieur de Vaudier, directeur général des bâtiments du roy, en un appartement ou atellier sis au second étage à gauche en entrant par la grande porte de la place du Louvre, ledit appartement occupé par deffunt Charles-Antoine Coypel, écuyer, premier peintre du roy, directeur et recteur de son académie royale de peinture et de sculpture et censeur royal, décédé le quatorze du présent, une heure de relevée, à l'effet de constater la quantité et qualité des tableaux appartenant à Sa Majesté et des ouvrages commencés pour son service, où étant monté au second étage dans ledit château du Louvre, ouverture nous a été faite dudit atellier par Ms Hugues-Adrien Jolly, garde des estampes et planches gravées de la bibliothèque de Sa Majesté, lequel nous a pareillement requis description être faite par distinction des effets et tableaux appartenants audit deffunt sieur Coypel, pour la conservation des droits de ses héritiers et de tous autres qu'il appartiendra, et nous a offert de représenter et indiquer les tableaux, effets et ouvrages concernant Sa Majesté, dont et quoi lesdits requérants nous ont demandé acte et ont

Signé : GARNIER DISLE, JOLY.

Sur quoy, nous, lieutenant général susdit, avons auxdites parties donné acte de leurs dires et réquisitions et, en conséquence, ordonné qu'il va être présentement et aux fins d'icelles procédé à laditte description sommaire de la manière et ainsy qu'il en suit et sera notre présente ordonnance exécuttée, nonobstant oppositions ou empêchements quelconques.

Approuvé : Trois mots rayés nuls.

P.-C. DAVOUST.

A la suite de ces lignes, nous trouvons (et voici qui est intéressant pour l'histoire de l'art) la liste de quelques tableaux laissés par Coypel :

« *Item,* un tableau peint sur bois représentant *Saint Jean l'Evangéliste* peint par Raphaël, de 7 pieds et demy ou environ de hauteur, sur 4 pieds de largeur, étant dans le cabinet du fond dudit atellier, donnant sur la grande cour dudit Louvre.

« *Item,* vingt autres tableaux appartenant à Sa Majesté étant placés dans ledit cabinet pour le rétablissement d'iceux.

« *Item,* douze dessins sur châssis étant des copies faites en Italie.

« *Item,* d'autres dessins pareils roulés et ficellés. »

Le malheur veut que ces tableaux ne soient point décrits. L'huissier lui-même évite, dit-il, la description qui couvrirait trop de papier timbré aux armes du roi et marqué *pro rege.*

« Sans description, dit-il, pour éviter les frais. »
Puis il continue :

« *Item,* dans une grande pièce servant d'entrée du cabinet, un très grand tableau peint sur toille et sans bordure, représentant le *Sacrifice d'Iphigénie.*

« *Item,* un autre tableau original représentant le *Jugement de Sancho Pensa.*

« *Item,* une copie non parachevée dudit tableau représentant le *Jugement de Sancho Pensa.* »

Le peintre Lepicié, secrétaire perpétuel de l'Académie royale de peinture, « demeurant audit château du Louvre, paroisse Saint-Germain-l'Auxerrois », assiste à la levée des scellés de Coypel.

20 août 1781. — C'est de la levée des scellés chez l'architecte Soufflot qu'il s'agit. L'huissier se rend « cour de l'Orangerie des Tuileries, dans le logement appelé *l'Orangerie,* actuellement le contrôle des bâtiments du roy, occupé par messire Jacques-Germain Soufflot, écuyer, chevalier de l'ordre du roy, intendant général des bâtiments de Sa Majesté », et là, il relève la liste des tableaux, têtes en plâtre, meubles en velours d'Utrecht, appartenant

à Soufflot. Le 18 janvier 1783, levée des scellés de
Mlle Quinault, « Jeanne-Françoise Quinault, fille
majeure, place et fossés du Louvre. » Le 16 avril
1788, levée des scellés de Buffon, « au Jardin du
Roy, dans l'hôtel de l'intendance dudit jardin, occupé par M. Georges-Louis Leclerc, chevalier,
comte de Buffon, La Mairie, Berges, Rougemont,
Quincy et autres lieux, de l'Académie françoise et
de celle des sciences à Paris, intendant du jardin et
du cabinet du roy ». L'huissier décrit la chambre à
coucher où est décédé Buffon, « ayant vue sur le
jardin du roy, au troisième »; les pelles, les pincettes,
la baignoire de cuivre rouge, les fauteuils de velours
d'Utrecht cramoisi, la couchette à bas pilier, fond
sanglé avec sommier de crin couvert de toile, et le
cabinet de travail où Buffon travaillait; la bergère
de damas à fleurs où il s'étendait, le cadran d'émail
qui lui donnait l'heure. *L'ameublement est riche,* dit
l'huissier, et l'écrivain à manchettes nous réapparaît
aussitôt.

Dans cette succession de levées de scellés, d'un
intérêt si précieux pour la reconstruction du passé,
je trouve justement la levée des scellés apposés
chez Joseph Vernet, dont je parlais tout à l'heure.
Le jeudi 2 octobre 1789, à deux heures de relevée,
l'huissier se rend « galeries du Louvre, dans un lo-

gement occupé par le sieur Vernet père, ayant son entrée et vue par la rue des Orties ». Vernet venait de mourir à une heure de relevée. Le cadavre était-il donc encore là? Peu importe à l'homme de loi, qui froidement accomplit son œuvre. Il regarde et il écrit :

« Dans la chambre où est décédé le sieur Vernet père, au premier, s'est trouvé en évidence un feu en deux parties orné de cuivre doré, une pelle, une pincette, un garde-feu de fer-blanc, un soufflet, deux bras de cheminée, une glace sur la cheminée d'une seule pièce dans son cadre doré, une lampe à la Quinquet, une commode à dessus de marbre garnie de mains et entrées de cuivre doré, six tableaux dans leur cadre de bois doré sculpté, deux rideaux de fenêtre de toile blanche de coton, six fauteuils de velours à petits carreaux fournis de crin et un marche-pieds de menu velours, une bergère et son carreau de velours vert, la tenture de la pièce en papier vert collé sur toile et baguette d'or, une couchette à bas pilliers à barre, une paillasse de toile à carreaux, trois matelats de laine couverts de toile à carreaux, un traversin de coutil rempli de plumes et une couverture de coton de Naples, le ciel du lit en serge ainsi que les rideaux de l'alcôve. »

Et peu à peu, dans ce bric-à-brac de la description
d'un huissier, le mobilier du peintre apparaît : le
clavecin, le tabouret, le papier de musique, « une
gravure dans son cadre doré, représentant *un Anglais à cheval* », — n'est-ce pas une gravure de
Carle? — une petite table, un pupitre, deux fusils,
une baïonnette, une canne appartenant à M. Vernet
le jeune. Dans la cave, l'huissier trouve : « 120 bou-
teilles de différents vins et qualités; 4 voies de bois
scié, 1 et demie de charbon, 1 fontaine évapora-
toire. » Dans la cuisine, « des chenêts, un tourne-
broche, une cafetière, un seau, un saloir; dans la
salle à manger, ayant vue sur le quai, une fontaine,
une cuvette en cuivre rouge, — comme dans les
tableaux de Chardin, — un grand poêle de faïence,
une lampe à la Quinquet, un buffet de bois de chêne
peint en gris, onze grands verres à patte, une sau-
cière, des cuillers d'argent, des couteaux à manche de
nacre, douze assiettes de porcelaine, un baromètre,
des rideaux de mousseline et des chaises de paille ».
On a publié les *Livres de raison* où les Vernet tenaient
au jour le jour leurs petits comptes. Mais, dans un
temps qui se plaît à connaître tous les détails vrais,
et fait sa proie des moindres documents, n'est-ce
pas un curieux spectacle que cette porte ouverte par
la mort sur l'intérieur d'un artiste du siècle passé?

Nous allons, tout à l'heure, retrouver plus d'un peintre sur notre chemin. Mais, en revenant aux vitrines du Musée, c'est tout d'abord par le nom de Sophie Arnould et par celui de Beaumarchais que notre attention est éveillée.

Le 8 thermidor an V (26 juin 1797), Sophie Arnould, artiste de la ci-devant Académie de musique, écrit au ministre de l'intérieur pour solliciter la liquidation de ses deux pensions de retraite tant du Théâtre-Lyrique que de la liste civile.

« Je conçois, dit-elle, que la multitude et l'importance des affaires dont vous êtes journellement accablé vous ayent fait oublier la mienne; mais comme il est un terme à tout pourtant, je désirerais que justice se fît en ma faveur relativement à la liquidation de mes pensions de retraitte, tant du Théâtre-Lyrique que de la liste civile, sur le même objet.

« A quoi cela peut-il tenir, aujourd'huy! qu'il est prouvée, attestée, par toutes les autorités possibles que j'ai vieillie, blanchie, rougie même pendant trente années sous le harnois lyrique!

« Que « je chantais ne vous déplaise... » Je vous prie d'observer qu'au titre de pensionnaire « non liquidée » de la nation, je ne puis y ajoutter que celui de « rentière non payée » et que ces deux ad-

verbes joints font vivres d'indignations et mourir de
faim : c'est dans cette position où je suis : qu'il me
reste à peine la force de me dire fraternellement,
citoyen ministre, votre affectionnée concitoyenne,

« SOPHIE ARNOULD. »

Beaumarchais est plus pressant et sa lettre est
plus étrange. Cet homme qui a tout essayé, tout
tenté, qui a fait de la littérature en négociant et du
négoce en littérateur, ce brasseur d'affaires, ce
diplomate, cet aventurier de génie, ce personnage
de Balzac né avant Balzac, ne s'avise-t-il pas de
chercher la direction des ballons? En l'an VI, en
août 1798, il écrit de Paris à François de Neufchâ-
teau, ministre de l'intérieur, deux lettres pour
recommander le citoyen Scott, auteur d'un mémoire sur la navigation aérienne.

« Parmi les améliorations que nous avons droit
d'espérer de votre rentrée au ministère de l'intérieur, dit-il, il existe une découverte sur laquelle
j'invoque votre sérieuse attention.

« Une des plus majestueuses idées dans les
sciences, qui ont honoré notre siècle et la France,
est certainement l'ascension des corps graves dans
le fluide léger de l'air. Mais notre nation, qui n'a

qu'un moment d'engouement pour les plus belles nouveautés, n'a bientôt fait qu'un jeu d'enfants d'une découverte propre à changer la face usuelle du globe, plus que n'a fait celle de la boussole, si l'on se fût occupé sérieusement d'élever cette idée jusqu'à la navigation aérienne !

« L'expérience, manquée à Saint-Cloud, de l'ascension dans un ballon, du duc de Chartres avec les physiciens Robert ; celle plus malheureuse encore du jeune Pilâtre des Roziers dans un autre ballon, reculèrent l'art de vingt ans. Je disais : Des ballons ! et toujours des ballons ! Dirige-t-on des corps sphériques ? Un penseur éclairé me communique une idée qu'il avait conçue pour diriger dans l'atmosphère des navires sans pesanteur ; mais sous la forme allongée des poissons auxquels l'aérostat doit être assimilé.

« Des physiciens contestaient la possibilité de cette direction, sous l'objection irréfléchie qu'il n'y a pas de point d'appui dans l'air, quoique chacun doive s'élever, se soutenir, se diriger ; les oiseaux de toutes grosseurs, qui le parcourent en tous sens, en dépit de leur pesanteur, et dont le plus léger est plus lourd qu'un vaisseau aérien de cent pieds de longueur, puisqu'on parvient à mettre celui-ci en équilibre avec l'air qu'il déplace.

« Ce raisonnement de mousquetaire m'irritait contre nos savants ; mais, pendant qu'ils décourageaient l'aéronaute M. Scott, je l'encourageais, moi, en faisant imprimer ce qu'il avait écrit là-dessus, pour lui assurer tout au moins l'honneur de sa belle invention, par la publicité de la date qu'il prenait en 1789.

« La Révolution est venue ; j'ai perdu M. Scott de vue, et l'ai cru englouti par elle. Moi-même proscrit quatre années, j'abandonnai l'idée de naviguer dans l'air, forcé de me traîner dans les routes fangeuses du nord de la haute Allemagne.

« Enfin, rappelé à mon poste par la justice du Directoire, le hasard m'a fait retrouver mon navigateur aérien.

« J'ai ranimé son courage abattu par des infortunes sans nombre, quoique les miennes ne soient pas moindres ! Ses idées, bien mûries par dix années de réflexions, m'ont paru dignes d'être offertes aux premières autorités. Je l'ai presque forcé de refaire un nouveau mémoire ; de l'adresser sans protecteur, au Directoire exécutif, sûr que si le mémoire vous était renvoyé, il trouverait en vous le protecteur de son idée.

« Ah ! citoyen, ne laissons pas toujours perfectionner par ces Anglais usurpateurs les idées qui germent chez nous!

« Utilisons nous-mêmes celle-ci, qu'elle honore votre ministère! Son auteur, par sa modestie digne de votre bienveillance, sollicite des commissaires. Donnez-les-lui de votre choix. Le citoyen Perrier, l'aîné, grand mécanicien, mon ami, pense comme moi du mérite de cette belle découverte. Plusieurs bons physiciens sont de notre avis là-dessus. Obtiendrai-je de vous, ministre, que vous jettiés un coup d'œil appréciateur sur le mémoire plus étendu que le baron Scott achéve avant de le renvoyer à personne? C'est un bel encouragement à donner! Il aura l'honneur de vous le présenter avec un autre mot de moi; trop modeste pour que j'ose le charger d'être le porteur d'une lettre où je vous dis ce bien de lui! Je vous adresse en droiture celle-ci, flatté d'une occasion de rappeler à votre souvenir un homme qui a toujours fait le plus grand cas de vos talents, qui honore votre personne et espére en vos sages vues dans le poste important où notre bonheur vous raméne (1).

« Salut et respect.

« Caron Beaumarchais,
«Boulevart Antoine, nº 1. »

---

(1) Il existe aux Archives un nombre considérable de pièces

Les historiens de l'art français, comme les historiens littéraires de notre pays, trouveront, je le répète, aux Archives de précieux renseignements. On se rappelle la fameuse lettre de Paul-Louis Courier sur les *illustres pillages* de l'Italie. A la vérité, Courier exagère; mais, s'il faut en croire Millin, Rome était dans un état assez douloureux après les années de guerre de la fin du XVIIIe siècle.

Millin écrit de la capitale de l'Italie, le 12 janvier 1811, au ministre de l'intérieur, pour l'informer de l'état déplorable des monuments de Rome. « Je souffre, dit-il, en entendant les réflexions que le triste spectacle fait naître naturellement aux étrangers les plus distingués. Je sais qu'il y a des gens qui raillent ceux qui pensent comme moi : on a imaginé pour eux l'épithète de « pleureurs de Rome », pour les rendre ridicules, comme le pleureur d'Homère de Carmontel; mais cette mauvaise plaisanterie ne peut m'intimider, et je ne crains point de déplorer la perte des plus nobles et des plus précieux monuments. L'expression même de ceux qui ont imaginé

---

relatives à Beaumarchais, à ses procès, à l'affaire Goezman, aux saisies opérées par ses ordres, de pamphlets dirigés contre lui, etc., etc. Ces documents formeraient un excellent *post-scriptum* au livre de M. Louis de Loménie sur *Beaumarchais et son temps*. J'en ai publié une grande partie dans le *Journal officiel* (1877).

cette dénomination prouve qu'ils pensent aussi que Rome n'a plus que quelques moments d'existence. »

Cette lettre de Millin a pour pendant un autographe d'Ingres, daté de Rome, 30 avril 1812.

Et cependant les commissaires français à Rome s'étaient occupés, quelques années auparavant, des soins à donner aux chefs-d'œuvre. On a retrouvé le procès-verbal d'examen du tableau de Raphaël, *la Transfiguration* (procès-verbal daté de l'an V, Rome), et dressé par les commissaires du gouvernement français, en présence de M. Valadier, architecte à Rome, chargé par le Pape de la livraison de tous les objets d'art remis à la République française en vertu du traité de Tolentino.

« Avons procédé à l'examen du tableau de Raphaël appelé *la Transfiguration,* afin de constater l'état dans lequel le gouvernement romain l'a donné.

« Après examen fait, nous avons remarqué ce qui suit :

« 1° Le tableau nous paraît avoir été restauré depuis environ soixante ans. La table est de cinq pièces et le bois est extrêmement vermoulu. Il y a dans la draperie verte, auprès de la figure du saint Jean, un trou fait par les vers d'environ un pouce et demi de long sur un demi-pouce de large, lequel trou laisse le bois à découvert; il y a un autre trou semblable à la base du tableau perpendiculairement au-dessous du pied du possédé. En général, tout autour du tableau il y a de pareilles écailles.

« 2° A la jointure de droite à gauche, dans toute la partie supérieure du tableau, la peinture est écaillée.

« 3° Dans toutes les parties glacées, et particulièrement dans les draperies de la figure du saint Pierre, le glacis s'est écarté et a formé des gerçures.

« 4° Il y a sur le pouce du pied de saint Pierre une petite écaille; il se trouve un pareil accident dans la draperie du prophète Élie, mais moins considérable; un autre semblable dans la draperie de Moïse, au premier joint des planches; enfin, il y a sur le tableau plusieurs taches de cire des cierges de l'autel où il était placé.

« Le présent procès-verbal a été fait triple : une expédition est pour le ministre des relations extérieures, une pour M. Valadier, et la dernière doit rester entre les mains des commissaires, qui ont signé avec mondit sieur Valadier, lesdits jour et an que dessus.

« Moittey, Berthelemy, Tinet. »

A la même époque, on expédiait en France certains manuscrits choisis, le 5 prairial an IV, à la bibliothèque Ambroisienne de Milan :

« Un manuscrit des antiquités de Josèphe, écrit sur le papyrus d'Égypte, ayant onze cents ans d'antiquité ;

« Un manuscrit de Virgile ayant appartenu à Pétrarque, avec des notes de sa main ;

« Un manuscrit sur l'histoire des papes ;

« Un manuscrit de Galilée sur la fortification ;

« Un manuscrit du même sur le flux et le reflux de la mer. »

Et tandis que Chérubini, inspecteur de l'enseignement du Conservatoire de Musique, signalait les partitions qu'on pouvait transporter d'Italie en France (1), les artistes français, réunis en une sorte

---

(1) Chérubini, inspecteur de l'enseignement du Conservatoire de musique, an IV, 14 messidor (2 juillet 1796). Paris, lettre au directeur général de l'instruction publique (Ginguené).

Il exprime le désir de compléter la bibliothèque du Conservatoire au moyen de collections musicales existant en Italie :

« ... Le général Bonaparte est dans Bologne. Ne serait-il pas possible que, comme la peinture, la musique profitât du succès de ses armes ? Il existe en cette ville la collection des œuvres du Père Martini, ensemble la plus précieuse collection des ouvrages traitant de cet art. Cet article est dans le couvent de Saint-François. Bologne renferme aussi la collection complète des œuvres de Perti, maître de chapelle de Sainte-Pétrone... »

de comité, demandaient (le 28 thermidor an IV, Paris, 15 août 1796), par une pétition au Directoire exécutif, qu'une commission fût formée pour examiner s'il fallait procéder au déplacement des monuments d'antiquité existant à Rome.

Ils disaient tout net qu'avant de déplacer de Rome les monuments d'antiquité, les chefs-d'œuvre de peinture et de sculpture qui composaient les galeries de cette « capitale des arts », il fallait qu'une commission formée par un certain nombre d'artistes et de gens de lettres nommés par l'Institut, partie dans son sein et partie au dehors, fût chargée de faire un rapport général sur ce sujet.

« ..... L'amour des arts, s'écriaient-ils, le désir de conserver leurs chefs-d'œuvre à l'admiration de tous les peuples, un intérêt commun à cette grande famille des artistes répandus sur tous les points du globe, sont les motifs de notre démarche auprès de vous. Nous craignons que cet enthousiasme qui nous passionne pour les productions du génie n'égare sur leurs véritables intérêts même leurs amis les plus ardents, et nous venons vous prier de peser avec maturité cette importante question de savoir s'il est utile à la France, s'il est avantageux aux artistes en général, de déplacer de Rome les monuments d'antiquité et les chefs-d'œuvre de peinture et de sculpture qui composent les galeries et les musées de cette capitale des arts. »

Cette pièce, qui concluait au respect de Rome et de ses chefs-d'œuvre, est signée, entre autres artistes, par L. Valenciennes, peintre; L. du Fourny, architecte; L. Moreau aîné, Quatremère-Quincy, David, peintres; P.-L. Fontaine, architecte; Charles Percier, architecte; Denon, graveur; Moreau le jeune, Lethière, Girodet, peintres.

Nous rencontrerions, aux Archives, plus d'une lettre de l'auteur de *Point de lendemain*, de ce Vivant Denon dont M. Clément de Ris a étudié la vie dans ses *Amateurs d'autrefois*. Vivant Denon, directeur général du Musée Central des Arts, écrit au premier consul (25 messidor an XI, 14 juillet 1803) une lettre où il annonce l'arrivée à Paris de la statue de la Vénus destinée au Musée :

« J'ai remis à votre arrivée l'ouverture des nouvelles salles du Musée des Statues. Jamais plus beau trophée de victoire, entièrement dû à vos travaux. C'est à vous, général, à faire l'inauguration de ce monument.

« Il y a une frise sur la porte qui attend une inscription; je crois que « Musée Napoléon » est la seule qui y convienne. On a appelé le Musée Clémentin celui que le pontife Ganganelli n'a fait que rassembler. C'est vous qui avez formé, conquis et donné celui-ci ; comment votre nom ne serait-il pas attaché à un si grand bienfait, à une si grande gloire pour la nation ?

« DENON. »

Le 22 brumaire an XII (14 novembre 1803), ce même Vivant Denon, devenu directeur du « Musée Napoléon », dont, en bon courtisan, il s'est fait le parrain, informe le premier consul qu'il se propose d'exposer dans le Salon d'Apollon une tapisserie découverte à Bayeux et brodée par Mathilde, femme de Guillaume le Conquérant :

« Il (ce monument historique) consiste en une bande de toile de quatre-vingts pieds de longueur sur laquelle a été brodée, par la reine Mathilde, femme de Guillaume le Conquérant, l'expédition de son époux en Angleterre et la défaite d'Arold (*sic*). Les noms des personnages sont brodés au-dessous des figures.

« ..... J'en ferai l'exposition dans le Salon d'Apollon, et, après cette exposition, il sera envoyé au Musée de Caen, qui, tout naturellement, est le lieu où il doit être exposé. »

Cette tapisserie est exposée, depuis plus de trente

ans, sous des vitrines, dans une salle spéciale de la Bibliothèque municipale de Bayeux. Il est contestable qu'elle ait été exécutée, quoi qu'en dise Vivant Denon, par la reine Mathilde (1).

(1) La tapisserie de Bayeux a donné lieu à des publications spéciales. Achille Jubinal l'a reproduite ; elle a été photographiée, il y a quelques années, de grandeur exacte et coloriée sur place par ordre de sir Henry Cole, alors directeur du South Kensington Museum. M. Frank Rede Fowkes a publié à Londres tout un volume in-4° avec texte, notes et photographies sur cette tapisserie fameuse, et M. Jules Comte s'en est occupé tout récemment. M. de Fleurville me donne les détails qui suivent sur cette œuvre d'art et d'histoire :

« La salle du rez-de-chaussée où se trouve la tapisserie contient aussi quelques peintures et dessins curieux, mais elle est spécialement consacrée à cette tapisserie d'un dessin si naïf, si original, très bien conservée dans une longue vitrine où j'ai pu l'admirer encore en septembre dernier. Le dessin des chevaux, presque tous étalons, est généralement plus correct que celui des guerriers et de leurs armes, bien que leurs pieds aient une tendance quelque peu éléphantine.

« Mais, ce qui frappe les yeux des moins observateurs, c'est le sexe de ces animaux, généralement très apparent, de formes très variées et d'une pureté de dessin, d'une vérité qui fait rêver à l'étude particulière des auteurs de cette tapisserie et à l'habileté des mains royales qui l'ont confectionnée.

« Un de ces touristes anglais, collectionneurs enragés et qui ont la manie de briser les plus belles choses pour en emporter chez eux un fragment, avait enlevé un petit morceau de cette tapisserie..... Mais un autre Anglais a voulu réparer ce sacrilège, et il a renvoyé, à Bayeux, le morceau, qui a été rajusté à la tapisserie avec une mention de ces faits.

« Mauté de Fleurville. »

Un peu plus tard, nous trouvons une lettre de David à l'intendant général de la maison de l'Empereur (19 juin 1806). Il lui fait connaître ce qu'il croit juste de lui accorder pour les quatre tableaux qu'il exécute : le *Sacre*, l'*Intronisation*, la *Distribution des aigles*, l'*Arrivée de l'Empereur à l'Hôtel de Ville*. Presque à la même époque, je rencontre une note du peintre Gérard à M. Mirbel, secrétaire des commandements du roi Louis, sur l'achat fait par M. Meyer, ambassadeur des Provinces-Unies, du tableau de *Bélisaire*.

« Après avoir quitté l'ambassade, M. Meyer, dit Gérard, m'écrivit de Bordeaux pour me prier de prendre chez moi le tableau qui jusque-là était resté à l'hôtel de la légation. Depuis, deux oppositions ont été mises sur ledit tableau, ce qui a empêché différents particuliers d'en faire l'acquisition... »

Voici encore une lettre de Girodet à ce même M. Mirbel, où il s'excuse de ne pouvoir vendre son *Endymion* au roi Louis ; il n'est pas libre d'en disposer.

« ... Veuillez, Monsieur, dit-il, offrir à Sa Majesté, avec mes plus vifs regrets, le désir que j'aurais de répondre autant qu'il est en moi à ses bontés, en me chargeant de faire moi-même pour elle, non pas une copie, mais une répétition de ce tableau, et même avec quelques améliorations dans les accessoires ou même dans la figure principale, et qui constateraient encore plus l'originalité de cette répétition... »

Un autre peintre, Guérin, écrit encore à M. Mirbel et fixe le prix de son *Andromaque* (18 avril 1808).

Ce ne sont point là, j'en conviens, des révélations capitales. De pareils autographes ne constituent, après tout, que la menue monnaie de l'histoire. Leur valeur est toute anecdotique. Mais quoi! la « curiosité » a son prix. Elle est devenue, en ce temps-ci, une quasi religion, et les collectionneurs se disputent volontiers une *panse d'a* tombée d'une plume illustre. En poursuivant notre route, nous allons rencontrer, d'ailleurs, non plus la Curiosité, mais la Vérité; non plus l'Anecdote, mais l'Histoire.

IV

LOUIS XVI ET LA RÉVOLUTION

Nous entrons dans les salles du Musée les plus intéressantes au point de vue de l'étude et les plus élégantes peut-être au point de vue de l'art. Le petit salon octogone, dit petit salon de Mme de Rohan, placé à l'extrémité de l'aile gauche du palais actuel des Archives, nous ferait presque oublier la chambre à coucher avec sa couleur cramoisie. « Ce petit salon, que décore une magnifique cheminée de marbre, reproduction fidèle de celle qu'on voyait naguère et sur laquelle on a placé une pendule provenant du château de Chantilly, — le château du prince de Condé, — est surmonté d'un splendide plafond. L'espace laissé sans moulures entre le contour de celui-ci et les archivoltes est occupé par huit toiles qu'exécuta, de 1737 à 1739, l'habile peintre Charles Natoire, et qui représentent les principales scènes de l'histoire de Psyché (1). »

(1) Alf. Maury, préface du *Musée des Archives*.

Au salon octogone succèdent deux autres chambres. La première, qui contient des documents de la Révolution, est ornée de quatre peintures : *Mercure apprenant à lire à l'Amour*, par Boucher ; *Castor et Pollux*, par Carle Vanloo ; *Minerve et le Silence*, par Restout ; *la Vérité*, par Trémolière.

Les salles que voici et celles qui suivent sont les salles de la Royauté constitutionnelle, de la République, du Directoire et de l'Empire.

M. Ed. Dupont s'était chargé de rédiger, pour la belle publication de M. Plon, les introductions et les notices des pièces de ces divers régimes. Il a commencé son œuvre avec sa science et son talent habituels ; mais, dans ce livre, *le Musée des Archives*, l'éditeur n'a point dépassé la date de 1799, quoique M. Dupont eût, avec sa sûreté ordinaire d'érudition, mené son travail jusqu'à la mort même de Napoléon Ier. Ainsi, dans ce musée paléographique, l'histoire contemporaine semblait avoir un point final. Pourquoi s'être arrêté au seuil du XIXe siècle ? L'éditeur, M. Eugène Plon, ne voudrait-il pas continuer une publication aussi importante ? Il manque à ce beau livre deux choses : une table alphabétique et analytique, et la fin du travail de M. Dupont sur le Directoire et l'Empire.

L'aimable et savant chef du secrétariat de nos

Archives nationales a, fort heureusement pour nous, bien voulu nous communiquer les *fiches* déjà rédigées et classées qui devaient lui servir à achever son œuvre, et c'est grâce à cette libéralité que nous pourrons aller plus loin que le xviiie siécle, dans cette analyse rapide des documents conservés aux Archives ou exposés au Musée. Nous ne saurions trop vivement en remercier M. Ed. Dupont.

Le règne de Louis XVI commence par une pièce datée de Versailles, 24 août 1780, jour anniversaire de la Saint-Barthélemy. C'est l'*Abolition de la question*. On dirait l'aurore clémente d'une journée qui finira en plein orage.

Voici un des nuages, au surplus. C'est un autographe relatif au « procès du collier », une lettre du cardinal de Rohan à Louis XVI (2 juin 1876) :

« J'ai l'honneur, dit le cardinal, de remettre entre les mains du roy la démission de la charge de grand aumônier ainsi que les décorations de l'ordre du Saint-Esprit.

« Le cardinal DE ROHAN. »

La cour est d'ailleurs rassurée, malgré ce scandale, malgré les sourds grondements du dehors. On aperçoit, au Musée, dans le petit salon octogone, sous une vitrine, « quatre-vingt-quatre cartes à

jouer et feuillets d'almanachs sur lesquels se trouvent, inscrits de la main de LouisXVI, *les noms des*
personnes admises aux dîners, soupers, soirées inti-
mes et à son jeu : billard, hombre, loto, piquet,
reversi, trictrac et whist ». Au 15 juin 1789 le roi
s'amuse encore.

« Le premier de ces feuillets remonte au 11 octobre 1786, et le dernier, qui est reproduit recto et
verso en *fac-simile*, porte les dates des 25, 30 mai
et 15 juin 1789.

« Le roi jouait ordinairement le billard avec le
vicomte de Laval; l'hombre avec Monsieur et le
duc d'Havré ; le reversi avec Monsieur, le marquis
de Belzunce et le duc de Guiche; le trictrac avec le
duc de Laval; le whist avec Monsieur, le duc d'Ayen
et le vicomte de Laval.

« Les personnes dont les noms se présentent le
plus souvent sont : le marquis d'Avaray, la duchesse
de Béthune, le duc de Brissac, la princesse de Broglie, la duchesse du Châtelet, le duc de Choiseul, le
prince de Condé, le prince de Croy, la baronne
d'Escars, le comte d'Esterhazy, la duchesse de la
Force, le duc de Fronsac, le duc d'Harcourt, le
prince de Lambesc, le duc de Lévis, le prince et le
comte de Luxembourg, la duchesse de Maillé, la
marquise de Montesquiou, la vicomtesse de Noailles,

le comte d'Osmond, la comtesse d'Ossun, le prince de Poix, le duc de Polignac, la comtesse de Puységur, le duc de Richelieu, le marquis de Tourzel, la marquise de Vintimille. Les noms précédés d'une accolade paraissent être ceux des personnes invitées à dîner ou à souper. »

Un mois après, la Bastille est prise. Les lettres royales vont faire place aux actes de l'Assemblée nationale.

« Les actes émanés des Assemblées nationales, auxquelles passe, d'abord en partie et bientôt en totalité, l'autorité qui appartenait antérieurement au roi, sont libellés de la façon la plus simple : « *L'Assemblée nationale, considérant,* » ou : « *après avoir entendu le rapport de son comité,* » ou : « *sur la motion d'un de ses membres,... décrète...* » Signé par le président et par les secrétaires de l'Assemblée. En marge, la formule d'acceptation royale : « *Le roi consent et fera exécuter* », daté, signé « *Louis* », contre-signé par un ministre. Le sceau, appliqué en cire ardente de couleur rouge, est ovale et a 35 millimètres de long sur 30 de large. Le champ porte trois fleurs de lis posées deux et une entre lesquelles sont les mots : « *La Loi et le Roi* ». La légende : « *Assemblée nationale, 1789* » est entourée d'une couronne de chêne. Ce type continua d'être en

usage jusqu'au 13 décembre 1791, quoique un décret
du 15 septembre précédent en eût prescrit le changement. Le sceau nouveau représente un piédouche
orné de guirlandes ; au milieu est figuré un écusson
portant l'inscription : « *La Nation, la Loi et le Roi* »,
et surmonté d'un bonnet phrygien qu'entoure une
couronne de chêne. Pour légende : « *Assemblée
nationale* », et en exergue : « *Procès-verbaux* » (1).

Plus tard, les pièces et documents changeront
encore de caractère, et M. Dupont décrit ainsi leurs
emblèmes révolutionnaires :

« La déesse de la Liberté, des chaines brisées,
l'œil de la Vigilance, le triangle égalitaire, un coq,
deux mains enlacées, le soleil levant ; tantôt, soit
des dates rappelant les principales époques de la
Révolution, soit des devises : « *Vivre libre ou
mourir, Vaincre ou mourir, Mort aux tyrans!* » la
formule : « *Liberté, égalité, fraternité* », à laquelle
s'ajoute pendant quelques mois : « *ou la mort* ». Le
cachet d'un employé aux subsistances à Strasbourg,
en nivôse an II, représente une guillotine sous
laquelle est inscrite la devise : « *Guerre aux fri-
pons !* » Une société populaire de « la section des
Sans-Culottes » grave sur son timbre une couronne

---

(1) Ed. Dupont. *Musée des Archives nationales.*

de chêne au centre de laquelle sont les mots : « *Vivre libre ou mourir* ». Le cachet de Championnet, mis sur une lettre de floréal an II, porte un cœur soutenu par un bras, et en légende : « *L'un et l'autre à la République* ».

Mais nous n'en sommes encore qu'à 1789.

Voici, daté de Versailles, 24 janvier 1789, le règlement arrêté par le roi pour l'exécution des lettres de convocation des États-Généraux. On a exposé tout auprès les procès-verbaux des assemblées des trois ordres du bailliage du Calaisis, réunis pour l'élection des députés aux États-Généraux (1789, 8-26 mars, Calais), les cahiers et doléances du clergé, de la noblesse et du tiers état.

La Révolution se précipite. Quelle est cette lettre du 20 juin 1789? C'est la lettre du marquis de Dreux-Brézé (1) informant Bailly que l'entrée dans les salles de l'Assemblée est « interdite par un ordre du roi ». Cette fameuse scène de la séance dans laquelle le marquis joua un rôle a été racontée par le fils même de M. de Dreux-Brézé à la séance de

---

(1) Brézé (Henri Evrard, marquis de Dreux et de), né le 6 mars 1766, entra au service en 1781 et, à la mort de son père, hérita de la charge de grand-maître des cérémonies de France. Sous la Restauration, il reprit ses fonctions et mourut à Paris en 1829.

la Chambre des pairs, le 15 mars 1833. « Mon père, disait-il, fut envoyé par Louis XVI pour ordonner à l'Assemblée nationale de se séparer. Il entra couvert : tel était son devoir, puisqu'il parlait au nom du roi. De grandes clameurs se firent entendre à sa vue. On lui cria de se découvrir. Mon père s'y refusa énergiquement. Alors Mirabeau se leva et ne lui dit point : « Allez dire à votre maître, » etc. ; mais : « Nous sommes ici par le vœu de la nation ; la force matérielle seule pourrait nous faire désemparer. »

N'ai-je pas lu quelque part que Mirabeau ajouta : « Nous ne sortirons que la baïonnette dans le ventre » ? La vérité stricte sur les mots historiques est toujours difficile à trouver.

Cette réponse de Mirabeau, quelle qu'elle ait été, amena le serment du Jeu de Paume. Le texte de ce serment est aux Archives. Non loin de là, je rencontre une lettre de Necker, lettre informant Louis XVI qu'il partira en secret et sans passer par Paris (11 juillet 1789).

« Votre Majesté, dit-il, perd l'homme du monde qui luy était le plus tendrement dévoué. »

Poursuivons cette revue du passé : la tragédie nous presse. A la date du 4 mars 1790 (Paris), voici les lettres patentes de Louis XVI ordonnant la division de la France en quatre-vingt-trois départements. La France nouvelle, la France moderne, vient de naître.

On a exposé, tour à tour, dans ce musée, un autographe de Mirabeau (1790, 22 mai); le « projet de décret sur le droit de paix et de guerre »; un autographe de Jacques Cazotte, le visionnaire (1792, 24 février); une lettre traçant à Ponteau, secrétaire de l'intendant de la liste civile, « un plan pour prévenir l'invasion de la France ».

Des documents fort piquants, ce sont des « Pensées de Barnave sur des sujets de morale et de politique » (mars 1792), avec ces titres : « Bavardages. — Aperçus. — Observations. » Et des observations comme celle-ci :

« Les femmes sont capables de tout le bien et de tout le mal dont la passion peut être le mobile; mais elles sont incapables d'impartialité et de tout ce qui en est la conséquence. En elles, point d'intérêt, point d'action, point de volonté, point de pensée.

« Parfois héroïques, et jamais justes. »

Pauvre Barnave! En parlant ainsi des femmes, ne se jugeait-il pas un peu lui-même?

La guerre a éclaté. La France est à la frontière, ou plutôt, hélas! l'ennemi est en France. Quel est ce bruit ? C'est le canon de Valmy ! Voici la relation de la bataille de Valmy faite par François-Joseph Kellermann lui-même, avec mémoire sur la campagne de 1792.

« Je dois à la justice de dire, écrit le général strasbourgeois, que jamais troupes n'ont déployé plus de courage et de fermeté que cette brave armée qui, à juste titre, fut surnommée l'armée infernale...

« Kellermann. »

A la suite de ce récit, nous trouvons une lettre de Dumouriez, général en chef de l'armée du Nord (1792, 7 novembre, Mons), rendant compte à Pache, ministre de la guerre, d'une victoire remportée, le 6 novembre, sur les Autrichiens. Ce n'est plus Valmy, c'est Jemmapes : deux journées qui sont pour nos armées comme le sourire printanier de la Victoire.

« Cette journée, à jamais mémorable, écrit Dumouriez, couvre la nation française d'une gloire immortelle. Il n'est pas un bataillon ni un escadron, il n'est pas un individu dans l'armée, qui ne se soit battu, et de très près.....

« Dumouriez. »

Cependant, à l'intérieur, le drame s'assombrit. On trouvera aux Archives le décret de la Convention

nationale, du 21 septembre 1792, portant l'abolition de la royauté. Plus loin, une lettre d'Olympe
de Gouges (1), lettre offrant au président de la
Convention de seconder Malesherbes dans la défense
de Louis XVI (15 décembre 1792) :

« Laissons à part mon sexe; l'héroïsme et la
générosité sont aussi le partage des femmes..... Je
crois Louis fautif comme roi; mais, dépouillé de ce
titre proscrit, il cesse d'être coupable aux yeux de
la République. »

La lettre est connue, elle est célèbre. Mais la voir
sous ses yeux, pouvoir la toucher, palper l'histoire,
si je puis dire, c'est toujours une émotion profonde.
Oublierai-je jamais le sentiment que j'éprouvai
lorsque je tins entre mes mains les couteaux rouillés,
les lames sinistres dont s'étaient frappés Gaujon et
ses compagnons après les événements de Prairial ?
C'était la résurrection même du passé, quelque chose
de tragique et de magique à la fois. Impression que
plus d'un éprouvera, à chaque pas, dans une visite
aux Archives.

Après Olympe de Gouges, voici Mme Roland
(Manon-Jeanne Phlipon). Cette lettre, datée de 1793,

____

(1) Marie Gauze, née à Montauban le 7 mai 1748, femme de
lettres, mariée vers 1766 à Louis-Yves Aubry.

Ier juin, prison de l'Abbaye : c'est l'appel à la justice où elle signale à la Convention nationale l'illé-
galité de son arrestation :

« Je viens d'être arrachée de mon domicile, des
bras de ma fille âgée de douze ans, et je suis détenue
à l'Abbaye en vertu d'ordres qui ne portent aucun
motif de mon arrestation : ils émanent d'un comité
révolutionnaire. »

Et quelle est cette signature ? C'est celle de Char-
lotte Corday. Le 16 juillet 1793, elle envoie à son
père son dernier adieu :

« Pardonnez-moi, mon cher papa, d'avoir disposé
de mon existence sans votre permission. »

Ainsi, je le répète, tout revit, tout s'anime, tout
palpite : on oublie le temps présent, on est soudain
reporté vers le temps d'hier ou d'autrefois. Et qui
a fait ce miracle ? Des papiers jaunis, de l'encre
à demi effacée. Mais une encre qui paraît chaude
comme le sang d'une veine et des papiers qui
semblent frissonner comme un épiderme !

Cette pièce émane du Comité de sûreté générale
(1793, 3 septembre). C'est l'interrogatoire subi à la
Conciergerie devant Amar et Sevestre, membres du
Comité, par Marie-Antoinette dans l'affaire de l'œillet.
Cette autre, c'est le billet trouvé sur le cadavre
de Roland, à Radepont, près Rouen. Ces lettres à

demi déchirées, rongées, ce sont les lettres enfouies dans la terre pendant huit mois à Saint-Émilion, et dont Louvet donna lecture à la Convention dans la séance du 13 juillet 1795 (24 messidor an III). Voici Barbaroux adressant à sa mère des paroles de consolation, au moment de quitter l'asile qu'il avait trouvé chez le sieur Baptiste Troquart, perruquier à Saint-Émilion.

Tout à côté,—comme par une antithèse ironique, — on a exposé des papiers saisis chez Robespierre (1794, juillet), et, entre autres, un petit carnet contenant des listes de noms, des mesures à prendre : « listes de patriotes, liste des hommes sûrs ayant de la tête et du cœur », renseignements sur des individus, dispositions d'intérêt général ou particulier, ordres du jour, etc. Sur ce livret, Robespierre inscrivait à certains jours les mesures ou projets qu'il se proposait de soumettre à la Convention. Le dernier feuillet qui est écrit, à la date du 7 nivôse, contient les notes suivantes :

« Dévoiler la double intrigue. — Statuer sur Gérard. — Rapport sur le tribunal révolutionnaire.— Accusateur public à nu. —Affaire de l'Orient.—Panthéon pour le jeune hussard, pour Gasparin et Bayle. — Rapport du décret en faveur des femmes des conspirateurs. »

Faisons quelques pas après avoir déchiffré ces lignes, tracées d'une écriture fébrile. Arrêtons-nous devant cette table de bois de citronnier, longue et large, une table de Boulle à ornements de bronze, avec des fleurs de lis çà et là et des faisceaux consulaires, et des bonnets phrygiens (en forme de bonnet de coton, ce qui est la forme authentique du bonnet rouge de 1793). Ces faisceaux et ces bonnets ont été ajoutés aux ornements primitifs. Eh bien, sur cette table longue, élégante, Robespierre, la mâchoire fracassée, a été étendu. On n'a pas long-temps à regarder la basane qui recouvre la table pour y retrouver la large trace du sang qui coulait du visage meurtri de Maximilien. Cette table-bureau a appartenu à Louis XVI, elle a servi au Comité de salut public, elle a vu l'agonie de Robespierre. Les peintres qui ont voulu représenter cette scène ont toujours étendu le mourant sur une méchante table de bois. Voici le meuble véritable. C'est là-dessus que Robespierre, agonisant, entendit des gens lui dire : « Qu'est-ce que tu veux ? Une plume ?... Est-ce pour écrire à ton Être suprême ? »

M. Barry, qui fut chef de la secrétairerie d'État aux Archives, en remplacement du baron Fain, et qui avait été employé au Comité de salut public, a souvent raconté à M. de Chabrié qu'il avait vu tout à coup Robespierre, poignardé par ces ironies et ces injures, se soulever sur cette table et courir se cacher derrière une chaise que M. de Chabrié a long-temps gardée.

Ainsi le drame se touche du doigt. Cette tache noire, c'est du sang. On a recouvert depuis quelques années cette table d'une enveloppe de verre. Le cuir ainsi taché ne court plus le risque d'aucune atteinte.

Les vivants souvenirs du passé vous attendent et vont vous hanter. Non loin de cette table transportée des Tuileries aux Archives, voici le fameux *Livre rouge*, le livre des pensions royales : trois volumes reliés rouge avec fleurs de lis aux armes de France et de Navarre. Une encyclopédie d'abus. Voici la décoration des vainqueurs de la Bastille, « titre de gloire de quatre-vingt mille bourgeois ». Puis, tout à coup, un nom apparaît, brusque-ment, parmi ces noms révolutionnaires : le nom de Bonaparte, ou plutôt de Buonaparte, comme il signe.

Le 22 octobre 1793, au quartier général d'Ol-lioules, Buonaparte informe les représentants en mission, Gasparin et Saliceti, des besoins de l'armée devant Toulon. C'est la première apparition, le premier pas, l'entrée en scène.

Deux ans après, Buonaparte, général de brigade d'artillerie (1795, 5 août, Paris), proteste auprès du Comité de salut public contre sa nomination comme officier général d'infanterie.

Deux mois après, le 26 octobre 1795, le Comité de salut public répond par un arrêté nommant le général Bonaparte au commandement de l'armée de l'intérieur.

C'est sur cette pièce que M. Ed. Dupont — qui annonçait (voir la Préface) la publication des documents jusqu'en 1799 — conclut son travail dans le *Musée des Archives nationales*. Mais, à dire vrai, ce qui devait suivre était peut-être la partie la plus intéressante d'un tel labeur. Nous assistons au début et à la fin du Directoire, aux succès de l'armée d'Italie, à une histoire toute contemporaine et comme vibrante encore.

Je le redis avec plaisir, il faut remercier vivement M. Dupont de nous avoir permis de consulter les notes prises par lui, et c'est le public qui lui devra, autant que nous, une sincère gratitude.

La Convention a fini sa tâche. Le Directoire commence la sienne. Elle n'était point facile. Pourtant les directeurs élus n'hésitent pas. La Réveillère-Lépeaux écrit au Conseil des Cinq-Cents en annonçant qu'il accepte sa nomination au Directoire exécutif (1er novembre 1795) (1).

« ... Heureux, dit-il, si mes faibles moyens peuvent concourir, avec la sagesse du Corps législatif et les généreux efforts de mes nouveaux collègues, à déjouer tous les complots, amortir toutes les haines, éteindre la soif de toutes les vengeances, cicatriser toutes les plaies, et ramener enfin parmi nous la confiance, la concorde, la paix et l'abondance !

« Salut et respect. »

Le 2 novembre, Barras écrit à son tour :

« ... Mon respect pour les décisions des deux Conseils ; mon zèle, mon courage et mon attachement pour la République, me déterminent à accepter ma nomination au Directoire exécutif.

« P. Barras. »

Et Le Tourneur (de la Manche) :

« Mon premier devoir, comme le plus cher à mon cœur, est de renouveler dans notre sein l'engagement de maintenir de tout mon pouvoir la Répu-

---

(1) Les Archives possèdent aussi la lettre de La Réveillère-Lépeaux à Chaptal, ministre de l'intérieur (9 prairial an XII, 29 mai 1804), où l'ancien directeur annonce qu'il donne sa démission de membre de l'Institut. (*Arch.*, C. III, 103.)

blique une et indivisible, ou de périr glorieusement
pour elle.

« Le Tourneur. »

Rewbell ajoute :

« J'accepte ma nomination au Directoire exécutif.

« Salut et fraternité.

« Rewbell. »

Le 4 novembre, Carnot envoie son acceptation
en ces termes :

« J'accepte cette nomination avec la crainte que
m'impose la faiblesse de mes moyens, mais avec la
confiance qu'inspire à toute âme ardente la cause
sublime que nous défendons en commun.

« Je jure amour à la patrie, fidélité à la Constitution, dévouement sans bornes aux principes éter-
nels de l'humanité et de la justice.

« Salut et fraternité.

« Carnot. »

Et, fermement résolus à refaire la patrie, les
directeurs, tant calomniés, se mirent à l'œuvre.

On retrouverait encore, pour cette période de
notre histoire, des lettres intéressantes. Ce représentant de l'Eure qui voulait, avait-il dit, « nourrir la

France et non la décapiter », Robert Lindet, écrit au citoyen Benezech, ministre de l'intérieur, une lettre (16 frimaire an IV, 7 décembre 1795), où, dans l'impossibilité de trouver dans Paris aucun appartement à louer, il demande à être logé dans une maison nationale. Pauvre il était entré au pouvoir, pauvre il en était sorti.

Le 14 brumaire an IV, à Paris (5 novembre 1795), Bonaparte et plusieurs officiers généraux délivrent une attestation relative à la conduite du général Alexandre Dumas pendant les événements du 13 vendémiaire :

« Nous, officiers généraux et autres, certifions et attestons que le citoyen Alexandre Dumas, général d'armée, est arrivé le 14 vendémiaire à Paris, et qu'aussitôt il s'est rallié avec ses frères d'armes autour de la Convention nationale, pour la défendre contre l'attaque des rebelles qui ont mis bas les armes dans cette journée. »

Chose curieuse, la signature du général Alexandre Dumas qui se trouve à la suite de cette pièce rappelle exactement l'écriture du romancier illustre, et aussi celle de M. Alexandre Dumas fils. On sent dans le paraphe la même vigueur, la même puissance. « Alexandre Dumas est une force de la nature », disait Michelet.

Les autographes ne nous attirent pas seuls dans ces salles de la Révolution et de l'Empire; il y a là une peinture curieuse, sans valeur au point de vue artistique, importante comme document historique, un tableau (dont la gravure existe), et qui fut saisi dans l'église du collége de Billom. Saisi? Pourquoi? Le procés-verbal même de cette saisie nous l'explique.

Le tableau représente une mer couverte de barques, et « dans ces barques sont pêle-mêle le pape, un cardinal, un roy de France, des évêques, plusieurs têtes couronnées, des personnes de tous états et de tout sexe. Des religieux d'ordres différents distribuent, du haut d'un grand vaisseau, aux séculiers qui sont dans les nacelles, des faisceaux d'armes composés de sabres, de boucliers, de carquois et de flèches ; un autre religieux leur présente des livres et des scapulaires, et un jésuite en surplis paraît prêcher et présider à la distribution de ces prétendues armes spirituelles. A côté de celui-là, un autre jésuite tient l'extrémité d'une corde qu'il a jetée dans les petites barques, pour les attirer au grand vaisseau. Nous n'avons pu voir qu'avec scandale le pape, les évêques, etc., hors du vaisseau de la religion, n'en approcher qu'à l'aide et par le secours de ce jésuite ! »

C'est là une allégorie, commandée par les jésuites

de Billom pour montrer que hors de leur Compagnie il n'y avait point de salut. En effet, parmi ceux qui se noient auprès du grand vaisseau, on distingue parfaitement Henri III et Henri IV. De là le scandale et de là la saisie !

Une telle peinture vaut bien un document.

V

DE 1796 A 1800

Bonaparte est en Italie. Il combat, il remporte victoires sur victoires. Tout en poursuivant l'ennemi, il n'a garde de perdre de vue ce qui se passe en France. Il a — et il le sent — sa partie à jouer. D'ailleurs très net en ses allures et très radical en ses paroles. Un jour, le général Colli lui envoie comme parlementaire un émigré français du nom de Moulin. Bonaparte le fait arrêter et refuse de le rendre.

La lettre, datée d'Albenga, 8 avril 1796 (19 germinal an IV), au général Colli, portant refus de rendre l'émigré Moulin, officier parlementaire retenu dans le camp français, est aux Archives.

« Monsieur, dit Bonaparte, un émigré est un enfant parricide qu'aucun caractère ne peut rendre sacré. L'on a manqué absolument aux égards dus au peuple français lorsqu'on m'a envoyé M. Dumoulin comme parlementaire. Vous connaissez la loi des gens et de la guerre, et je ne crains pas les représailles dont vous menacez M. le chef de brigade Barthélemi. Si contre toutes les lois vous vous permettez un tel acte de barbarie, tous vos prisonniers m'en répondraient. Ce serait avec le plus cruel regret, car j'ai pour les officiers de votre nation l'estime que l'on doit à de braves militaires (1). »

L'écriture est rapide, violente. Les lignes sont brèves comme l'eût été la parole.

La première phrase est ainsi tracée :

Monsieur
Un émigré est un
enfant parricide qu'aucun
caractère ne peut
rendre sacré.

Dans une autre lettre de Bonaparte, dans une note sur les événements de Venise et où il expose les sentiments de modération qui l'ont animé pendant les événements de la guerre, il fait tout à coup un retour vers la France et dit hardiment son opinion sur les complots dont on menace le Directoire. Après avoir repoussé avec énergie les propos

---

(1) Archives nationales A. E. (Armoire de fer).

des « avocats ignorants et bavards » du club de
Clichy, — les muscadins de Clichy, comme on
disait alors, — il termine ainsi :

« ... Mais je vous prédis, et je vous parle au
nom de 80,000 soldats, le temps où de lâches
avocats et de misérables bavards faisaient guillo-
tiner les soldats est passé; et si vous y obligez les
soldats d'Italie, ils viendront à la barre de Clichy
avec leur général. Mais malheur à vous! »

Ces soldats d'Italie, la guerre les avait d'ailleurs
décimés et affaiblis. Dans une lettre de Louis
Bonaparte, aide de camp du général en chef
de l'armée d'Italie, à Cuvillier-Fleury, rédacteur
du bureau du mouvement des troupes, je trouve
dépeint avec détail l'état d'abattement dans lequel
étaient alors tombées nos troupes.

« ...... Nous avons eu beaucoup de combats
depuis quelques jours, écrit Louis Bonaparte (quartier général de Vérone, 4 frimaire an V, 24 novembre 1696); j'ai cru un instant que nous y succom-
berions tous. C'est la guerre des officiers ; nous en
avons perdu considérablement. Tous les braves
sont morts ou blessés... Les soldats ne sont plus
les mêmes, ils demandent la paix à grands cris ;
plus d'énergie, plus de feu parmi eux. Si l'on tient
encore face aux ennemis, ce n'est qu'à force d'offi-

ciers ; mais ils ont beau faire, beau donner des
coups de plat de sabre, ils sont abandonnés et
périssent seuls. A l'affaire de l'autre jour devant le
village d'Arcole, si c'eût été les mêmes hommes,
l'emporter n'aurait été qu'un jeu ; mais tous les
braves des différents corps sont moissonnés, il ne
reste que la marmaille. Imaginez-vous, mon cher
Fleury, qu'ils ont abandonné le général en chef
même. Il était à leur tête, tous les officiers qui
étaient avec lui sont tombés, et les lâches qui
étaient derrière eux fuyaient. Les ennemis, qui
voyaient leurs mouvements mieux que nous, venaient au-devant de nous ; enfin, je ne sais pas
comment mon frère n'a pas succombé.

« ..... Ce qu'il y a de sûr, c'est qu'il n'y a que
cet enthousiasme républicain qui puisse mener à la
victoire ; à présent qu'il est détruit, je crois que le
moment de la paix est arrivé.

« L. BONAPARTE, *aide de camp.* »

Dans une lettre datée de Turin, 5 avril 1797,
Clarke informe Carnot, membre du Directoire exécutif, de la signature du traité d'alliance avec le roi
de Sardaigne. Le tour de la lettre est curieux ; on
y sent le contentement du diplomate qui triomphe :

« Citoyen Directeur et cher bienfaiteur,

« Enfin, enfin, enfin, le traité d'alliance et la convention secrète avec le roi de Sardaigne viennent d'être signés ce soir. Je vous assure que ce n'est pas une petite affaire. Depuis plusieurs jours, je livrais un grand combat à la piété de Sa Majesté, qui, de son côté, en livrait un rude à ma patience, qu'elle a totalement épuisée ; mais on ne se fait pas d'idée d'un tel amour pour le pape et pour la religion catholique.

« 1º Le roi voulait qu'on insérât dans la convention secrète relative à la Sardaigne qu'on n'y porterait point atteinte à la religion catholique. Je me suis tant et tant débattu, qu'enfin la chose a été renvoyée à un autre temps.

« 2º Sa Majesté voulait que par un article secret il fût dit que le traité d'alliance ne serait point présenté à la ratification du Corps législatif avant que le Conseil des Cinq-Cents eût ratifié le traité de Tolentino.

« Il me reste à vous embrasser de tout mon cœur. Naples est tranquille, Rome assez tranquille, mais la terre ferme de Venise fort agitée.

« Tout à vous et aux vôtres.

« CLARKE. »

Je citais dans un précédent chapitre (1) des lettres relatives aux arts et à l'état dans lequel ils se trouvaient en Italie à la fin du XVIIIe siècle. Bonaparte écrit de Montebello au ministre de l'intérieur, 18 prairial an V (6 juin 1797), une lettre où il le prie de lui faire savoir justement si le manuscrit de Josèphe sur papyrus d'Égypte (manuscrit dont nous avons parlé), et qui se trouvait à Milan, a été remis à la Bibliothèque nationale de Paris.

« On me suppose, dit le général en chef de l'armée d'Italie, que le célèbre manuscrit de Josèphe de la bibliothèque Ambroisienne, qui a été envoyé de Milan à Paris, n'y soit pas parvenu. Comme ce manuscrit est peut-être le seul sur papier papyrus, et qu'il est très intéressant qu'il ne se perde pas, je vous prie de m'instruire s'il a été remis à la Bibliothèque nationale. »

A cette lettre est jointe la minute de la réponse du ministre :

« Paris, 29 prairial an V.

·« Je m'empresse, citoyen général, de calmer les inquiétudes qu'on vous a inspirées au sujet du

---

(1) Voir plus haut : *Les artistes et les gens de lettres.*

célèbre manuscrit de Josèphe, sur papyrus, de la bibliothèque Ambroisienne, qui a été envoyé de Milan à Paris. Il a été remis à la Bibliothèque nationale. Le sujet de vos craintes vient sans doute de ce que ce manuscrit n'a pas été encaissé avec les autres. Il a été trouvé avec quatre autres manuscrits dans l'une des caisses des imprimés. Les sages mesures que vous avez prises pour l'envoi de ces objets précieux ont été si bien exécutées, qu'ils sont tous arrivés heureusement à Paris. Je vous en témoigne ma sincère reconnaissance. Les beaux-arts ainsi que la République vous devront, citoyen général, une grande partie de leur éclat et de leur puissance. »

Il n'en est pas moins vrai que David, Lethière, Girodet et Quatremère-Quincy avaient raison lorsqu'ils demandaient, comme nous l'avons vu, qu'on laissât à l'Italie ses chefs-d'œuvre et à Rome ses merveilles.

Le bon Andrieux se trompait lorsqu'il faisait, le 23 octobre 1797 (4 brumaire an VI), dans un rapport à la classe de littérature et beaux-arts de l'Institut, au nom d'une commission nommée le 8 fructidor an V, relativement à l'arrivée à Paris des objets conquis en Italie, un tableau flatteur, un

véritable dithyrambe en l'honneur de ces conquêtes.
« Les chefs-d'œuvre conquis en Italie sont à Mar-
seille, disait-il; peut-être ils sont en route pour
Paris; y arriveront-ils sans éclat et sans solennité ?

« Si l'Institut national de France est chargé de
publier toutes les découvertes, toutes les idées qui
peuvent contribuer à l'utilité et à la gloire de la
patrie; si chacun des membres de cette Société
contracte en y entrant l'obligation particulière d'instruire, d'honorer, d'embellir son pays, il nous
appartient sans doute, et comme citoyens et comme
artistes, de présenter au gouvernement un projet
inspiré par l'amour de la patrie et par celui des
arts. Le projet est de célébrer par une fête l'arrivée
à Paris des objets d'art, fruits et monuments des
triomphes de nos armées en Italie. Quoi de plus
propre en effet à ranimer et à entretenir l'esprit
public, que de montrer avec quelque pompe au
peuple français l'éclatant témoignage de sa grandeur
et de sa puissance ? Ces chefs-d'œuvre inapprécia-
bles, uniques au monde, qui faisaient de l'Italie la
terre classique des arts, qui étaient l'objet de la
curiosité des voyageurs de toutes les nations, l'orgueil des princes qui les possédaient, la volonté de
la nation française notifiée à 400 lieues de chez elle
par un de ses généraux les enlève de Rome, leur

fait traverser l'Apennin et les envoie décorer ses palais et enrichir ses musées ! Les peuples étonnés, s'arrêtant sur la route pour voir passer cet immense et précieux convoi, disaient avec admiration : « Quelle République ! » Aurons-nous donc une moindre opinion de nous-mêmes que ne l'ont des étrangers ? Comme cette marche triomphale rendra présente à tous les esprits la suite continuelle d'étonnantes victoires remportées par nos héros ! Et qui de nous, accompagnant ces chars couverts de lauriers et chargés de nobles dépouilles, ne sera fier d'être Français ?

« Cet hommage rendu aux arts exaltera l'imagination de nos artistes ; ils sentiront mieux le prix des ouvrages qui sortent de leurs mains, quand ils verront des vainqueurs regarder des statues et des tableaux comme une des plus dignes récompenses de leurs fatigues et de leurs exploits. Nous laverons ainsi la nation française du reproche tant répété de vandalisme que ses ennemis lui adressent dans un temps même où son gouvernement trouve, au milieu des dépenses de la guerre, les moyens de donner encore aux beaux-arts quelque splendeur ! Sont-ce des vandales que ceux qui font un article de traité de la cession d'une statue antique, ou d'un tableau de Raphaël, et qui reçoivent en indemnité

ces chefs-d'œuvre comme valant mieux que des
millions ou que des provinces entières? On pourra
encore y trouver l'avantage de répandre quelque
instruction parmi le peuple dont ce spectacle exci-
tera la curiosité. Il demandera ce que ce sont ces
monuments, d'où ils viennent, quel siècle et quel
pays les a vus naître. Il apprendra que les Romains
allèrent prendre ces statues dans l'antique Grèce, à
une époque où nos aïeux étaient à peine civilisés,
où nous n'avions pas même l'honneur d'être une
province romaine, et de combien peu s'en est-il
fallu que Rome, avec son territoire, ne fût à son
tour soumise à la République française, aux des-
cendants des Francs et des Gaulois! Il voudra connaître l'histoire de quelques-uns des hommes célèbres qui ont créé ces monuments si précieux et si
honorés; et il apprendra que la plupart d'entre eux,
nés dans la classe indigente et laborieuse, mieux
servis par la nature que par la fortune, ont acquis
la véritable illustration, celle qui est personnelle,
et ont fait à des noms obscurs une immortelle
réputation. »

A cette composition de rhétorique, il vaut mieux
opposer certaine lettre de Jussieu qui donne de
très intéressants détails sur l'état de notre Jardin

des Plantes en 1797. Jussieu était alors directeur du Muséum d'histoire naturelle de Paris, et il écrit au ministre de l'intérieur (3 décembre, 13 frimaire an VI) :

« Votre prédécesseur, le citoyen Bénesech, avait, de l'aveu du Directoire, autorisé le citoyen Cassal, l'un de nos gardiens d'animaux, à se transporter à Tunis et autres lieux voisins pour y faire la recherche d'animaux propres à notre ménagerie, en faire l'acquisition et les amener en France. Il pouvait, suivant ses pouvoirs, y employer jusqu'à la somme de six mille livres. Cet homme, très habitué au transport et à la conduite des animaux, aimant beaucoup sa ménagerie et désirant la peupler, s'était offert pour aller faire cette recrue, sous la condition que ses avances lui seraient remboursées, et il partit sur la promesse de ce remboursement. Il accompagna l'ambassadeur de Tunis, qui retournait dans ses foyers ; mais cette circonstance ne lui fut pas favorable, parce qu'il aborda trop tard en Afrique, que le moment de se procurer de jeunes animaux pris avant qu'ils quittent la mère était passé, et que, de plus, la peste qui survint retarda toutes ses opérations. Il a cependant lutté contre tous ces obstacles. Plusieurs animaux ont été rassemblés par lui, et le consul de Tunis, auquel il était recommandé, voyant que sa pacotille ne pouvait être jointe à d'autres objets dans un même vaisseau, a frêté pour lui seul un bâtiment corse aux frais de la République, pour le prix de quatre mille cinq cents livres payables au capitaine, à Toulon, où les animaux sont débarqués et font maintenant quarantaine. Ces animaux sont : un superbe lion âgé de trois ans; une lionne du même âge; une autre petite lionne très féroce; un petit lionceau; deux autruches, mâle et femelle; une gazelle pour le Muséum; une pour le citoyen Rence; trois vautours; deux chameaux blancs; trois chevaux entiers pour les citoyens Bénesech, Rence et Groignard.

« Il paraîtrait convenable que le commissaire du pouvoir exécutif à Toulon fût chargé par vous de vérifier les dépenses et les besoins, de faire acquitter les unes et de pourvoir aux autres, et qu'il eût la mission spéciale de prendre toutes les précautions pour que des animaux qui sont de quelque valeur et qui doivent exciter la curiosité publique ne périssent point dans le transport par terre après avoir fait une heureuse traversée. »

Je craindrais d'abuser de la patience des lecteurs en multipliant ces citations, qui, on en conviendra, ont pourtant bien leur prix. Bornons-nous à choisir, parmi les pièces les plus importantes, celles qui intéressent plus directement l'histoire politique. Et cependant, je le répète, ces lettres d'Andrieux et de Jussieu offrent un intérêt absolu : la première montre quel enivrement avaient fait naître les victoires d'Italie ; la seconde est un document précieux pour l'histoire de notre Jardin des Plantes, un peu délaissé peut-être aujourd'hui, oui, trop délaissé depuis la création du Jardin d'Acclimatation.

Revenons à l'histoire.

En juillet 1797, Bonaparte, commandant toujours en chef l'armée d'Italie, rédige le projet d'une proclamation aux gardes nationales de la République cisalpine, et un second projet, celui d'une organisation de ces gardes.

« .... C'est à vous, braves camarades, s'écriait-il, qu'il appartient de consolider la liberté de votre pays.

« C'est le soldat qui garde les républiques, c'est le soldat qui les maintient.

« Sans armée, sans force, sans discipline, il n'est ni indépendance politique, ni liberté civile.

« Quand un peuple entier est armé et veut défendre sa liberté, il est invincible. »

Napoléon dut peut-être, lorsqu'il faisait appel aux faubouriens, en 1814 et en 1815, songer à cette proclamation du général Bonaparte. Le temps n'était pas loin d'ailleurs où le général allait devenir consul.

On a déposé dans l'Armoire de fer le texte de la Constitution de l'an VIII (22 frimaire), signée de Bonaparte, des consuls et des membres de la commission. C'est un manuscrit sur vélin, relié en velours violet. Sur les plats, les faisceaux de la République.

1800 arrive ; un siècle nouveau commence : le siècle scientifique, le siècle de l'analyse, de la critique, le XIXe siècle. Le consul rêvait déjà de devenir césar.

> Déjà Napoléon perçait sous Bonaparte...

Au début de cette année nouvelle et de ce siècle naissant, Bonaparte ressentit, au surplus, le singulier désir d'écrire, lui premier consul, au général Moreau, commandant de l'armée du Rhin, l'étrange lettre que voici.

La campagne (de 1800) va s'ouvrir ; il exprime à Moreau sa confiance et ses souhaits. Mais comment ? et en quels termes ?

« J'envie, dit-il, votre heureux sort : vous allez

avec des braves faire de belles choses. *Je troquerais volontiers ma pourpre consulaire pour une épaulette de chef de brigade sous vos ordres.* Je souhaite fort que les circonstances me permettent de venir vous donner un coup de main; dans tous les cas, ma confiance en vous sous tous les rapports est entière. Je vous salue. »

Évidemment Moreau à dû, plus tard, relire cette lettre avec rage, avant de se jeter, à corps perdu, dans l'aventure qui le mena, lui, général d'un talent supérieur, à la plus vile, à la plus lâche des trahisons et à la mort par un boulet français. Lorsque durant un entr'acte on annonça aux spectateurs des théâtres de Paris la nouvelle de la mort de Moreau, les spectateurs applaudirent. Et cet homme ainsi maudit avait été un général vraiment doué du génie de la guerre !

Les autographes de généraux, de maréchaux, tout solennels d'allures, avec leurs paraphes majestueux qui font songer aux tableaux officiels de David et aux uniformes chamarrés du *Sacre,* occupent aux Archives une vitrine à part. Le pauvre maréchal Lefebvre signe : « duc de Danzic », sans rougir. Après tout, Mme de Sévigné faisait bien aussi des fautes d'orthographe ! On peut voir là, et j'ai copié sur l'original, cette lettre de Bonaparte à

Louis XVIII, si nette et si dédaigneuse, en réponse aux offres faites par le futur roi :

« Paris, 20 fructidor, an VIII de la République.

« J'ai reçu, Monsieur, votre lettre. Je vous remercie des choses honnêtes que vous m'y dites.

« Vous ne devez pas souhaiter votre retour en France. Il vous faudrait marcher sur cent mille cadavres.

« Sacrifiez votre intérêt au repos et au bonheur de la France. L'histoire vous en tiendra compte.

« Je ne suis pas insensible aux malheurs de votre famille. Je contribuerai avec plaisir (le mot « volontiers », mis d'abord, est effacé) à la « douce » (illisible) « maintien » et à la tranquillité de votre retraite.

« BONAPARTE. »

Bonaparte avait d'abord écrit : « Laissez-moi donc avec plaisir contribuer à assurer, etc. »

Cette lettre a d'ailleurs une histoire.

Le 20 février 1800, le futur Louis XVIII avait adressé au premier consul la lettre qui suit :

« Quelle que soit leur conduite apparente, des hommes tels que vous, Monsieur, n'inspirent jamais d'inquiétude. Vous avez accepté une place éminente et je vous en sais gré. Mieux que personne vous savez ce qu'il faut de force et de puissance pour faire le bonheur d'une grande nation. Sauvez la France de ses propres fureurs, vous aurez rempli le premier vœu de mon cœur; rendez-lui son roi, et les générations futures béniront votre mémoire. Vous serez toujours trop nécessaire à l'État pour que je puisse acquitter par des places importantes la dette de mon aïeul et la mienne.

« LOUIS. »

Lorsque Bonaparte reçut cette missive, il haussa les épaules : « Les partisans des Bourbons se trompent beaucoup s'ils s'imaginent que je sois homme à jouer le rôle de Monck, » dit-il à Bourrienne.

Et la lettre de « Monsieur » resta sur la table, comme oubliée.

Louis XVIII insista pourtant dans une nouvelle lettre.

« Si vous doutiez, écrivit-il, que je fusse susceptible de reconnaissance, marquez votre place, fixez le sort de vos amis. Quant à mes principes, je suis

Français. Clément par caractère, je le serais encore par raison. »

Et encore :

« Vous perdez un temps précieux. Nous pouvons assurer la gloire de la France. Je dis « nous », parce que j'ai besoin de Bonaparte pour cela, et qu'il ne le pourrait sans moi. »

Bonaparte demeura *sept mois* avant de répondre, modifiant de temps à autre la lettre primitivement écrite et l'accentuant dans le sens du refus à mesure que son propre pouvoir semblait se consolider. Enfin, le 2 vendémiaire an IX (24 septembre 1800), au moment même où s'ouvrait le congrès de Lunéville, il envoya à Monsieur la version définitive et qui n'admettait point de réplique.

On peut presque dire que déjà Napoléon se croyait empereur. Son frère Lucien, ambassadeur de la République en Espagne, ne lui écrivit-il point d'Aranjuez (1er mars 1801) :

« Dans mes loisirs, je m'occupe beaucoup de l'histoire consulaire depuis brumaire; ce sera mon occupation principale. *Si la France a un Auguste, je veux qu'elle ait un Tacite...* Et si j'ai de la vie, elle l'aura. »

VI

DE 1800 A 1821. — L'ARMOIRE DE FER

Il faut lire Paul-Louis Courier pour apprendre
comment se fit le premier Empire. Le premier consul aspirait à descendre. « Être Bonaparte et se faire
sire ! » dit Paul-Louis. Dès les premiers jours, il s'agit
de régler la façon dont Napoléon parlera de lui-
même, s'exprimera devant les grands corps de
l'État. Napoléon veut dire : *l'empereur*, et parler
de lui-même à la troisième personne, comme
on dit. Cambacérès s'y oppose, et l'archichan-
celier écrit à l'empereur à la date du 3ᵉ jour
complémentaire de l'an XII (20 septembre
1804), pour lui exposer ses observations sur
les locutions employées dans les actes impé-
riaux.

« ..... D'abord, dit-il, il est bizarre de faire
dire à Votre Majesté, lorsqu'elle parle d'elle-
même : *l'Empereur, le Gouvernement, Sa Majesté,*

comme s'il s'agissait de désigner une autre personne.

« ..... Outre que ces manières de s'exprimer ne sont pas assez respectueuses, elles pourraient faire croire aux esprits peu attentifs que Votre Majesté reçoit des autorisations et des règles de la part d'un corps qui n'agit que par le pouvoir de Votre Majesté et sous sa direction.

« ..... On pourrait imiter les formules dont se servaient les rois, en les modifiant, et dire : « Napoléon, etc..., empereur des Français, à tous présents et à venir, salut. Savoir faisons que nous avons statué et ordonné ce qui suit.

« Par suite on substituerait le mot « nous » dans le corps du décret aux mots : « l'Empereur, le Gouvernement, Sa Majesté ». Ainsi disparaîtrait la locution qui semble rapporter à une autre personne ce que Votre Majesté dit d'elle-même. »

Pendant que ces questions d'étiquette s'agitent en haut, les Parisiens, qui ne protestent pas toujours quand on leur ravit leur liberté, mais qui hurleraient si l'on décrochait une enseigne, s'insurgent parce qu'on vient les déranger dans leurs théâtres.

Le 16 messidor an XII (5 juillet 1804), Chaptal, ministre de l'intérieur, écrit à l'Empereur pour l'entretenir d'un scandale survenu au Théâtre-Français durant la représentation d'*Iphigénie en Aulide.* « Le public de Paris, dit le ministre, est comme celui de Rome, il veut du pain et des jeux. Il est d'une bonne politique de lui fournir l'un et de ne pas le troubler dans l'autre. »

C'est ce qu'on fera. En attendant, si Louis XVIII, mécontent, proteste, Napoléon voit venir à lui une descendante des Bourbons, la fille du feu duc de Parme, et son orgueil de parvenu doit être singulièrement caressé par la soumission d'une princesse de race royale.

Dans cette lettre à Napoléon (Parme, 2 mai 1807), transmise par le maréchal Pérignon, gouverneur général des États de Parme et de Plaisance, qui parle de « cette illustre, jeune, belle et vertueuse orpheline », Antoinette de Bourbon remercie l'empereur de la pension qu'il a décrétée en sa faveur, et lui demande sa protection pour le collège des Ursulines qu'elle habite.

« ..... Au fond de ma retraite, je partage l'admiration que Votre Majesté Impériale et Royale excite dans tout l'univers par ses exploits étonnants et sa haute sagesse, et, de plus, je suis attachée à son auguste personne par la reconnaissance la plus vraie...

« Votre très humble et très obéissante servante et cousine,

« Antoinette Bourbon. »

Il y a plus d'une preuve de ces soumissions dans les cartons des Archives, et Châteaubriand, qui, dans ses *Mémoires d'outre-tombe,* — livre trop dédaigné, son plus beau livre peut-être, — se dresse devant Napoléon et élève statue contre statue, Châteaubriand n'implore-t-il pas à son tour Napoléon, pour lui demander, il est vrai, la grâce d'un homme ?

Le 29 mars 1809, Châteaubriand réclame à Napoléon la grâce de son cousin Armand de Châteaubriand :

« Daignez, Sire, dit-il, faire éclater votre auguste clémence en faveur d'une famille qui, depuis plusieurs siècles, verse son sang pour son pays ; c'est la première fois que mon nom paraît sur la liste des ennemis de la patrie. Je n'ose, Sire, vous parler de moi-même. Si j'avais acquis plus de renommée dans la carrière des lettres, j'aurais quelque titre peut-être pour m'adresser à votre gloire. Mais je n'ap-

porte au pied de votre trône qu'une obscure douleur
et les larmes d'un sujet fidèle (1). »

La tête doit tourner à l'homme parvenu à une
certaine hauteur. Le vertige le prend. Que devait
penser Napoléon, lorsque d'anciens compagnons de
péril, des camarades de régiment, des amis qu'il
tutoyait autrefois, comme Lannes, lui parlaient sur
le ton que prend Junot, duc d'Abrantès, en 1812,
pour se plaindre de n'avoir aucun emploi dans la
grande armée :

« ..... Sire, un souvenir de Votre Majesté sur le
dévouement sans bornes du duc d'Abrantès. Per-
mettez-lui d'aller à vos pieds s'expliquer de vive
voix sur la position actuelle ; s'il a mérité sa perte,
qu'il en entende l'arrêt de la bouche même de Votre
Majesté Impériale; il ne peut y avoir pour lui de
plus grand supplice; mais son cœur est toujours ap-
précié par son souverain (qui fut toujours Dieu pour
lui); qu'il jouisse du bonheur qu'il mérite de le servir et de lui consacrer sa vie... »

Pauvre Junot! du moins fut-il sincère, lui, et

____

(1) AP IV, 3270-1119 I D, p. 18. *Archives nationales,*
n° 1687.

absolument dévoué à celui qu'il appelait son « Dieu ».

Mais ne verrons-nous pas tout à l'heure Masséna écrire à Louis XVIII, comme il eût écrit à Napoléon peu de jours auparavant, avec le même empressement et la même humilité ?

Parmi les pièces les plus intéressantes déposées aux Archives, il faut noter une lettre où Joachim Murat, commandant les armées d'Espagne, annonce de Madrid (31 mars 1808) le renvoi à Napoléon de l'épée de François Ier, et joint à sa lettre la réponse qu'il a faite aux grands d'Espagne, chargés de la lui remettre.

« J'ai, dit-il, l'honneur d'envoyer à Votre Majesté, par M. de Monthion, l'épée de François Ier; elle m'a été apportée, ce matin, avec pompe, par le duc d'Altamira, grand écuyer. Il était escorté par un piquet des gardes du corps ayant quatre voitures de suite. Je l'ai reçu, environné de tous les généraux de l'armée...

« JOACHIM. »

A deux mois de là, Talleyrand (lettre signée d'une petite écriture de chat, illisible : *Charles-Maurice, prince de Bénévent*) écrit de Valençay (21 mai 1808) à Napoléon, et lui donne des détails tout à fait piquants sur l'état de la famille royale d'Espagne, au château de Valencay :

« ..... Les visages se dérident; on parle davantage, les promenades occupent, on fait des projets de chasse; en tout, il y a moins de raideur dans les maintiens et moins de mesure dans les conversations.

« Toutes les mesures de surveillance sont bien prises. Le château et les environs sont de la tranquillité la plus parfaite. Je ne crois pas qu'il y ait un lieu dans le monde où l'on sache moins ce qui se passe en Europe, car on ne voit que les journaux, on ne les comprend guère et on ne les reçoit que deux fois par semaine. Nos habitants du Berri sont en retard sur toutes choses, et surtout sur la politique.

« Les princes ont à peu près tout ce qu'ils peuvent désirer. Mme de Talleyrand leur fait faire de la musique tous les jours; les boléros, fandangos, etc., se font entendre de tous côtés. Je commence à trouver mon séjour ici assez inutile. J'y attendrai les ordres de Votre Majesté. »

La lettre est curieuse, et le grand sceptique y montre sa griffe. Du moins, M. de Montrond ne lui a-t-il point dicté ce tableau ironique du bonheur que goûte le roi d'Espagne prisonnier, et qui ne trouvait autour de lui, comme il disait, pour le servir, ni un laquais, ni un espion.

Je n'ai point la prétention de faire connaître tout ce qu'il y a de précieux à l'hôtel Soubise. Je note en passant le texte de la capitulation de Saragosse, signée au quartier général français devant Saragosse, le 20 février 1809, par le maréchal Lannes, duc de Montebello, et par les membres de la junte de Saragosse : D. Pedro Maria Ric, président; D. Juan de Butler; le duc de Villa-Hermosa, le marquis de Fuente Olivar, le baron de Pourgoy, Magnano Dominiquen, D. Joachim Ignacio Cescala, D. Marioro Ceneso, D. Manuel Foreces (1).

Grâce à l'amabilité de M. Ed. Dupont, il m'est permis de résumer, de cataloguer rapidement ces richesses historiques. Alexandre Berthier écrit de Vienne, le 4 mars 1810, une lettre informant l'Empereur du vif contentement inspiré en Autriche par

---

(1) La ville de Saragosse, capitale de l'Aragon, eut à subir deux sièges pendant l'occupation de l'Espagne par l'armée française; le premier, du 27 juillet au 14 août 1808 ; le second, du 20 décembre 1808 au 20 février 1809, jour de la capitulation. Palafox, l'intrépide défenseur de Saragosse, avait eu successivement à combattre Lefèvre-Desnouettes, Moncey, Mortier et Lannes; il fut transporté prisonnier en France, et il ne rentra en Espage qu'en 1814.

le mariage que Sa Majesté va contracter avec Marie-Louise.

« Les Autorités m'ont complimenté partout; le peuple est dans le délire de la joie. Le peuple des faubourgs de Vienne avait le projet de traîner ma voiture...

« ALEXANDRE. »

Napoléon peut se croire sauvé, la paix est assurée et sa dynastie fondée par ce mariage avec une archiduchesse d'Autriche. Il est empereur et il fait des rois. La femme de Bernadotte (1) lui écrit de Paris (1810, 29 octobre) une lettre où elle lui demande ses ordres relatifs à son départ pour la Suède :

« La saison s'avance et bientôt les passages des Belts deviendront difficiles. Il me serait trop pénible de quitter la France sans témoigner de vive voix à Votre Majesté mon entier dévouement et ma respectueuse reconnaissance pour toutes ses bontés...

« DÉSIRÉE. »

---

(1) Bernadotte (Désirée-Eugénie-Bernadine, née Clary), femme de Bernadotte (Charles XIV), roi de Suède, sœur de Marie-Julie, reine d'Espagne, née le 8 novembre 1781.

Et pourtant Bernadotte, devenu Suédois, déser-
tera, un jour, la cause de celui qui l'a fait roi !

Une lettre capitale et navrante, c'est cette lettre
de Napoléon Ier, datée du 29 novembre 1812, au
matin, village de Zaniski, sur la rive droite de la
Bérésina, et dictée à M. Faine, secrétaire du cabinet.
Elle est adressée au duc de Bassano. Tout le désastre
de Russie est là, palpitant, épouvantable. Napoléon
demande à Maret des nouvelles de France et
d'Espagne, et lui annonce qu'il marche sur Wilna.

« ..... Nous avons eu hier, dit-il, une affaire très
chaude contre l'amiral Tcherschagoff et Vitgenstein.
Nous avons battu le premier, qui nous a attaqués
par la rive droite sur la chaussée de Beresev. Le
second, qui voulait forcer les ponts sur la Bérésina
a été contenu ; nous avons fait 3,000 prisonniers...

« Le duc de Raguse et beaucoup de généraux
ont été blessés. L'armée est nombreuse, mais dé-
bandée d'une manière affreuse. Il faut quinze jours
pour les remettre au drapeau, et ces quinze jours, où
pourra-t-on les avoir ? Le froid, les privations, ont
débandé cette armée. Nous serons sur Wilna. Pour-
rons-nous y tenir ? Oui, si on peut y tenir huit jours.
Mais, si on est attaqué les huit premiers jours, il
est douteux que nous puissions rester là. Des vivres,
des vivres, des vivres ! Sans cela, il n'est pas d'hor-

reurs auxquelles cette masse indisciplinée et déban-
dée ne se porte contre cette ville. Peut-être cette
armée ne pourra-t-elle se rallier que derriére le Nié-
men. Dans cet état de choses, il est possible que je
croie ma présence à Paris nécessaire, pour la France,
pour l'empire, pour l'armée même. Dites-moi votre
avis. »

En marge de cette minute est écrit : « Le primat
a été porté par le courrier Saint-Romain ; le dupli-
cata est parti le 1er décembre par le juif Marius. »

Hélas! tout cela sent la défaite, l'irrémédiable
désastre. C'est la débâcle, c'est la ruine, et ce
Louis XVIII, à qui Bonaparte disait d'un ton de
hauteur ironique : « Je ne suis pas insensible à vos
malheurs », sera bientôt roi de France.

A peine est-il roi, que Masséna (1814, juin) écrit
au chancelier de France :

« ..... Sa Majesté, en m'admettant dans sa grande
famille, me donne une preuve de sa bonté que je
n'oublierai jamais. Je vous prie, Monsieur, d'être
mon organe dans cette circonstance, et de témoigner au Roi que mon plus grand désir est de trouver des occasions de donner des marques de mon
dévouement sans bornes pour son service, et de ma
fidélité à toute épreuve.

« Pour former un état complet des batailles et

des combats dans lesquels je me suis trouvé au service de la France, il m'aurait fallu procéder à des recherches qui auraient demandé un certain temps ; je me suis donc borné à en citer les principales, afin de montrer à Votre Excellence mon empressement à répondre à la lettre qu'elle a pris la peine de m'écrire.

« Quant à la rédaction des lettres de naturalisation dont vous me faites l'honneur de me parler, je n'oserais jamais en entreprendre le projet ; je mettrai d'ailleurs le plus haut prix à penser qu'elle aura été l'ouvrage de Votre Excellence. »

En marge de la lettre est écrit de la main du chancelier, M. Bernardi : « Pour un projet de lettre de naturalisation dans la forme la plus honorable, il me sera soumis avant la mise au net. »

Je ne comprends pas très bien : fallait-il donc que Masséna se fît naturaliser Français après avoir bravement gagné la bataille de Rivoli et à peu près celle d'Essling, que les Autrichiens célèbrent aussi de leur côté comme une victoire, en l'appelant *Aspern ?*

Presque à la même époque, le maréchal Macdonald écrit au comte de Blacas d'Aulps, ministre de la maison du roi (2 octobre 1814), pour le remercier de l'avoir informé que le roi a signé l'ordonnance

qui maintient les établissements des orphelines de
la Légion d'honneur.

« ..... Les religieuses, les orphelines, leurs parents, les légionnaires, et tous les bons Français,
n'ignorent pas toute la part que vous avez à cette
restauration, et en bénissant la bienfaisance de Sa
Majesté, ils vous offrent le tribut de leur sincère
reconnaissance.

« Agréez en particulier la mienne, Monsieur le
Comte, ainsi que l'assurance nouvelle de ma haute
considération.

« Le maréchal, duc de Carinti (*sic*),

« MACDONALD. »

Les Archives possèdent, parmi les pièces du temps
de la Restauration, des documents authentiques sur
le retour de l'île d'Elbe.

Il existe douze minutes de décrets datés de l'île
d'Elbe, le 24 février 1815, et qui sont relatifs à
l'organisation insurrectionnelle de la Corse. Napoléon a effacé sur la première de ces minutes les mots
« roi d'Italie » qui se trouvaient à la suite de l'en-
tête « Napoléon, empereur des Français ».

A la date du 27 février, à bord de l'*Inconstant*, il
signe neuf décrets portant nominations dans la Légion d'honneur et promotions d'officiers. Il donne

la croix aux capitaines de vaisseau qui commandaient les navires sur lesquels étaient embarqués
les bataillons de l'ile d'Elbe.

Le 20 mars 1815, il signe, — comme une réparation tardive faite au bon soldat de Zurich, au général républicain Lecourbe, — un décret daté du
palais des Tuileries, nommant chevalier de la Légion
d'honneur le lieutenant général Lecourbe.

« Napoléon, empereur des Français, etc., etc.
Nous avons décrété et décrétons ce qui suit :
Article 1er. — Le lieutenant général Lecourbe est
nommé chevalier de la Légion d'honneur.

« Article 2. — Notre grand chancelier de la Légion
d'honneur est chargé de l'exécution du présent décret. *Signé :* Napoléon. »

Ce n'est pas tout : Napoléon a hâte de rendre au
soldat qui combattit Souvarow avec Masséna le
rang qui lui est dû.

Par décret en date du 21 mars, le général Lecourbe est nommé officier ; par décret du 23, commandeur ; par décret du 25, grand officier, et comte
de l'Empire par décret du 3 avril suivant. Lecourbe
fut promu à la dignité de grand aigle par décret en
date du 17 juin 1815, au quartier impérial de Fleurus.

Le général n'avait pas été mis en activité depuis
le procès Moreau.

Le 20 mars 1815, Paris. — Napoléon signe un décret approuvant les pensions accordées à des veuves d'émigrés ou d'anciens officiers de la maison du roi, aux veuves Moreau et Lajolais, et à celles des condamnés dans la conspiration du général Mallet.

Ce décret est rendu sur rapport du ministre de la guerre, Davout, prince d'Eckmülh, et porte en marge :

« J'approuve toutes ces pensions, il n'y faut rien changer. *Signé :* Napoléon. »

Mais il est trop tard. Lecourbe ne pourra sauver la patrie et l'intrépide Mallet n'est plus là pour combattre.

Le 8 avril 1815, aux Tuileries, Napoléon signe le décret nommant le général Daumesnil gouverneur de Vincennes. Ce décret est aux Archives. Le hardi Périgourdin Daumesnil, la Jambe-de-Bois, répondra bientôt aux ennemis : « Je vous rendrai Vincennes quand vous m'aurez rendu ma jambe! »

Rien sur Waterloo. Les Archives sont muettes. Mais voici, daté de Longwood, 15 avril 1821, le testament et codicile de Napoléon Ier :

« 1° Testament daté de Longwood, 15 avril 1821, et codicile, datés du 16, du 24, autographes, numérotés de la page 1 à la page 40.

« 2º Une pièce, une feuille datée de Longwood, 23 avril.

« 3º Une pièce, une feuille datée de Longwood, 25 avril.

« 4º Une pièce autographe, deux pages numérotées 1 et 2, datée de Longwood, 16 avril : « Ceci est un second codicile à mon testament, tout écrit de ma propre main. »

« 5º Une pièce, deux pages numérotées 1 et 2, datée du 20 avril : « Instructions pour Montholon, Bertrand et Marchand, mes exécuteurs testamentaires. »

La plupart de ces pièces, qui figuraient sous les vitrines du Musée, ont été retirées depuis le 4 septembre et mises dans l'Armoire de fer. On eût certes pu les laisser exposées aux yeux de la foule. Il n'y a plus de politique dans un tel passé. Tout cela dort dans l'ombre de l'histoire. Et d'ailleurs ces preuves éloquentes des grandeurs, des faiblesses et des chutes humaines ne comportent-t-elles pas leur tragique moralité ?

En voyant dans le musée Tussaut l'atlas géographique sur lequel Napoléon Ier traçait ses plans de campagne et la berline de voyage qui le conduisit à Waterloo, on mesure plus facilement encore la vanité de son ambition.

Mais qu'importe après tout que ces pièces soient

ici, sous une vitrine, ou là-bas dans l'Armoire de fer?

Nous allons, en sortant du Musée paléographique, droit à cette armoire, placée au milieu des bâtiments nouveaux. Nous traversons encore, pour y parvenir, bien des galeries peuplées de souvenirs, les salles où dorment les *Olim*, les vieux registres du Parlement, au dos de parchemin vénérable, et qui semblent de marbre ou de pierre, tant ils sont blancs et durs. Il y a ici *quarante-cinq kilomètres* de tablettes en tout, nous dit un de nos guides.

Quarante-cinq kilomètres de papier inédit ou peu connu! C'est tout un monde. C'est comme le testament de plusieurs siècles.

Après avoir laissé de côté les cartons de la Chambre des pairs, où l'on trouverait les pièces authentiques du procès de Boulogne et de l'affaire Praslin, nous arrivons devant l'Armoire de fer, immense, imposante, avec ses doubles portes et ses serrures à secret (1).

Cette Armoire de fer, fabriquée en 1790, par ordre de l'Assemblée constituante, et qu'il ne faut pas

---

(1) On trouve aussi aux Archives un de ces modèles de la Bastille fabriqués par le patriote Palloy et taillés, avec les huit tours légendaires, dans une des pierres de la prison. Les clefs authentiques de la Bastille sont accrochées auprès de ce modèle, par rang de grandeurs, comme une gamme lugubre.

confondre avec l'armoire de fer à laquelle Louis XVI, aidé de son maître des cabinets, Durey, avait travaillé avec Gamain, en mai 1792, contient évidemment ce qu'il y a de plus précieux dans l'hôtel Soubise. C'est le trésor historique du palais.

Les portes ouvertes, on est ébloui. Voici des autographes de la reine Élisabeth d'Angleterre et de Charles-Quint; une lettre de Soliman II à François Iᵉʳ (1528), écrite en caractères d'or et d'azur, sur vélin, et enfermée dans une sacoche en brocart. Voici la ratification du traité d'Amiens en 1527, avec le large sceau d'or du roi Henri VIII. Cet autre sceau d'or est celui de Ferdinand II. Voici le traité de Munster en 1648, ce traité qui régit si longtemps l'Europe. Cette lettre est un autographe d'Abd-el-Kader, remerciant le Président de l'avoir rendu à la liberté. A côté des étalons du mètre et du kilogramme, en platine (1), à côté de l'état civil des

---

(1) Le procès-verbal du dépôt aux Archives de la République française de l'étalon prototype du mètre en platine et de l'étalon prototype du kilogramme existe aux Archives nationales, et débute ainsi :

« L'an sept de la République française, une et indivisible, le quatre messidor, trois heures après midi, le citoyen Pierre-Simon Laplace, l'un des présidents de l'Institut national des sciences et des arts, remplaçant le citoyen Bougainville, absent

familles qui ont régné sur la France, des pièces du
procès de Louis XVI et d'autres pièces capitales,
on trouve l'exemplaire de la Constitution de 91 brisé
par le mouton national, et qui devait être déposé
dans les fondations du monument commémoratif de
la prise de la Bastille. Puis voici les médailles frap-
pées pour célébrer l'abandon des priviléges, la nuit
du 4 août. L'Armoire de fer contient encore un tas
glorieux de clefs de villes prises : clefs de cités
assiégées et enlevées d'assaut ou capitulant devant
nos soldats. Parmi ces clefs, avec ses rubans or et
noir, j'ai distingué celle d'Aix-la-Chapelle.

Les serrures de cette immense armoire sont des
chefs-d'œuvre, et leurs auteurs ont bien fait de les

---

pour cause de maladie, président actuel, le citoyen Louis-
Lefèvre-Gineau, le citoyen Antoine Mongez, secrétaire de l'Institut, les membres nationaux et étrangers de la commission des
poids et mesures, savoir : les citoyens d'Arcet, de l'Institut
national ; Jabbroni, envoyé de Toscane ; Van Swinden, envoyé
de la République batave ; Mascheroni, envoyé de la République
cisalpine ; Vossalli, envoyé du gouvernement provisoire de Piémont ; Aenae, envoyé de la République batave ; Lagrange, de
l'Institut national ; Méchain, de l'Institut national ; Multedo,
envoyé de la République ligurienne ; Pedraxès, envoyé de l'Espagne ; Ciscas, envoyé de l'Espagne ; Legendre, de l'Institut national ; Trallès, envoyé de la République helvétique ; Delambre,
de l'Institut national ; Brisson, de l'Institut national. » (22 juin
1799.)

signer : « Serrure à la nouvelle Constitution, faite
par Pommerq, maître serrurier à Paris ». Et sur
une autre, sur la serrure à secret qui permet d'ouvrir toutes les autres : « *Fecit Henry Koch. Dédiée à
la Nation, 14 décembre 1790.* »

Après ces reliques glorieuses, notre guide a tenu
à nous montrer une sorte de musée spécial consacré, dans une petite pièce du Musée poléographique,
à l'Exposition de 1867. Les rapports officiels, les
plans, les médailles, la belle aquarelle d'Eugène
Ciceri et Benoist, et jusqu'aux portraits des expo-
sants, tout est là. C'est tout ce qui reste de la grande
bataille industrielle. Mais du moins n'a-t-elle point
coûté de sang ni de larmes. Eh quoi! cette rapide
vision console après le spectacle de ces vestiges
parfois sinistres de l'histoire. C'est la paix que ce
coin du palais représente, c'est le travail, le commerce, la vie et le bonheur du plus grand nombre.
Tout ce que nous venons de voir, ces chartes,
ces parchemins, ces traités d'alliance, ces nouvelles
de victoires, ces décrets d'accusation, ces paperasses pleines de souffrances, tout aboutit à ce présent, qui est le siècle : l'industrie. Ceci a amené cela.

Et si les peuples n'avaient d'autres archives que
celles de leurs pacifiques expositions, peut-être leur
histoire semblerait-elle moins dramatique, mais leur

existence à coup sûr paraîtrait plus heureuse.

Nous avons trouvé aux Archives la trace des douleurs illustres. Mais les douleurs de la foule, les angoisses des générations disparues, les douleurs anonymes, celles-là n'ont point leurs archives, et ce sont les plus profondes peut-être, et les plus amères !

Même après leur mort, les puissants et les glorieux ont la consolation de se dire que l'avenir se souciera de leur existence, les plaindra s'ils ont souffert, les célébrera s'ils ont bien vécu et bien combattu. Mais ceux-là qui dorment inconnus, sans nom; comme les grands hommes ignorés dans le cimetière de village dont parle l'élégie de Gray ; — ceux qui ont souvent donné leur vie pour assurer la gloire des autres ; ceux-là n'ont, je le répète, ni archives, ni inscriptions tumulaires. Ils passent. Ils ont passé. Et cependant, eux aussi ils ont fait l'Histoire ! Eux aussi ils ont fait la France !

O culte vénéré, religion des aïeux ignorés ou célèbres, voilà ce qu'on rapporte d'une visite à ce palais sacré où gémit l'âme des siècles !

On en sort chargé de souvenirs, et on traverse pensif la grande cour de l'hôtel Soubise, comme si l'on avait besoin de se recueillir encore avant de se mêler de nouveau au tourbillon de la vie de tous les jours.

S'il est un temple de la Patrie, c'est celui-là! N'y allez pas, n'y entrez jamais, si vous n'êtes poussés que par une curiosité vaine (1). Qu'y trouveriez-vous? Pas même un spectacle.

Mais si vous éprouvez le besoin de vous retremper dans la vérité, de demander au passé de se redresser dans sa tombe pour parler au présent et le conseiller; si vous éprouvez l'âpre désir de réclamer à la mort le secret de la vie, alors entrez là. Je ne sais pas d'endroit plus fortifiant pour la pensée. L'esprit s'y élève, le cœur s'y raffermit. On y apprend à regarder le crime, le succès, la trahison, face à face, et à les mépriser. On y mesure toutes les

(1) Camus ne voulait pas qu'on se rendit aux Archives en simple curieux. Il écrit le 29 brumaire an IX (20 novembre 1801), au citoyen Terrasse, préposé à la garde de la section judiciaire des Archives, au Palais de Justice, pour lui donner avis d'une mesure relative aux communications que les particuliers demanderaient à avoir dans les papiers des tribunaux établis depuis 1791 : « ... La politesse et la déférence pour les étrangers ne doit pas aller jusqu'à être dupe de leur curiosité. C'est un espion ou un sot, qu'un homme qui demande des extraits du genre de ceux que le baron de Halem a demandés. Voici une mesure générale qui écartera sa question et toutes autres semblables. Vous voudrez bien, citoyen, ne communiquer à qui que ce soit, sans un ordre particulier signé de moi, les procédures faites par le tribunal du 17 août 1792, par le tribunal révolutionnaire et par les autres tribunaux établis depuis 1791. J'excepte les personnes qui justifieront leur qualité d'enfants ou d'héritiers des condamnés... »

grandeurs et toutes les chutes. On en sort plus épris que jamais de sacrifice et de justice, imprégné plus fortement du pur amour de la patrie. Et quand on a une fois respiré cet air étrange où semble voltiger la poussière des ancêtres, on y retourne : car ce n'est pas un hypogée, c'est un panthéon, et on y oublie avec une joie profonde les petitesses courantes pour les vérités éternelles.

Quelle féerie! Quel étonnement! Je le répète, il y a à Paris un lieu sacré où l'on peut dire : Voulez-vous connaître cette nation qui a tant combattu pour les autres, qui s'est épuisée, déchirée elle-même, qui a tant de fois paru si près de sa chute et qui s'est toujours relevée plus ardente et plus fière? Voulez-vous savoir où est le passé de la patrie du dévouement aux grandes causes et aux belles folies? Voulez-vous savoir où est la France? Regardez : elle est ici!

— Qui saluez-vous? demandait-on un jour à un vieillard qui passait devant les Archives en ôtant son chapeau. — Je salue, répondit-il, ceux qui ne sont plus et qui nous ont faits ce que nous sommes!

UN ENLÈVEMENT

AU

XVIIIᵉ SIECLE

9

Un Enlèvement au XVIIIe Siècle

Mlle DE MORAS ET LE COMTE DE LA ROCHE-COURBON
1737

I

Le XVIIIe siècle — celui que Michelet appelait, dans une de ses leçons du Collège de France,
le *Grand siècle* — est loin d'avoir révélé tous ses
secrets littéraires, philosophiques ou moraux. Il
est, dans cet amas de documents et de souvenirs
qu'il nous a laissés, bien des livres méconnus, bien
des mystères encore, des drames ignorés, des œuvres
et des choses qui ne méritent point l'oubli : j'entends
des drames vécus, de véritables événements dramati·
ques où des personnages en chair et en os ont joué

9*

leurs rôles, et, en même temps aussi, des conceptions
nées du cerveau humain, des romans ou des comédies.

Avez-vous jamais rencontré, à la campagne, dans
quelque demeure du temps passé, une bibliothèque
remplie de livres d'il y a cent ans, respectée par les des-
cendants de celui qui l'a formée et dont l'ensemble
décèle bien, dans son apparente variété, le fond même
de l'humeur romanesque de nos pères ? Ce sont petits
récits larmoyants ou légers, tendrement corrompus,
doucement attendris, qui montrent clairement que si
le cœur humain a, dans tous les siècles, ses faiblesses
communes à l'humaine espèce, il a cependant aussi
ses modes particulières et ses maladies spéciales, qui
varient assez rapidement d'une époque à une autre.

Ces livres, ces romans, ces menus récits, dont le
style a tant vieilli, sont cependant de bons documents pour l'histoire morale du temps où ils furent
écrits. L'histoire des romans, c'est un peu l'histoire
de l'idéal même d'une époque. A côté de la vivante
histoire, cette histoire-là, que j'appellerais volontiers de l'histoire en l'air, a son prix. Mais
combien est plus précieux encore, pour celui qui
veut pénétrer fort avant dans la connaissance des
choses disparues, combien est plus attachant et at-
tirant le fait même, le roman d'amour, non pas
inventé par l'imagination d'un conteur, mais pris

sur le vif même de la réalité, d'une réalité en quelque sorte palpitante, et révélé par un de ces impla-
cables annalistes qui s'appellent d'un nom terrible :
un *greffier !* Sait-on bien tout ce que le psychologue
peut réclamer de renseignements à la poudre, aux
papiers jaunis des procès ? Que d'émouvants cha-
pitres, combien d'étonnants tableaux de mœurs,
dorment ensevelis dans la poussière des greffes et
dans les cartons des archives publiques et privées !
Chaque étude de notaire contient une sorte de
comédie humaine qui attend encore son Balzac.

Ce n'est pas dans une bibliothèque, ce n'est point
dans les livres d'autrefois, c'est à la source même
de toute vérité historique, — dans les papiers des
Archives nationales et des archives du ministère de
la guerre,—qu'on a pu trouver les documents tout à
fait intéressants qui vont nous permettre de raconter, dans tous ses détails, la plupart inconnus jusqu'aujourd'hui, une des aventures les plus romanesques de toutes celles qui défrayèrent la chronique
du XVIIIe siècle. Je dirai plus tard à qui je dois de
pouvoir écrire ce piquant chapitre de l'histoire des
mœurs du temps passé.

Parmi tous les événements qui surexcitèrent le
plus vivement l'attention publique, il y a un peu
plus d'un siècle, il n'en est pas beaucoup d'aussi

dignes d'attention que l'enlèvement de Mlle de Moras, la fille du riche financier, par ce gentilhomme,
M. de La Roche-Courbon, qui devait payer assez
cher son audace. Ce petit roman, que nous allons
conter par le menu, préoccupe tous les auteurs de
Mémoires du temps : le duc de Luynes, l'avocat Barbier, le bonhomme Buvat ; et il est bien fait pour
nous donner, à nous, après cent cinquante ans
bientôt, une idée exacte des passions et des habitudes
d'une partie de la haute société française en 1737.

Les brillants auteurs de la *Femme au XIIIe siècle*
ont déjà fait remarquer — et justement à propos
de Mlle de Moras — qu'il serait souverainement
faux de juger des mœurs du temps passé, et
en particulier des aventures dont les couvents
auraient été le théâtre, sur les romans du XVIIIe siècle. « Ce ne sont, disent MM. de Goncourt,
qu'histoires ; ce ne sont qu'estampes où l'on voit
une chaise de poste en arrêt la nuit au pied d'un
jardin de couvent ; ou bien une pensionnaire des-
cendant une échelle au bas de laquelle l'attend
l'amant, tandis que la femme de chambre est encore
là-haut, à cheval sur la crête du mur. Intrigues filées
au parloir, amoureux déguisés en commissionnaires,
remises de lettres en cachette, corruption de sœurs
converses qui ouvrent la grille, enlèvement de jeunes

filles au milieu d'une prise d'habit, à travers une foule tenue en respect par des pistolets »; ce sont les coups de théâtre ordinaires, les scènes qui se déroulent dans ces pages. Il semble voir, mise en action, l'étrange morale de Bussy disant qu'« il fallait toujours enlever; qu'on avait d'abord la fille, puis l'amitié des parents, et qu'après leur mort on avait encore leurs biens ». Rien de plus faux, ajoutent MM. E. et J. de Goncourt, rien de plus contraire à la réalité des choses. Et pourtant, on reconnaîtra bien, après avoir lu l'aventure de Mlle de Moras, que les intrigues au parloir, les lettres secrètes, les femmes de chambre adroites, les commissionnaires déguisés, et jusqu'aux romanesques pistolets, tous ces accessoires ou ces comparses de l'amour jouaient, à l'occasion, leur partie dans les dramatiques comédies de ces enlèvements. Et ce ne sera pas la première fois qu'on sera forcé de constater que la vie réelle se modèle trop souvent sur les romans en vogue et les imaginations des conteurs. C'est Balzac qui a fait, dans la vie, les Rastignac et les de Marsay ; ce sont les romans du xviiie siècle, si différents des romans quintessenciés du siècle précédent, qui firent, sans nul doute, les La Roche-Courbon.

Les romans du temps de Louis XIV, les livres de

La Calprenède et de Mlle de Scudéry, étaient d'ailleurs aussi curieusement remplis de récits d'enlèvements que les « nouvélles » du temps de
Louis XV, et le siècle du *Grand Roi* avait eu, comme
celui du *Bien-Aimé*, ses aventures et ses scandales.
Sous Louis XIII et sous Louis XIV, malgré les
peines sévères, ces enlèvements romanesques avaient
amusé la cour et désolé plus d'un foyer. Enlever
une femme, une jeune fille, semblait, au surplus,
chose de bon ton. Ne voyons-nous pas Condé se
faire le complice de Châtillon ; lui offrir, lui prêter,
pour enlever une femme aimée, de l'argent et des
hommes, et lui ouvrir, lui-même, comme lieu d'asile,
la place forte qu'il commande ? L'enlévement de
Mme de Miramion par Bussy, enlèvement où le con-
fesseur de la dame joue un rôle, comme le curé de
Contré en jouera un dans l'enlévement de Mlle de
Moras, emplit le XVIIe siècle de son audacieux
tapage. Et ne voyons-nous point, dès 1671, un
gentilhomme, coupable, il est vrai, d'autres crimes,
être condamné à mort pour avoir enlevé une femme
qui s'avisa, un peu tard, quatorze ans après le rapt,
de réclamer contre lui ?

De l'histoire à laquelle je fais allusion ici, on
trouve trace, et dans les écrits de Jean Rou, et dans
les *Lettres* de Mme de Sévigné. Ce Jean Rou, avocat

au Parlement de Paris et, plus tard, secrétaire interprète des États-Généraux de Hollande, a raconté, dans ses curieux *Mémoires* (1), que, parmi les *bastillards* dont il fit un moment partie (ainsi, dit-il, appelait-on les malheureux détenus en cette triste demeure de la Bastille), il rencontra un certain marquis de Pomenars (Rou écrit *Poménar*) qui devait être ce même marquis de Pomenars, gentilhomme breton, dont il est plusieurs fois question dans les immortels caquets de Mme de Sévigné.

Le marquis de Pomenars avait enlevé Mlle de Bouillé, fille de René Bouillé, comte de Créance, et cousine de la duchesse de Lude, qui, je le répète, après avoir vécu quatorze années avec lui, eut, un beau matin, la fantaisie de le quitter, de se rendre à Paris et de le faire poursuivre « pour crime de rapt ». — « Pomenars, écrit Mme de Sévigné à sa fille, qui s'intéressait beaucoup à cet homme, Pomenars ne fait que de sortir de ma chambre. Nous avons parlé assez sérieusement de ses affaires, qui ne sont jamais de moins que de la tête. *Le comte de Créance veut à toute force qu'il l'ait coupée, Pomenars*

---

(1) *Mémoires inédits et Opuscules de Jean Rou*, publiés par la *Société de l'histoire du protestantisme français*, d'après le manuscrit conservé à La Haye, par Francis Waddington (Paris, 2 vol. in-8°, 1857).

ne veut pas ; voilà le procès. » Pomenars fut en effet jugé et condamné par contumace cinq mois après, et fit aux Rochers une nouvelle visite à Mme de Sévigné, qui raconte ainsi l'historiette à Mme de Grignan : « L'autre jour, Pomenars passa par ici ; il venait de Laval, où il trouva une grande assemblée de peuple ; il demanda ce que c'était. « C'est, lui « dit-on, que l'on pend un gentilhomme qui a enlevé « la fille du comte de Créance.» *Cet homme-là, Sire, c'était lui-même !* Il approcha, il trouva que le peintre l'avait mal habillé ; il s'en plaignit ; il alla souper et coucher chez les juges qui l'avaient condamné. Le lendemain il vint ici, se pâmant de rire ; il en partit cependant de grand matin le jour d'après. » Pomenars se rendit ensuite à Paris, et, chose étonnante, on l'y revoit assistant à une représentation de *Bajazet* où se trouvait aussi Mme de Sévigné. « Au-dessus de M. le duc, dit la marquise, était Pomenars avec les laquais, le nez dans son manteau, parce que le comte de Créance le veut faire pendre, quelque résistance qu'il fasse. »

L'enlèvement de Mlle de Bouillé n'était pas le seul méfait de ce Pomenars, qui, sans être aussi redoutable que L'Espinchal dont Fléchier trace le portrait, eût cependant payé, comme lui, de sa vie ses aventures, si le roi eût fait tenir des *Grands Jours* en

Bretagne ainsi qu'en Auvergne. L'Espinchal aussi, comme Pomenars, se moquait des supplices qu'on lui infligeait en effigie. Pomenars, le *divin* Pomenars, comme l'appelle assez étrangement Mᵐᵉ de Sévigné, cet homme séduisant et gai dont elle disait qu'il « aurait réjoui la tristesse même (1) », cet amusant Pomenars, avait été non seulement convaincu de rapt, mais accusé de fausse monnaie. Absous par ses juges, n'eut-il point l'audace de payer en fausses espèces les *épices* de son procès ? On songea à le traîner encore, pour ce fait, devant le tribunal. Pomenars riait encore, il riait toujours ; il laissait pousser sa barbe, et comme on lui demandait pourquoi : « C'est parce qu'avant de me donner la peine de la raser, disait-il, il faut savoir si la tête même que le roi me dispute, me restera. »

Telles étaient les mœurs du temps, que la marquise de Sévigné et la duchesse de Chaulnes continuaient cependant à recevoir les visites d'un tel homme, et — qui pis est — à aller s'asseoir à son chevet lorsqu'il était souffrant. Pomenars avait le don de gaieté qui plait aux femmes. Mᵐᵉ de Sévigné sachant que ce personnage venait d'être taillé de la pierre, le va voir, et, comme on jugeait précisément

(1) Aux Rochers, dimanche, 26 juillet 1671.

la Voisin, l'empoisonneuse, elle lui parle de la misérable femme et de tous les grands personnages
compromis dans le procès. « C'est *un plaisir,* écrit
ensuite cette honnête femme à sa fille, un plaisir que
de l'entendre parler de tous ces poisons ; on est
tenté de lui dire alors : Est-il possible que ce seul
crime vous soit inconnu ? » — Est-il possible, ajou-
terons-nous, de voir plus galamment absoudre un
plus séduisant coquin ?

C'est que Pomenars était, sans nul doute, un des
amis de jeunesse de la marquise, un de ces gentilshommes de Bretagne qui, avec Tonguedec, fréquen-
taient son logis au temps de la Fronde, et parlaient
en riant de leurs complots d'écervelés. On est volontiers indulgent à ces amis de la première heure ;
pourtant l'indulgence a des bornes, et celle de l'aimable femme pour ce Pomenars n'a pas même
l'excuse de l'aveuglement. S'il faut en croire l'a-
vocat Jean Rou, Pomenars mourut des suites de
l'opération, qui n'avait pas, au dire de Mme de Sévigné, altéré sa gaieté.

Jean Rou l'avait connu, ai-je dit, à la Bastille.
« Le marquis de Poménar, écrit-il, avait beaucoup d'esprit, mais était un athée de profession. Il
était détenu à la Bastille pour quelque mécontente-
ment qu'il avait donné à M. de Louvois, homme

qui, comme chacun sait, voulait que tout fléchît
devant lui; le marquis de Pomenars n'avait jamais
pu se ranger à cette soumission. Une violente attaque de pierre lui fit obtenir sa liberté environ le
temps que j'eus la mienne; et tout ce que j'ai pu
savoir de sa fin (car il mourut de l'opération), c'est
que de son lit on l'entendait dans les rues crier de
toutes ses forces : « *Ah! mon Dieu!* »

J'ignore si vraiment M. de Pomenars avait mé-
contenté Louvois; mais ce qui est certain, c'est que
le marquis, avant de mourir de la pierre, avait, je le
répète, été condamné à avoir la tête tranchée pour
s'être rendu « coupable de rapt » sur la personne de
Mlle de Bouillé, crime qui mérita d'ailleurs le pardon de
Louis XIV, tout naturellement assez indulgent pour
ce que Regnard devait appeler les folies amoureuses.

Il n'aura pas été sans intérêt, je pense, de rappeler l'aventure de cet étrange gentilhomme avant de
raconter l'histoire de l'enlèvement de Mlle de Moras,
qui date de plus de cinquante ans après. Nous allons
voir que, cette fois, le ravisseur, M. de La Roche-
Courbon, s'était moins inspiré de cet audacieux
Pomenars que du séduisant Bussy, et avait mis en
pratique l'axiome de l'amoureux de Mme de Miramion : « Il faut toujours enlever. »

Dans les *Mémoires* du duc de Luynes, à la date

du 5 novembre 1737 (à Fontainebleau), on lit les lignes que voici et qui donnent bien le ton de la surprise qu'éprouva la société parisienne lorsqu'elle apprit que Mlle de Moras venait d'être enlevée dans des circonstances vraiment romanesques : « On a appris aujourd'hui que Mlle de Moras, fille de celui qui avait été directeur de la Compagnie des Indes et qui est mort il y a deux ou trois ans, avait été enlevée il y a huit jours. Elle est extrêmement riche et elle a treize ou quatorze ans. On ne sait encore d'autres circonstances, sinon qu'elle était dans un couvent à Paris, et sa mère à la campagne ; qu'on a apporté à la gouvernante une lettre supposée de Mme de Moras qui mandait de lui amener sa fille et qu'elle envoyait pour cet effet une chaise à deux. Mme de Moras a été huit jours sans le savoir, et ne l'a appris que par hasard ; on ne sait par qui, ni où elle est. »

Voilà le premier effet produit : l'étonnement. On s'enquiert, on cause, on multiplie les suppositions et les commentaires. On répète que le 26 octobre, à sept heures du matin, une chaise de poste à deux personnes, et attelée de deux chevaux noirs, s'était arrêtée devant la porte du couvent des dames religieuses du Chasse-Midy (ou Cherche-Midi), suivie d'un homme à cheval. Cette chaise de poste, montée

sur deux fortes roues à peine sorties de chez le
charron, — elles n'étaient pas peintes, dépose un
témoin, — était conduite par un postillon qui, à
ses allures, a paru au fruitier Philippe Le Vaillant,
témoin, n'être pas un postillon ordinaire de la
poste. Quant à l'homme à cheval, maigre, assez
haut de taille, vêtu d'une redingote de ratine ou
peluche blanche, avec une veste rouge dessous,
portant les cheveux en bourse, nul ne l'a reconnu
et ne peut dire son âge. La chaise de poste arrivée
à la porte du couvent, cet homme est descendu de
selle, a attaché le cheval qu'il montait au brancard
de la chaise; il a ôté ses bottes, les a mises dans la
rue contre la muraille, puis il est entré dans le couvent, et peu de temps après il en est ressorti portant « avec un autre particulier » une malle toute
neuve, de forme plate et carrée d'environ deux pieds
et demi, couverte de cuir noir. Cet homme et le
postillon ont alors attaché cette malle derrière la
chaise de poste avec des cordes neuves. Le témoin
Le Vaillant a vendu à l'inconnu deux bâtons de
cotterets pour aider à serrer ces cordes; Mˡˡᵉ de
Moras est arrivée, suivie de sa femme de chambre,
et, après avoir fait mettre dans la chaise deux
« jupons-paniers », elle y est montée rapidement
avec sa gouvernante. Aussitôt le postillon est parti

fouettant ses chevaux, et la chaise de poste a disparu par la rue du Regard, tandis que l'homme à
cheval, ayant remis ses bottes, est remonté en selle
et, piquant des deux, a suivi, par cette même rue,
la chaise de poste qui partait.

Sur la plainte de Mme de Moras, et, à sa requête,
l'information faite par Nicolas Rousselot, conseiller
du roi, commissaire enquêteur examinateur au
Châtelet, commençait par établir simplement les
faits, l'heure du départ de Mlle de Moras, et
rechercher le signalement du postillon, celui de
l'homme à cheval, qui était, sans nul doute, ou le
ravisseur lui-même, ou un homme à ses gages. La
dame Louise de La Jarrie, dite de Sainte-Placide,
prieure perpétuelle du couvent des dames religieuses bénédictines du Cherche-Midi, déposait qu'elle
savait seulement que la veille de l'enlèvement, Mlle
de Moras était venue la trouver, une lettre à la
main, disant que Mme de Moras lui « marquait de
partir le lendemain pour l'aller trouver à la campagne où elle était ». La lettre était signée *Fargès de
Moras*. La prieure ne connaissait nullement l'écriture de Mme de Moras ; lorsque celle-ci envoyait au
couvent chercher sa fille, elle n'écrivait point d'ordinaire. Depuis quatre ou cinq ans que Mlle de
Moras était au couvent du Cherche-Midi, plus d'une

fois elle avait passé d'assez longs espaces de temps
à la campagne. Il était donc naturel qu'on laissât
partir Mlle de Moras avec la demoiselle Gory, sa seconde femme de chambre. Et c'était là ce qui venait
d'arriver, sans que personne, en vérité, eût pu soup-
çonner un enlèvement.

Bref, Mlle de Moras était partie. Avec qui? On
s'en doutait bien un peu, mais on ne le savait pas de
façon certaine. Qu'on ne s'étonne point, d'ailleurs,
de voir une fille de quatorze ans courir les aventures.
On mariait alors les jeunes filles dès la grande jeunesse, « l'enfance presque, l'âge sans forces et sans
volonté (1) ». Dès l'âge de onze ans, Anne-Marie
Peirenc de Moras était d'ailleurs convoitée par plus
d'un soupirant. Des gentilshommes ruinés tour-
naient déjà autour de cette enfant dont la fortune
immense eût royalement redoré leurs blasons.

Elle était fille d'Abraham Peirenc, seigneur de
Moras en Brie, fils d'un barbier de village, et qui,
après avoir fait métier d'agioteur, avait trouvé le
moyen de gagner, par le « système » de Law, plus de
six cent mille livres de rentes, sans compter les valeurs mobilières. Cet Abraham Peirenc, après avoir
épousé la fille du *vivrier* Fargès, son associé, « autre

______

(1) De Goncourt. *La Femme au XVIIIe siècle*, p. 23.

fripon », dit un peu crûment l'avocat Barbier, et qui mourut ruiné (il devait cinq millions au roi, dit Mme de Simiane) (1), ce Peirenc, devenu seigneur de Moras, comme Crozat devint marquis du Châtel, et Samuel Bernard marquis de Boulainvilliers, par la toute-puissance de l'or, avait laissé en mourant, le 20 novembre 1732, les six cent mille livres de rentes dont parle Barbier, et trois millions d'effets mobiliers, c'est-à-dire — outre la seigneurie de Moras — les châteaux d'Arlanc, les marquisats de Saint-Priest et de Saint-Étienne, la baronnie d'Ambert, vastes domaines en Auvergne, acquis des Tallard, des Chalus et des La Rochefoucauld (2). Ce financier parvenu avait, au surplus, travaillé à se rendre digne de sa fortune : il avait fait son droit et il était devenu conseiller au Grand Conseil, il avait appris le latin, et le *Mississipien*, comme on appelait les enrichis de Law, avait pu faire dignement un maître des requêtes de

(1) Ce Fargès se mariant en secondes noces le 19 février 1720, avait fait illuminer, *pendant huit jours et de tous côtés*, son château de Montfermeil de bougies de cire blanche. Il mariait en même temps ses deux filles, dont l'aînée fut Mme de Moras, et il y eut « profusion de mets, vins et liqueurs ». (*Journal de la Régence*, par Jean Buvat.)

(2) Voy. l'appendice des *Mémoires* de Malouet publiés par le baron de Malouet, son petit-fils. Voy. surtout le *Journal* de Barbier et les *Mémoires* de Marais.

l'hôtel du roi, chef du conseil de la duchesse de Bourbon. Turcaret lui-même avait alors une certaine grandeur.

M. de Moras laissait trois enfants : deux fils : 1° François-Marie Peirenc de Moras, né en 1718, devenu conseiller aux requêtes du Palais en 1737, maître des requêtes en 1742, intendant de Riom en 1750, du Hainaut en 1752, et qui fit bâtir l'hôpital de.Valenciennes ; intendant des finances en 1755, contrôleur général des finances en 1756, et la même année ministre secrétaire d'État, mort à Paris le 3 mai 1771 (1); 2° Léon-Alexandre Peirenc de Saint-Priest, qui devint aussi conseiller à la chambre des requêtes ; et une fille, Anne-Marie, née en 1724, d'Abraham Peirenc de Moras et d'Anne-Marie-Joséphine Fargès.

C'est de cette enfant que nous voulons restituer la physionomie et raconter l'histoire.

---

(1) Son portrait est au musée de Versailles.

II

Les couvents au xviiie siècle — certains couvents tout au moins — tenaient le milieu entre
la maison de retraite, l'oratoire et le salon. Il y a
loin du couvent où Mme de Créqui se réfugie par
économie, où l'abbesse de Chelles donne des con-
certs, au terrible couvent où gémit la *Religieuse* de
Diderot. Mme du Déffant faisait de son couvent son
Abbaye aux Bois, si je puis dire. Nous verrons tout
à l'heure Mme de Moras donner ordre qu'on apporte
des glaces, des sorbets, dans le parloir des dames
bénédictines du Cherche-Midi, et n'est-ce pas dans
ce couvent même que la duchesse de Choiseul, devenue veuve, se retira pour laisser plus d'argent aux
créanciers de son mari et plus promptement acquitter ses dettes?

Mlle de Moras n'était entrée au couvent qu'après
la mort de son père; elle y avait un appartement et
y entretenait, nous l'avons dit, deux femmes de

chambre. Durant les cinq années qu'elle passe au couvent du Cherche-Midi, nous la voyons changer trois fois d'appartement; le premier, elle le garde environ un an et demi, mais ne l'habite guère que pendant trois mois, « le surplus du temps l'ayant passé chez madame sa mère (1); elle n'a gardé le second que pendant très peu de temps, étant toujours restée chez madame sa mère ». Qnant au troisième, elle ne l'a pas toujours occupé, « ayant été plusieurs fois chez Mme de Moras, à Paris ou à la campagne ».

Mme de Moras, grosse et brave bourgeoise anoblie, immensément riche, ouvrait volontiers son logis à une société nombreuse. Son hôtel de la rue de l'Université et sa maison de Champrosay étaient également fréquentés par des gentilshommes, la plupart besoigneux, qui songeaient avec une certaine angoisse aux millions de la petite Anne-Marie.

L'enfant, devenue plus tard comtesse de Merle, à trente-quatre ou trente-cinq ans était encore assez jolie pour que le duc de Luynes pût en dire : « Elle est fort grasse; sa figure est plutôt bien que mal; il y a des gens qui prétendent qu'elle a quelque air de Madame Infante, duchesse de Parme. » Toute jeune,

---

(1) Déposition d'Étiennette Augé, veuve de François Gory.

je me la figure déjà forte et formée, très fraîche, très grasse et très précoce; une de ces fillettes qui, dès l'adolescence, sont des femmes. Elle pouvait, dans les fréquentes vacances que lui laissait prendre sa mère, voir déjà papillonner autour d'elle plus d'un prétendant.

Cette commère de Barbier nous dit que Mme de Moras était une veuve « fort riche ayant une très bonne maison garnie de seigneurs qui font la cour à madame ». A madame et à mademoiselle, j'imagine. Six cent mille livres de rentes, dût-on les partager en trois, sont un assez joli coup de filet, et une telle fortune devait paraître, surtout alors, quelque chose de vraiment éblouissant pour les pêcheurs de dots.

Un certain M. de Crèvecœur, quelque peu parent d'Anne-Marie, se posait déjà à peu près ouvertement en prétendant; un duc et pair, patronné par le cardinal Fleury, alors tout-puissant, disputait la main de la jeune fille à M. de Crèvecœur, et avant eux paradait M. de La Roche-Courbon, ou plutôt Charles-Angélique, comte de Courbon-Blénac, âgé cependant de près de trente-huit ans,—il était né en 1699,— mais bel et brave officier, qui portait galamment l'uniforme de capitaine de cavalerie au régiment de Clermont et s'était vaillamment conduit en

Italie, sous les ordres du maréchal de Broglie.

Le capitaine, frère cadet du marquis de Blénac, qui fut sénéchal de Saintonge, avait pour aïeux des officiers de terre et de mer, des soldats nobles et braves, mais pauvres. Pour soutenir son nom et tenir son rang, à peine lui restait-il huit cents livres de rentes. C'était peu de chose, ou, pour mieux dire, ce n'était rien, à côté des deux cent mille livres de rentes de Mlle de Moras. Je veux bien croire que le comte de La Roche-Courbon se soit épris vraiment en toute sincérité d'âme, ou de désir, d'Anne-Marie, mais peût-être eût-il dû songer que deux obstacles se dressaient devant lui : son âge ou l'âge même de Mlle de Moras, et la fortune de cette enfant.

M. de La Roche-Courbon avait, au surplus, dans la maison, un appui très solide et un aide très dévoué, son cousin le comte de La Motte-Houdancourt, alors sous-lieutenant des chevau-légers de la maison du roi, et qui devait mourir, dix-huit ans après, maréchal de France. Le comte avait épousé, nous dit le baron Malouet, Estelle-Thérèse de Courbon, dernière héritière de la branche aînée des Courbon. M. de La Motte-Houdancourt avait d'autant plus de pouvoir pour servir les intérêts de son cousin de Courbon, qu'il passait, lui, pour être fort bien avec. Mme de Moras. C'est encore l'avocat Barbier qui le donne à entendre, ou plutôt qui le dit tout net. Le chroniqueur n'a dans son *Journal*, lorsqu'il raconte l'enlèvement de Mlle de Moras, qu'une ligne sur M. de La Motte et sur Mme de Moras, mais cette ligne ne cache rien. « M. de La Motte-Houdancourt, homme de grande condition et bien fait, a l'honneur de ses bonnes grâces. »

Comment l'amour vint-il au cœur de M. de La Roche-Courbon et de Mlle de Moras? Lorsque Anne-Marie sera enlevée, en chemin, de station en station, elle le confessera à sa mère ; et que la lettre soit de son style, ou qu'elle lui ait été dictée par le comte et que la jeune fille se soit contentée de la recopier, elle n'est pas moins précieuse pour nous faire connaître l'âme même, l'esprit résolu, le caractère, de cette fillette de quatorze ans, qui agit comme une femme de trente.

« Maman, écrira en quittant le couvent Mlle de Moras à sa mère (1), maman, depuis que je sais que le sort d'une fille riche est de se marier, j'ai toujours désiré trouver dans le mari que je prendrais certaines qualités et certains défauts. Je voulais

______

(1) Extrait des archives du ministère de la guerre (Intérieur, vol. 2877, pièce 143).

trouver en lui un fonds d'esprit et de raison : pour
cela je le voulais d'un âge mûr ; je voulais qu'il eût
de la générosité sans prodigalité, de la douceur avec
de la vérité, par conséquent ni complimenteur ni
adulateur. Je lui voulais assez de simplicité pour ne
pas se faire un mérite du faste et des faux airs. Je
voulais de la naissance sans me soucier que son rang
fût plus ou moins brillant ; mais je lui voulais surtout de la bonté et de l'humanité, qui lui fissent un
plaisir réel du bien qu'il ferait et des peines qu'il
éviterait aux gens à qui il serait à portée d'être
utile. Je voulais qu'il ne fût ni ivrogne, ni joueur,
ni galant de profession, point bavard, point sournois, qu'il fût capable de reconnaissance et d'amitié
et qu'il en prît pour moi sur la connaissance qu'il
aurait été à portée de prendre de mon caractère,
comme, de mon côté, mon projet était de n'épouser
personne sans le connaître.

« Voilà ce qui m'occupait depuis longtemps, lorsqu'on m'a dit que M. de Courbon, qui logeait alors
chez vous, avait arrangé le mariage du fils de M. le
maréchal de Broglie avec Mlle de Villiers ; il était
allé à dix lieues de Paris pour assister à la cérémonie
qui devait s'en faire ; mais que M. de Caraman,
ayant reçu un courrier par lequel on lui mandait
que M. le P. P. (premier président ?) était fort mal,

M. de Courbon était parti avec lui et avait laissé des
amis dans la joie qu'il leur procurait, pour suivre ses
amis dans la douleur et l'affliction. Ce trait me parut du caractère que je désirais. On m'en parla
beaucoup, j'eus envie de le voir, j'en fus occupée,
et dès lors je m'attachai à lui sans le connaître. Je
le vis enfin ; ses façons et sa personne ne me déplurent point. Il ne loua point ma figure, fadeur que
la plupart des gens regardent comme un devoir,
mais approuva mes réponses ; et je trouvai dans ses
propos de la vérité et des traits qui me confirmaient
ce que j'en avais ouï dire. Ce qui décida mon goût
pour lui fut des événements consécutifs.

« Le premier est que je le vis réellement piqué
contre M. de La Motte, de ce qu'il avait annoncé
brusquement et avec empressement à M. de Saint-
Périer la nouvelle de la petite vérole de Mlle Dau-
nay. Je le vis surpris de ce que quelqu'un pouvait
se déterminer, sans ménagements et sans bonté, à
apprendre une nouvelle qu'il savait devoir faire une
peine vive. Pour lui, je le vis touché et attendri de
votre douleur ; il loua le genre de la mienne, le courage et la fermeté que je montrais, le désir que
j'avais de la garder. Je sus, peu de jours après, qu'il
était parti subitement pour La Rochelle, sur ce qu'il
avait imaginé que s'il profitait du joint qui se pré-

sentait, il finirait, par sa présence, quelque affaire
d'intérêt qui concernait trois petits parents dont il
prenait soin. Je pense qu'un homme qui abandonne
ses plaisirs, ses sociétés, ses amis, qui, peu riche
d'ailleurs, entreprend un voyage long et coûteux
sans être sollicité par personne, pour des enfants
qui n'ont encore rien mérité auprès de lui, qui
sacrifie son intérêt au leur, ses amusements à leur
utilité, qui se détermine, par conséquent, à un
voyage pénible par le goût de faire le bien pour le
bien, sans autre récompense que de satisfaire son
goût, qu'il devait être l'homme que je désirais.

« Nous fûmes à la campagne alors ; vous en parlâtes avec éloges et contribuâtes à me faire faire ces
réflexions-là. Dès lors je l'aimai véritablement et
mon cœur se livrait à son penchant, lorsque vous
m'apprîtes que vous aviez arrangé pour moi un mariage honorable. Les circonstances me firent juger
que vous le désiriez vivement ; je me soumis à vos
volontés, je fis le sacrifice de mes sentiments aux
vôtres, et pour vous plaire j'abandonnai mes anciennes résolutions et tous mes projets que l'âge du
mari que vous me destiniez détruisait effectivement.
M. de Courbon arriva sur ces entrefaites à la campagne où j'étais avec vous ; il y passa trois semaines.
Je l'étudiai avec attention ; j'eusse voulu lui trou-

ver des défauts qui eussent pu détruire le goût inutile que j'avais pour lui ; mais loin de l'affaiblir il
prit de nouvelles forces malgré la résolution que
j'avais prise de vous obéir. J'y étais si bien déterminée que la plupart de ma famille qui vous désapprouvait n'a pu m'ébranler un moment. Vous vous aperçûtes, je le crois, que je le voyais avec plaisir ; vous
m'en parlâtes ; je convins que je l'avais pris en amitié ; vous m'en parûtes fort aise, vous le louâtes
beaucoup ; vous l'instruisîtes des sentiments que
j'avais pour lui ; vous les lui fîtes valoir. »

Et plus loin, dans cette même lettre : « Vous
m'amenâtes M. de Courbon à mon parloir, dira
Mlle de Moras à sa mère, vous l'engageâtes à des
visites et à des soins pour moi ; vous m'aviez même
dit de lui donner à dîner quand il viendrait m'en
demander. » Ainsi, Anne-Marie établit, ou essaye
d'établir que, si elle s'est éprise de M. de Courbon,
elle a été poussée à un tel sentiment par sa mère
elle-même, et qu'elle n'en est point seule coupable.
Cette enfant a, d'ailleurs — dans cette longue et
curieuse lettre sur laquelle nous reviendrons — une
étrange manière d'affirmer qu'elle aime. On n'y
sent point l'emportement, l'illusion, la fièvre ; mais
une résolution ferme et un parti pris absolu. « Il y
a dix-huit mois que je m'éprouve dans le silence,

dit-elle; il est en moi comme ma vie, il ne s'en effacera qu'avec elle, et ce sentiment, que *vous nommeriez
sûrement de l'amour, n'en est cependant pas,* je le crois
du moins; il ne répond pas du tout à l'idée que
j'en ai; mais une estime forte, une amitié vive, une
conformité qui souvent m'a surprise, de caractère,
de goût et d'opinions, qui, me donnant de l'estime
pour moi-même, m'assurant qu'il m'aimera, me
donnent la conviction que je suis faite pour lui et
que je ne puis être heureuse qu'avec lui. »

Mlle de Moras, on le voit, est une raisonneuse, si
elle n'est pas fort raisonnable. Elle a des subtilités
froides qui sentent la casuistique. « Les femmes de
ce temps, dit l'abbé Galiani, n'aiment pas avec le
cœur; elles aiment avec la tête. » Mlle de Moras
nous prouve que le mot est juste, et nous trouve-
rons tout à l'heure chez M. de Courbon un de ces
comédiens de sentiment qui portent bien la marque
de leur époque, une sorte de M. de Guibert militaire. Nous sommes loin, ici, de la passion de
Mlle Aïssé, des élans affolés de Mlle de Lespinasse,
ou de la tendresse exquise de Mme de Sabran.
« Adieu, mon époux, mon amant, mon ami, mon
univers, mon âme, mon dieu ! » écrit la comtesse de
Sabran au comte de Boufflers. Combien j'aime
mieux ce cri profond et déchirant, que tous ces

beaux raisonnements de Mlle de Moras commettant froidement une folie !

Mais quoi ! c'était une enfant, et M. de Courbon nous paraît, en revanche, un habile homme, ayant calculé très vite le profit qu'il pourrait tirer d'une alliance avec la fille du financier Peirenc.

Il y avait plus d'un an déjà que Mlle de Moras connaissait M. de La Roche-Courbon. Bien souvent M. de Moras de Saint-Priest, le frère d'Anne-Marie, en avait parlé, louant son courage, sa fermeté ; et une fois qu'il eut été présenté à Mlle de Moras, il semble, comme le dit en effet Mlle de Moras, que la mère ait tout fait pour développer l'affection que pouvait concevoir pour l'officier une enfant déjà réfléchie comme l'était Anne-Marie.

Mme de Moras sortait souvent dans Paris avec la jeune fille, qu'accompagnait soit M. de La Motte, soit M. de Corbon. Un jour, le 10 août, quelques mois avant l'enlèvement, elle envoyait dire à sa fille qu'elle irait prendre dans son parloir des glaces avec M. le comte de La Motte et M. de Courbon. La partie projetée n'eut pas lieu ; Mlle d'Aunay, — dont il est question dans la lettre plus haut citée, — l'amie intime de Mlle de Moras, une jeune fille de dix-neuf ans, comme elle pensionnaire au couvent du Cherche-Midi, ayant donné, au couvent même, une fête, une *assemblée* entre jeunes filles.

Quelques jours après, Mlle d'Aunay (1) tombait malade, frappée de cette atroce maladie, une des plaies du xviiie siècle, la petite vérole, qui, d'un coup, dans des ravages, faisait deux cent mille *laidrons*, comme dit et écrit le prince de Ligne, et Mlle de Moras voulait courageusement, dans un élan de cœur qui nous la fait aimer, s'enfermer avec son amie, malgré le danger, pour la disputer à la mort. Mais Mme de Moras intervint, fit sortir Anne-Marie du couvent et la reprit chez elle, où le frère de Mlle de Moras était d'ailleurs atteint de la même maladie que Mlle d'Aunay.

.M. de Courbon — on le voit encore par la lettre de Mlle de Moras à sa mère — fit tous ses efforts pour consoler à la fois et Anne-Marie et Mme de Moras. La jeune fille en ressentit une sympathie profonde pour cet homme, et elle le déclare avec une franchise absolue. Mme de Moras songeait cependant alors à marier sa fille avec un fils du comte de La Motte, mais l'affreuse petite vérole allait s'abattre aussi sur le jeune homme et l'emporter. Niez donc les *coups de théâtre* et les fatalités de la vie! Il semble que tous les événements à la fois s'entendent

----

(1) Marie-Claire-Aimée de Mégrigny d'Aunay.

ici pour supprimer les obstacles qui séparent ces
deux étranges amoureux et rapprocher M. de Courbon
de Mlle de Moras. Les événements et, je le répète,
la mère aussi, la mère inconsciente, accueillante,
rieuse, qui ne s'aperçoit point de ce qui se passe
sous ses yeux mêmes, et qui ne verra clair que
lorsqu'il sera trop tard, gémissant alors et souffrant
lorsqu'il lui était si facile de prévoir.

L'amour ne grandit-il pas à la campagne, dans
une des terres de Mme de Moras, dans le Perche,
où M. de Courbon était venu avec M. de La Motte-
Houdancourt passer les derniers jours d'octobre?
Il y resta jusqu'au lendemain de la Saint-Martin.
« Pendant leur séjour, dit la déposition d'Étiennette Gory, la femme de chambre de Mlle de Moras,
la dame de Moras chercha tous les moyens
pour leur procurer du plaisir; il s'y fit une danse
lors de laquelle le sieur de Courbon se donna
une entorse à une jambe; le soir même, après que
tout le monde fut retiré, la dame de Moras dit à mademoiselle sa fille qu'il fallait qu'elle eût attention
d'envoyer le lendemain matin savoir comment allait
la jambe dudit sieur de Courbon, ce que fit ladite
demoiselle de Moras par ordre de la dame sa mère,
et sur-le-champ le sieur de Courbon et le sieur de
La Motte vinrent dans l'appartement de ladite demoi-

selle 1a remercier de son attention; depuis ce temps-
là, de l'aveu de Mme de Moras, le sieur de Courbon
faisait porter dans l'appartement de la demoiselle de
Moras son métier à tapisserie et sa flûte traversière,
pour réjouir et divertir la demoiselle de Moras, et
toute la compagnie s'y assemblait pareillement. »

N'est-ce pas curieux, et n'est-il point *daté* ce roman qui commence ainsi, par des conversations
entre une enfant qui rêve, et un officier de cavalerie,
qui fait de la tapisserie et qui joue de la flûte?
Plus tard, lorsque M. de Courbon aura, au couvent
du Cherche-Midi, la permission de rendre visite à
Mlle de Moras, il y arrivera « un peu enrhumé » et la
jeune fille lui proposera gaiement de prendre avec
elle « du lait coupé »; et comme il le trouvera très
bon, elle lui en enverra tous les jours; si bien que,
lorsqu'on verra passer dans la cour du couvent
l'écuelle de lait qu'on porte au capitaine, les femmes
de chambre se mettront à rire et diront : « Voilà
que l'on porte le bouillon à monsieur!... »

Mme de Moras était loin d'ignorer les visites de
M. de Courbon au couvent du Cherche-Midi. Elle-
même avait mené sa fille, en compagnie de M. de
La Motte et M. de Courbon, chez la maréchale d'Estrée, qui donnait un bal, et on n'en était sorti qu'à
l'aurore, à quatre heures du matin. Au printemps

11

de 1737, Anne-Marie et sa mère travaillaient à faire des cartouches de tapisserie pour un paravent. Mme de Moras demande à sa fille un de ses cartouches pour M. de Courbon qui tient à en broder un pareil, et le comte s'en va avec Mme de Moras dans la maison de Champrosay, y achève le cartouche et le rapporte à Anne-Marie, comme un gage de tendresse. Peut-être même ce cartouche sentimental avait-il des emblèmes touchants, guirlandes ou colombes, qui exprimaient la passion du capitaine pour la jeune fille! Il joue d'ailleurs un grand rôle dans le roman, ce cartouche, et fait comprendre l'importance que les auteurs de comédies attribuent à la tapisserie, qui facilite beaucoup, si on les en croit, les déclarations d'amour.

Le cartouche est achevé; M. de Courbon le rapporte, l'offre à la jeune fille. Vite on envoie chercher, pour le monter, des bandes de tapisserie. Mais quoi! il faut que les bandes soient du goût du capitaine. Pour les examiner, il se trouvera donc au couvent à un jour indiqué. Une marchande quelconque apporte des bandes; M. de Courbon les examine; ces bandes ne sont point de son goût. On en rapportera d'autres le lendemain. M. de Courbon ne les trouve pas encore jolies. Le manège dure trois ou quatre jours, et trois ou quatre jours de suite le capitaine peut, tout à son aise, voir au couvent Mlle Moras et lui parler. Sa tapisserie lui était certes bien payée (1).

On se tromperait, d'ailleurs, en croyant que Mlle de Moras ne s'occupe que de futilités, de sorbets ou de tapisseries. Elle est de son siècle, du siècle de la marquise du Châtelet; c'est une fille instruite et sérieuse, un peu sauvage. Elle va fort peu dans le monde. Le bal chez la maréchale d'Estrée est une exception. Lorsque M. de La Roche-Courbon vient au couvent visiter Anne-Marie, de quoi s'entretiennent cet homme, qui va avoir quarante ans, et cette enfant, qui n'en a pas quatorze? La femme de chambre de Mlle de Moras nous l'apprend dans un des interrogatoires qu'elle subît au Grand Châtelet : « Ils s'entretenaient de choses indifférentes, et *quelquefois parlaient des sciences qui faisaient l'étude de la demoiselle de Moras.* »

« — Enquise quelles sont les sciences dont ladite demoiselle faisait son occupation et dont elle s'entretenait avec ledit sieur de Courbon?

« — A dit que c'était de la musique, du clavecin, de la géographie, du dessin et de l'histoire, et que le sieur de Courbon lui donnait son avis sur les

---

(1) Déposition de la femme Gory.

règles qu'elle devait tenir pour bien s'instruire (1).»

Singulier amour qui naît d'aussi sérieux entretiens et qui aboutira aux aventures et aux catastrophes qui vont suivre! Mlle de Moras écrira plus tard à sa mère, en parlant de M. de Courbon et peut-être aussi, l'ai-je dit, en parlant sous la dictée de M. de Courbon : « Il en a usé avec moi comme feu mon père. J'ai connu dans ses propos cent propos de lui; aussi je l'aime comme je l'aimais, puisqu'il m'a montré un intérêt aussi véritable qu'il m'a été utile, et que mes défauts ne lui faisaient de peine que pour les autres. Voilà les sentiments que j'ai trouvés en lui, qui me suffisent pour lui être attachée éternellement. »

A tout amour de jeune fille, il faut nécessairement une confidente. Pour Mlle de Moras, la confidente était toute trouvée : c'était cette Marie de Mégrigny d'Aunay à qui elle pensait pour son frère. Mais lorsque Anne-Marie s'ouvrit à la noble jeune fille, celle-ci, avec une singulière hauteur de cœur et de sentiment, lui répondit aussitôt qu' « une fille bien née ne devait prendre aucun engagement sans le consentement de sa mère, et même n'en devait prendre aucun».

---

(1) Interrogatoire d'Étiennette Gory.

— Croyez-vous qu'il m'aime? demandait à Mlle d'Aunay la fille du financier Peirenc.

— Ce que je crois, répondait Mlle de Mégrigny d'Aunay, c'est que vous ne devez pas le voir plus longtemps sans avertir madame votre mère!

La réponse était nette. Mlle de Moras en fut piquée. L'amour naissant étouffa l'amitié déjà profonde et une certaine froideur s'ensuivit. M. de Courbon même, à qui Anne-Marie rapporta la réponse de Mlle d'Aunay, prit quelque défiance de la jeune fille, et on se cacha de l'amie dévouée comme on allait se cacher de la prieure.

Quel était donc le projet de M. de La Roche-Courbon? Encore une fois, il était tout entier contenu dans le précepte de Bussy: « Il faut enlever! On verra ensuite! » M. de Courbon venait ordinairement le matin rendre visite à Mlle de Moras, et ses visites duraient environ deux heures, en présence d'Étiennette Gory. Ce fût là, dans ces entretiens presque quotidiens, que M. de Courbon persuada à Mlle de Moras que le meilleur moyen de contraindre Mme de Moras à les unir était de quitter le couvent et de s'enfuir. N'était-il pas question d'un mariage projeté par Mme de Moras? La veuve d'Abraham Peirenc n'allait-elle point peut-être contraindre sa fille à épouser un homme qu'Anne-Marie n'aimerait pas? C'était le moment de brusquer les choses et d'échapper à toute union redoutée par une évasion.

M. de Courbon devait se rendre en Poitou chez sa mère. Il fut bientôt convenu que Mlle de Moras irait le rejoindre dès que Mme de Moras serait absente de Paris. Une lettre supposée de Mme de Moras servirait à tromper la supérieure du couvent de Notre-Dame de la Consolation. M. de Courbon parti, c'est au parloir du couvent que se fit, entre le loueur de la chaise de poste et Mlle de Moras, le marché que la jeune fille signa du nom de *Courcelles*. Anne-Marie n'ayant point d'argent, c'est M. de Courbon qui lui fit remettre par un laquais, le nommé Ruault ou Hureau, aux ordres de Mlle de Moras, quatre-vingts louis de vingt-quatre livres ; plus qu'il ne fallait, à coup sûr, pour faire le voyage du Poitou.

Ainsi, tout est résolu : là-bas, au château de Coûtré (1), M. de Courbon attend. Mme de Moras est à Livry, pleine de confiance dans les grilles du couvent du Cherche-Midi. Mlle de Moras fait mettre dans sa malle une robe brodée, deux robes de toile, son linge de corps, et — à la garde du sort ! —

---

(1) Près d'Aulnay, sur les confins de l'ancienne province du Haut-Poitou (aujourd'hui arrondissement de Saint-Réau-d'Aurel).

elle part pour le château où l'attend celui qu'elle aime.

C'est ici que commence, au surplus, la partie la plus dramatique d'un épisode de ce qu'on nommerait aujourd'hui la « haute vie » au XVIIIe siècle.

III

La chaise de poste qui emportait Mlle de Moras
et sa femme de chambre Étiennette Gory roulait sur
la route d'Orléans. Il avait été convenu, entre
Mlle de Moras et Étiennette, que, pour mettre celle-ci
tout à fait à couvert et prouver qu'elle avait été
contrainte et forcée de suivre sa maîtresse, à la
troisième ou quatrième poste, la femme de chambre
témoignerait quelque résistance. Le soir de la première journée du voyage, on s'arrêta à Toury, où
l'on coucha, après avoir dîné et fait graisser à
Arpajon les roues de la chaise qui étaient neuves.

Étiennette Gory, dans sa déposition, assure
qu'étant à Arpajon, elle ne savait pas encore si elle
allait ou non à Livry, où se trouvait Mme de Moras,
et que voyant qu'on prenait non point la route de
Fontainebleau, mais la route d'Orléans, elle aurait
demandé à Mlle de Moras ce que cela signifiait et où
l'on allait. Mlle de Moras aurait alors répondu qu'elle

avait des desseins qu'elle expliquerait à Étiennette
en temps et lieu, et, tirant un pistolet, elle lui
aurait dit que « si elle faisait du bruit, elle lui casserait la tête et qu'elle n'avait qu'à se taire ».

— Cependant, ajoute la femme de chambre, je
criai au postillon d'arrêter et de retourner à Paris ;
mais le laquais qui était à cheval donna un coup de
fouet aux chevaux en disant : « N'écoutez pas
cette femme ; elle est folle ! Continuez votre
chemin ! »

Il est évident que Mlle de Moras avait joué cette
comédie du pistolet (l'arme n'était peut-être pas
même chargée) pour empêcher, s'il se pouvait,
qu'Étiennette Gory ne fût poursuivie par la suite.
Ces pistolets reviendront plus d'une fois dans le
cours de l'aventure.

A Toury, Mlle de Moras se mit à commencer
cette fameuse lettre à sa mère, que les éditeurs des
Mémoires de Luynes ont reproduite, et qu'elle
acheva en trois fois pendant le voyage. Avait-elle
sous les yeux un brouillon, un projet de lettre ? Copiait-
elle, je le répète, ou laissait-elle aller sa plume au
courant de son sentiment ? Étiennette Gory, inter-
rogée là-dessus dans l'instruction, répond que
Mlle de Moras ne copiait rien et qu'elle écrivait.
C'est donc elle seule, quelque invraisemblable

que cela puisse paraître, qui disait résolument à sa mère :

« Je vais, je vous le dis en tremblant (cette terreur est purement factice), je vais trouver M. de Courbon, lui apprendre mes sentiments pour lui et l'état d'où je me tire, lui offrir ma main, mon cœur et ma fortune. Que n'ai-je votre consentement ! Ce serait le jour le plus heureux de ma vie. Je n'ai pas pris un parti si violent sans avoir bien réfléchi et en avoir prévu toutes les suites. J'ai pensé que M. de Courbon, me connaissant bien et ayant pour moi des dispositions avantageuses, saisirait avec grand plaisir l'occasion de s'assurer une fortune qu'il ne pouvait pas espérer et qui ne lui déplairait pas avec quelqu'un qu'il aime aussi véritablement; qu'il m'épouserait et que je serais à lui pour toujours; ou, qu'étant plus votre ami que flatté de la fortune que je lui offrirais, plus touché de vous manquer que de me satisfaire, il vous laisserait la maîtresse de mon sort; que vous me feriez revenir à Paris, où je serais après cette équipée, dont je ne compte pas absolument me faire délivrer de vos désirs pour tout autre établissement, parce qu'après ceci je ne compte pas que personne veuille de moi; du moins si quelqu'un pensait assez bassement, mon excuse serait dans le mépris que j'aurais pour lui, et alors la sûreté de n'être jamais qu'à M. de Courbon me serait une consolation de n'y pas être, et n'étant pas dans le cas de vous désobéir journellement, j'attendrai patiemment l'âge où les lois me permettront d'être à lui. Voilà le parti le moins heureux, mais il me suffit et je serai contente. »

Les explications ne sont pas très claires ; mais la conclusion est nette. D'ailleurs, la conduite de Mlle de Moras jetait une clarté singulière sur cette lettre. Il me paraît certain à moi, malgré les affirmations d'Étiennette Gory, que c'était M. de Courbon lui-même qui avait rédigé le brouillon de cette lettre explicative. Les billets doux du comte arrivaient à Anne-Marie dans de petits paniers, au couvent. Comment, le plan de campagne et d'évasion ayant été concerté entre M. de Courbon et Mlle de Moras, cette lettre ne l'eût-elle pas été plus soigneusement encore ?

Toujours est-il que Mlle Moras l'écrivait en chemin, au hasard des auberges. C'était un samedi que l'enlèvement ou plutôt la fuite avait eu lieu ; le lendemain matin, une servante d'auberge entrait dans la chambre où Mlle de Moras était couchée, à Toury, et allumait du feu ; Mlle de Moras se levait, s'habillait et remontait bien vite en chaise de poste avec Étiennette.

Elle entendait, ce jour-là, la messe à Orléans. Le soir, les deux femmes couchaient aux environs de Blois, le lundi à Loches, et le mardi elles soupaient et couchaient à Poitiers, où elles arrivaient entre sept et huit heures du soir. Il y avait alors à Poitiers un M. Le Nain, intendant et ami particulier de Mme de Moras, et une demoiselle de Parabère, cousine germaine de Mlle de Moras, au couvent de Sainte-Croix, en cette ville; Mlle de Moras se garda bien d'aller voir la jeune fille ou l'intendant et de faire connaître sa présence à Poitiers. Au contraire, dès six heures du matin, le mercredi, la chaise de poste repartait en hâte pour ne s'arrêter guère qu'à Villefagnan, où l'incognito de Mlle de Moras faillit être trahi par un certain chevalier de Montessin. Le chevalier, dont le cheval s'était embourbé dans les bois, était un personnage fort curieux et questionneur, qui soupa avec les deux femmes, voulant absolument savoir le véritable nom des voyageuses; il finit par prendre Mlle de Moras pour la jeune marquise de Blénac, la belle-sœur de M. de Courbon.

Enfin, le jeudi, après être partie de Villefagnan à six heures du matin, Mlle de Moras arrivait dans l'après-midi, vers deux heures, à Contré (1) Le

(1) J'avais, lorsque ces pages furent publiées dans le *Journa.* *officiel*, en décembre 1876, ajouté là : « *au château de la Roche-*

laquais de Mlle de Moras, Ruault, ou plutôt Hureau
(c'est le nom que lui donne la sentence prononcée
par le Châtelet), avait pris les devants, et quand la
chaise de poste arriva devant le château, Mlle de
Moras et Étiennette virent sur la porte le laquais de
M. de Courbon, qui les connaissait, *et qui parut surpris
de les voir arriver*. M. de Courbon se montra alors,
s'avança jusqu'à la chaise, donna la main à Mlle de
Moras et lui demanda, prétend la femme de
chambre, si c'était par ordre de Mme de Moras
qu'elle venait chez lui.

— Non, répondit Mlle de Moras, je viens ici de

Courbon »; mais ce château, comme me l'a fait observer M. Nestor
de La Salle, dans une lettre aimable et érudite, n'a rien à faire dans
l'équipée romanesque de Mlle de Moras ; il ne fut le théâtre d'aucune scène de cet épisode. Située sur le territoire de la commune
de Saint-Porcelaire, en Saintonge (aujourd'hui arrondissement de
Saintes), et à plus de quinze lieues de l'ancienne paroisse de
Contré, la terre de la Roche-Courbon n'était pas, en 1737, en
la possession des Courbon-Blénac. Elle sortit de leur famille
en 1714 et ne fut rachetée qu'en 1787, par le marquis Joseph-
Jacques de Courbon, baron de Champdolent, seigneur de Bords
et d'Ardillingeay, maréchal de camp, lieutenant général des
paroisses de Saintonge et d'Angoumois. Ce Joseph-Jacques —
dont le fils cadet, Charles-Pierre-Hippolyte, mort à Paris
en 1859, fut le dernier représentant mâle de la maison — était
petit-neveu de Charles-Angélique, le séducteur de Mlle de
Moras.

Je remercie vivement ici M. Nestor de La Salle de son intéressante communication.

par ma volonté, et je viens vous offrir mon cœur, ma main et ma fortune.

M. de Courbon introduisit aussitôt Mlle de Moras dans le château et la présenta à sa mère, qui, « fort surprise » de la visite, — s'il fallait en croire Étiennette, — adressa à son fils cette question :

— Qu'est-ce que cela veut dire, mon fils?

Ce ne fut pas M. de Courbon, mais Mlle de Moras qui répondit.

— Madame, fit-elle, vous avez sans doute mauvaise opinion de moi de l'action que je viens de faire, mais j'espère que vous me justifierez quand vous en aurez connu les principes.

M. de Courbon lut alors à sa mère la lettre qu'Anne-Marie venait d'écrire à Mme de Moras et qu'elle avait, dès son arrivée, remise au comte.

Cette petite scène, qu'elle ait été ou non jouée à l'arrivée de la jeune fille, n'en était pas moins une comédie arrangée d'avance. Mlle de Moras assumait hardiment sur elle toute la responsabilité de l'aventure; et comme elle avait voulu sauvegarder Étiennette Gory, elle voulait maintenant donner le change sur la complicité de M. de Courbon et de Mme la marquise de Blénac, sa mère.

Le comte de la Roche-Courbon mit d'ailleurs quelque hâte à se disculper lui-même, et il écrivit

bientôt, le jour même de l'arrivée de Mlle de Moras,
une lettre à Mme de Moras, où il lui parlait de
l'*étonnement* qu'il avait éprouvé en voyant paraître
Anne-Marie à Contré :

« Mon étonnement a été infini, Madame, dit-il, en
voyant paraître ici mademoiselle votre fille, conduite
par sa gouvernante, ce qui m'a fait juger d'abord que
c'était par votre ordre; mais ma surprise a bien
augmenté lorsqu'elle m'apprit que vous l'ignoriez,
que même Mlle Gory n'avait eu nulle part à ce
projet ni à son exécution; que par une lettre supposée de vous elle avait trompé tout le monde. Je
ne vous dis rien, Madame, des principes qui l'ont
fait agir; vous en êtes instruite par la lettre qu'elle
vous a écrite de Poitiers, et dont elle m'a montré
copie. Je suis convaincu que ceci vous causera bien
de la peine; j'y prends part, je vous assure, comme
votre serviteur et votre ami; et comme tel, permettez-moi de vous dire que je crois que si vous
lui laissez entrevoir quelque espérance de la satisfaire un jour, vous n'aurez besoin que de votre seule
volonté pour la ravoir, et elle s'y soumettra même
de bonne grâce. J'ai cru ne devoir pas perdre un
moment à vous instruire de cet événement. J'envoie
un exprès pour tâcher de joindre le courrier. Du
reste, Madame, vous connaissez ma probité et mon

attachement, et je me ferai un plaisir de vous en donner des preuves quelque parti que vous preniez. Je remplirai vos vues, qu'elles me plaisent ou qu'elles me peinent. Voilà tout ce que je sais; car j'ignore si je suis bien aise ou fâché, si je rêve ou si je veille. J'ai un brouhaha dans l'imagination qu'il faut que je calme pour bien distinguer ce que ceci a produit en moi et pour m'assurer même que ce que je vois est bien vrai. Soyez sûre, Madame, que personne ne vous est plus attaché que moi, ne vous honore et ne vous aime davantage, que je me ferai un plaisir véritable de vous en donner des preuves.

« J'ai l'honneur d'être, etc.

« COURBON-BLÉNAC.

« A Contré, 31 octobre 1737.

« Permettez-moi de vous demander de vos nouvelles promptement. »

Nous n'avons malheureusement pas le portrait de ce comte de La Roche-Courbon, et nous ne pouvons dire s'il répondait à l'idée qu'on se fait d'ordinaire des héros de romans. « On dit qu'il est froid, même sec, et cependant fort aimable. » L'excellent éditeur des *Mémoires* de Malouet cite un portrait de M. de Courbon, tracé par un romancier du temps, un des oubliés du XVIIIᵉ siècle, le chevalier de Mouhy, qui met en scène Mˡˡᵉ de Moras et lui fait dire : « Sans être de la première jeunesse, il me parut encore très bien fait pour inspirer plus que de l'estime : son air est noble, aisé, il annonce de l'esprit et prévient extrêmement. Il parle peu, mais tout ce qu'il dit est séduisant et énoncé dans des termes purs et polis (1). » Ce portrait apocryphe ressemble assez, après tout, à celui que trace Mˡˡᵉ de Moras elle-même dans sa lettre à sa mère.

Quant à Mˡˡᵉ Anne-Marie, Étiennette Gory l'avait fort bien définie lorsqu'elle disait en parlant d'elle (*Interrogatoire*) : « La dame de Moras ne connaît point la demoiselle sa fille et ne l'a jamais voulu connaître ; elle est plus faite qu'une personne de trente ans. » Mˡˡᵉ de Moras, dès le premier jour de son arrivée à Roche-Courbon, avait passé l'après-midi, jusqu'au souper, à causer avec M. de Courbon et Mᵐᵉ de Blénac. La marquise, âgée alors de plus de soixante-dix ans, nous semble, en toute cette affaire, avoir simplement obéi à son fils. Elle était née Esther Draud (native de Laroche-Bruno, paroisse de Breil-Barré, dit son interrogatoire) et veuve de

____

(1) *Mémoires d'Anne-Marie de Moras, comtesse de Courbon, écrits par elle-même et adressés à Mˡˡᵉ ***, pensionnaire au couvent du Cherche-Midi.* La Haye, 1740, in-12 en quatre parties.

François de Courbon de Blénac (1). Lorsqu'on lui

(1) Un savant correspondant, Saintongeois comme M. de Courbon, nous envoie des détails curieux sur cette famille. L'article qui suit lui est consacré dans la généalogie de Saint-Allais :

« Charles-Angélique de Courbon, comte de Blénac, marquis de Courbon et de Contre, né en 1699, capitaine de cavalerie au régiment de Clermont, sans alliance.

« Il était fils de François de Courbon, comte de Blénac, chevalier de Malte, capitaine de vaisseau. Il quitta la croix en 1695 pour se marier à Esther Draud de Rochebreuil. » — Toujours du Saint-Allais.

La vérité est qu'il attendit la mort de son père pour se marier devant l'Église et régulariser une situation. Son père, Charles de Courbon, marquis de La Roche-Courbon, comte de Blénac, sénéchal de Saintonge, marin distingué, était mort à la Martinique le 10 mai 1696, lieutenant général et gouverneur des îles françaises d'Amérique.

C'est seulement huit mois après le décès de son père que François de Courbon épousa Mlle de Rochebreuil en l'église Saint-Nicolas-des-Champs, le 7 janvier 1697.

Mlle Draud de Rochebreuil avait alors vingt-neuf ans ; elle était fille de feu M. Pierre Draud, écuyer, seigneur de Rochebreuil, et d'Esther Franchar. Dans l'acte de mariage, M. de Courbon et Mlle Draud reconnaissent un fils né d'eux avant le mariage, âgé d'un an et non encore baptisé, légitimé par ledit mariage et apte à leur succéder. Cet enfant n'est pas indiqué dans la généalogie de Saint-Allais, qui mentionne comme fils aîné Gabriel Madeleine de Courbon, marquis de La Roche-Courbon, comte de Blénac, sénéchal de Saintonge, né en 1698, et comme fils cadet Charles Angélique, né en 1699, le séducteur de Mlle de Moras. Il y aurait, ajoute fort justement notre correspondant si averti, un rapprochement piquant à faire entre les doubles séductions de Mlle de Rochebreuil et de Mlle de Moras.

demandera ce qu'elle dut penser lorsque Mlle de Moras arriva à Roche-Courbon, elle répondra :

« Lorsque mon fils me présenta la demoiselle de Moras, je fus fort surprise, je regardai le comte qui était de même surpris et je demandai à la demoiselle de Moras pourquoi elle était venue ainsi. Mlle de Moras me dit qu'elle était fort fatiguée et n'avait point encore déjeuné, quoiqu'il fût environ deux à trois heures après midi; je lui fis servir un morceau à manger, et après elle tira de sa poche la copie de la lettre qu'elle avait écrite de Poitiers à la dame sa mère, et me dit : « Madame, voilà de quoi il s'agit. » Et elle commença la lecture... Je lui répondis, voyant bien que c'était une équipée de jeunesse, qu'il fallait qu'elle écrivît à madame sa mère pour lui donner avis qu'elle était arrivée à Contré, afin que Mme de Moras envoyât quelqu'un pour la rechercher. Après le souper, Mlle de Moras et mon fils ont écrit à la dame de Moras; j'ai mis les lettres dans un paquet cacheté et les ai envoyées, par un exprès, pour joindre la poste à huit lieues de Contré, n'ayant pas cru pouvoir mieux faire, et l'idée ne m'étant pas venue alors de faire conduire Mlle de Moras dans un couvent. »

On pouvait répondre à Mme de Blénac que la lettre du comte de Courbon à Mme de Moras ne

partit de Contré que le 31 octobre, la veille
même du jour où Mlle de Moras allait, pour donner
sa main à M. de Courbon, se passer du consentement de sa mère.

Il était assez triste et pauvre, malgré ses allées de
noyers et de charmilles, ce château, ce logis de
Contré, où la fille d'Abraham Peirenc arrivait ainsi.
Les *gens* de la marquise de Blénac et du comte se
réduisaient à un homme qui, sorte de maître Jacques, faisait à la fois les fonctions de garde et celles
de cuisinier; un laquais aux ordres de M. de Courbon,
et un petit garçon qui servait à table. En outre, deux
ou trois paysans et trois ou quatre paysannes travaillaient aux gros ouvrages (1). La chambre, débar-
rassée des hardes de M. de Courbon, où coucha
Mlle de Moras, n'avait « aucun ornement, aucune
tapisserie » (2).

(1) Interrogatoire d'Étienne Gory.

(2) « Ce que vous décorez, Monsieur, du nom de château,
n'était même pas la gentilhommière délabrée du *Capitaine Fra-
casse*... Dans ce petit coin de l'ancien Poitou, où l'on applique
volontiers le nom de *château* à toute construction couverte en
ardoises ou flanquée à ses angles de tourelles coiffées de toits en
éteignoir, jamais l'usage local n'a consacré pour la résidence
du seigneur de Contré la dénomination de *château* ou même de
manoir. C'était simplement un *logis* — d'assez piètre mine du
reste — communiquant, ainsi que vous le dites, avec l'église et

On s'imagine un intérieur de gros fermier, vivant d'économies, plutôt que le château d'un grand seigneur. Et c'est bien pourquoi on rêvait d'entendre sonner les écus du financier défunt, sous les toits de la petite gentilhommière.

L'aventure faisait d'ailleurs grand bruit à Paris. En attendant le roman du chevalier de Mouhy,—ce conteur et ramasseur d'*actualités*, — les faiseurs de chansonnettes, ces chroniqueurs de la rue, composaient, sur l'enlèvement dont on parlait tant, des vaudevilles qu'on chantait sur cet air populaire de la *Béquille du père Barnabas*, qui n'épargnait pas même alors le roi Louis XV et ses amours avec Julie de Nesle, Louise, comtesse de Mailly. Le refrain, que Barbier trouve « assez plaisant », s'amusait fort de la petite Moras :

> La petite Moras,
> Cette riche héritière,
> Suit avec grand fracas
> Les traces de sa mère!
> Elle a quitté la grille,
> Et ne savez-vous pas
> Que c'est pour la béquille
> Du père Barnabas?

Du fond de sa maison de la rue de l'Université,

la cure. Aujourd'hui, les allées de noyers et de charmilles ont disparu ; et les bâtiments n'ont pas plus grand air qu'autrefois. »

Mme de Moras pouvait entendre, cinglant comme un coup de fouet, le vaudeville railleur, et son chagrin, qui fut terrible, s'en augmentait (1).

Étant au château de Livry, chez M. de Marivatz, Mme de Moras y avait reçu une lettre de Mlle d'Aunay qui écrivait à son amie Anne-Marie

---

(Lettre de M. Nestor de La Salle. Château de Presles, 30 avril 1877.) Ces détails prouveraient encore la culpabilité de M. de La Roche-Courbon.

(1) Je trouve dans le *Chansonnier Historique du* xviiie *siècle*, publié par M. Émile Raunié, chez Quantin, un couplet dans les *Noëls pour l'année* 1737, qui accuse tout net Mme de Moras d'avoir eu pour amant M. de La Roche-Courbon, l'étrange mari de sa fille :

> Tendre pensionnaire
> De l'enfant De Cypris,
> *Rivale de sa mère,*
> Moras, le cœur épris,
> Dit d'un ton innocent : Vous qui sondez les âmes,
> De La Roche-Courbon,
> Aura-t-il comme il a
> Longtemps de vives flammes ?

(Voyez *Chansonnier Historique du* xviiie *siècle*, page 200.)
Le recueil Clérambault-Maurepas est plein de ces railleries qui sont souvent des calomnies. La chanson, avant de s'envoler par les carrefours, trempe souvent son aile dans quelque breuvage empoisonné. Elle a de la gaieté, mais du fiel. C'est le petit journalisme chanté. Rien ne semble prouver, dans le procès, que Mme de Moras fût la maîtresse de M. de Courbon et la rivale de sa fille.

qu'elle croyait à Livry avec sa mère, et c'est par
cette lettre que Mme de Moras avait appris que sa
fille avait fui le couvent. Mme de Moras avait alors
porté plainte et les deux oncles de Mlle de Moras
se préparaient déjà à se mettre en route pour arracher la petite Anne-Marie à son ravisseur. Aussi
bien M. de Courbon sentait-il, là-bas, qu'il fallait se
hâter. Il fit venir le curé de Contré, François Pillot,
jeune prêtre du diocèse de Poitiers, et lui demanda
s'il pouvait bénir l'union qu'il était résolu à contracter avec Mlle de Moras. Le curé hésitait : un
mariage ainsi contracté, sans publication de bans ni
dispenses de l'évêque, et sans même qu'il y eût eu
de fiançailles, lui paraissait un peu bizarre ; mais
la volonté de M. de Courbon était formelle :

— Je vous somme verbalement de nous marier,
dit le comte au curé ; sinon je vous prends pour
témoin que je vais m'unir sur-le-champ à mademoiselle !

Le malheureux curé hésitait encore. Ne pouvait-il
pas, à ce jeu, perdre son bénéfice ? Il était pauvre, fils
d'un petit bourgeois de Contré. Sa cure était toute
sa fortune.

« Ne craignez rien, répondit M. de Courbon,
vous ne perdrez aucun bénéfice. » Un cadeau fait à
temps au père du curé, le sieur Pillot, et tout fut

bientôt accommodé. Étiennette Gory n'avait-elle pas reçu de Mlle de Moras deux flambeaux d'argent, une lanterne garnie de nacre, des bijoux et six louis d'or ? M. de Courbon ne lui avait-il pas promis encore une pension de deux mille livres par an ? Le père du curé Pillot, qui se mêlait de distillation, reçut, lui, « une chaudière propre à brûler de l'eau-de-vie » d'une valeur de quatre à cinq cents livres.

Toutes les difficultés étant donc aplanies, le 1er novembre 1737, jour de la Toussaint, le mariage fut célébré dans l'église de Contré, après le départ des fidèles venus pour les vêpres. La marquise de Blénac entra dans la sacristie par une porte de son château qui donnait dans l'église même. Les témoins de la cérémonie étaient Mme de Blénac, Étiennette Augé, veuve Gory, le nommé Deschamps, laquais, et le père du curé, « un particulier âgé de cinquante-cinq ou soixante ans, habillé comme un bon bourgeois de village » (1).

(1) Acte de mariage de M. de Courbon et de Mlle de Moras (extrait du second registre des actes de la paroisse de Contré).

L'an mil sept cent trente-sept et le   novembre, ont été espouzés en présence de notre mère la sainte Eglise catholique, apostolique et romaine, par moy, prêtre soussigné, haut et puissant seigneur messire Magloire-Charles-Angélique, comte de Courbon-Blénac, capitaine de cavalerie, fils légitime de feu messire François, comte de Courbon-Blénac, capitaine de vaisseaux

M. Nestor de La Salle a publié dans la *Chronique saintongeoise* du 4 novembre 1876 une copie de cet acte qui diffère légèrement de notre texte. Entre les mots Pillot et *curé* un nom a été omis, ou plutôt M. de La Salle a relevé sa copie sur le premier registre, et nous sur le second (1).

Ce fut chez Mme de Blénac qu'on rédigea, sur deux registres, l'acte de mariage. La date de la célébration du mariage avait été, on le remarquera, laissée en blanc; on ne le remplit qu'une semaine après, le 8 novembre, jour où M. Fargès de Polizy vint, en bel habit rouge, accompagné de deux cavaliers de la maréchaussée à lui donnés par l'intendant de la province, réclamer sa nièce et la reprendre à M. de Courbon.

---

du roi, et de dame Esther Drault, avec mademoiselle Anne-Marie Perrinc de Moras, fille légitime de feu messire Abraham Perrinc de Moras, maître des requêtes ordinaire de l'hôtel et directeur général de la Compagnie des Indes, et de dame Anne-Marie Fargès. Et ce en présence de haute et puissante dame Esther Drault, comtesse de Courbon-Blénac, de Étiennette Augé, de Charles-Angélique Deschamps et de Louis Pillot. Lesquels ont avec moy signé.

Ainsi signé : Charles-Angélique, comte de Courbon-Blénac, Anne-Marie Perrinc de Moras, Esther Drault de Blénac, Étiennette Augé, Charles-Angélique Deschamps, Pillot, Pillot prêtre, curé de Contré.

(1) M. de La Salle nous a écrit que l'omission n'existe que par la faute d'un typographe.

M. de Polizy, oncle maternel de Mlle de Moras, conseiller du roi, arriva, en effet, écrit M. de Courbon dans une lettre dont nous donnerons le texte, « *armé jusqu'aux dents* », et « comme *un fol* » au château, suivi de Gabriel Le Beau et de Charles Baumont, cavaliers de la maréchaussée de Poitiers. Il était huit heures du matin. M. de Polizy monte dans un appartement au premier étage et trouve Mlle de Moras (ou plutôt la comtesse de Courbon, elle était mariée depuis huit jours) encore couchée. Il s'approche d'elle, l'embrasse, l'appelle sa *chère nièce*, et lui dit de se lever et de s'habiller. Anne-Marie ne répond que quelques mots : « Vous êtes bien pressé, » lorsque, brusquement, M. de Courbon entre « en bonnet de nuit et en robe de chambre », et demande aux cavaliers ce qu'ils voulaient.

— Nous sommes venus de l'ordre du roi, répond Gabriel Le Beau, — et M. de Polizy en est porteur !

— Je viens chercher ma nièce, ajoute M. de Polizy.

Et s'adressant à Anne-Marie :

« Levez-vous promptement et partons, dit-il; toute votre famille est en grande consternation de savoir où vous êtes !

La marquise de Blénac était entrée à son tour, ne disant rien, mais se promenant de long en large.

— Avez-vous un ordre du roi? demande enfin le comte de Courbon.

M. de Polizy n'en avait pas.

— En ce cas, réplique M. de Courbon, sortez d'ici. Mlle de Moras est libre de partir, mais elle ne partira que sur l'ordre du roi!

Les cavaliers de la maréchaussée se retirent, entrent dans un cabaret de Contré et attendent. Si M. de Polizy n'a pas l'ordre royal, M. Peirenc, l'oncle paternel de Mlle de Moras, ne va point tarder à arriver, porteur d'un ordre du roi du 5 novembre, enjoignant « à tous prévôts et officiers de maréchaussée de prêter main forte pour arrêter la demoiselle de Moras et la nommée Gory, sa gouvernante ». En outre, Peirenc est porteur d'un blanc-seing qu'il remplira à son gré. Il se présente donc devant le château et — détail inattendu — il commence par *embrasser* M. de Courbon sur le perron et lui dit ensuite : « Monsieur, qu'avez-vous fait? Vous avez fait une vilaine affaire ! »

Devant l'ordre formel de Sa Majesté, il n'y avait plus qu'à s'incliner. M. de Courbon et Mme de Blénac laissèrent partir Anne-Marie de Moras avec ses oncles. La jeune femme voulut cependant essayer d'une résistance nouvelle. A quoi bon? Tout était vain. M. de Polizy et M. Peirenc emmenèrent leur nièce et avec elle Étiennette Gory droit jusqu'à Paris ; mais, pendant qu'Étiennette était écrouée à la prison du Grand Châtelet, Mlle de Moras revenait chez sa mère en attendant qu'elle entrât au couvent de Gergy, « plus sévère sans doute, dit le baron Malouet, que celui du Cherche-Midi ».

Le soir de son retour à Paris, comme Mlle de Moras se faisait déshabiller par Jeanne Mimault, fille de chambre qui remplaçait Étiennette emprisonnée, Jeanne, en ôtant le corsage d'Anne-Marie pour le mettre sur une chaise, sentit (1) avec son doigt une bague renfermée sous la doublure du corsage en dedans, et, décousant sur-le-champ ce corsage (la fille de chambre, âgée de quarante-cinq ans, obéissait sans doute aux ordres de Mme de Moras), en tira un anneau d'or et demanda à Mlle de Moras ce que c'était que cet anneau.

— C'est un anneau auquel j'ai dévotion, répondit Anne-Marie. Néanmoins, je te le donne, si tu veux.

C'était l'anneau d'or que lui avait passé au doigt, le 1er novembre, jour de tous les Saints, le comte de La Roche-Courbon en la prenant pour femme dans la petite église de Contré.

---

(1) Déposition de Jeanne Mimault.

IV

Le comte de La Roche-Courbon pouvait croire que l'aventure ne tournerait pas au tragique, et qu'en somme ses vœux seraient comblés. Il avait, se disait-il, réussi dans sa chasse à l'héritière, et rien ne s'opposait plus à sa fortune. Il se trompait : l'enlèvement et la séduction de Mlle de Moras avaient décidément fait trop de bruit. L'instruction était, nous l'avons vu, commencée, à la requête de Mme de Moras, contre les coupables, et le chagrin de tout ce drame ayant abrégé les jours de la pauvre femme, trop imprudente assurément, mais bien punie, — elle mourut au commencement du procès; — l'oncle maternel d'Anne-Marie, Louis Peirenc de Saint-Cyr, gentilhomme ordinaire du roi et tuteur honoraire de Mlle de Moras, devint, comme on disait alors, demandeur et complaignant.

Étiennette Gory ; François-Georges, garçon sellier ; Marie Ghoëlle, femme Groslay, couturière ;

François Pillot, curé de Contré ; Louis Pillot, son père, et la marquise de Courbon-Blénac, avaient été arrêtés, emprisonnés et accusés, Mme de Blénac seule ayant obtenu, vu son grand âge, sa mise en liberté provisoire, à la charge par elle de se représenter quand elle serait requise. La pauvre marquise ne se représenta pas, sans doute à cause de sa maladie dont elle mourut peu après, à l'âge de soixante et onze ans. Quant au postillon d'aventure et au « quidam en redingote de peluche blanche et en veste rouge », à Hureau et au laquais Deschamps, ils étaient en fuite et contumaces.

Il en fut de même de M. de La Roche-Courbon. Le comte avait jugé prudent de mettre entre les archers du Grand Châtelet et lui la frontière et les Alpes. Il s'était réfugié, pour éviter l'effet du décret d'accusation, en Piémont, et, au grand étonnement de Luynes, il avait « imaginé d'aller descendre chez M. de Senneterre, notre ambassadeur à Turin », tandis que « le secrétaire de l'ambassade était assez facile pour lui donner asile ». M. de Courbon écrivait alors à M. de Senneterre à Paris, pour lui faire part de son arrivée chez lui, et l'ambassadeur en venait aussitôt rendre compte au cardinal de Fleury, premier ministre, « fort fâché, disent les *Mémoires* de Luynes, contre M. de Courbon, d'autant plus

que la maison d'un ambassadeur est la maison du
roi et ne peut être un asile pour soustraire à la justice un homme décrété en France ».

A la date du 14 janvier 1738, Luynes ajoute :

« M. de Courbon ne s'est pas contenté d'écrire
à M. de Senneterre ; il a écrit aussi à M. Amelot,
secrétaire d'État pour les affaires étrangères, pour
lui faire part de son arrivée, ce qui est encore plus
extraordinaire, et ce qui fera qu'au lieu d'un simple
ordre de M. de Senneterre, il y en aura un du roi
au secrétaire pour faire sortir M. de Courbon de la
maison de l'ambassadeur. J'appris hier que le con-
fesseur de Mme de Moras lui avait fait naître en mourant beaucoup de scrupules sur cette affaire, et
qu'elle avait demandé s'il n'y avait pas moyen d'arrêter le cours des poursuites, et qu'on lui avait dit
que cela était impossible, et qu'ayant su que Mme de
Courbon, mère de M. de Courbon, qui est aussi
arrêtée, souffrait dans la prison, elle lui avait envoyé
vingt-cinq louis. Ce que j'ai marqué ci-dessus de
M. de Courbon à Turin et de ses lettres, c'est de
M. de Senneterre même que je le sais. »

Le comte de Courbon essayait d'ailleurs, de loin
et par lettres, d'attendrir les personnes toutes-puis-
santes et qui pouvaient plaider sa cause auprès du
cardinal-ministre, bien décidé pourtant à laisser

faire la justice. C'est ainsi qu'il adressait à la princesse douairière de Conti une lettre où il raconte d'une façon dont nous ne pouvons vérifier l'exactitude l'arrivée de M. de Polizy à Contré.

« Madame, écrit-il, comme il n'y a personne dans le monde dont je fasse plus de cas de l'estime et des bontés, j'envoie à Votre Altesse Sérénissime la copie de la lettre que Mlle de Moras a écrite en venant ici à madame sa mère, afin que vous voyiez que je n'ai nulle part à son voyage. Vous y verrez aussi, Madame, son histoire et la mienne, son caractère et le genre de son esprit, plein de force, de résolution et de courage, qui, je crois, ne vous déplaira pas. Vous y verrez exactement décrits les sentiments qu'elle a pour moi et ceux que j'ai eus pour elle avant ceci, qui ne devrait pas en apparence produire l'événement qui a fait tant de bruit; enfin, Madame, je ne puis pas faire qu'elle ne soit pas venue ici, qu'elle n'y ait pas resté dix à onze jours en attendant toujours quelqu'un de sa famille. Mais le 8 à sept heures du matin, un fol armé jusqu'aux dents, escorté d'archers et d'un nombre de valets, se disant porteur d'un ordre du roi et n'en ayant point, arrive chez moi, monte sous ce nom respectable à la porte de Mlle de Moras, qu'ils veulent enfoncer; enfin ils

veulent me l'arracher. Ce n'était pas la façon de
l'avoir; aussi ne l'eurent-ils pas. Mais l'après-dînée
un homme sage me la demanda avec politesse, et
l'eut, et ce ne fut qu'après qu'il eut vu qu'elle était
disposée à suivre un homme sûr, qu'il nous montra
l'ordre qu'il avait du roi, et elle partit le lendemain
sans sourciller et en m'assurant que son projet était
rempli, puisque sa mère ne la tourmenterait plus
pour la marier et qu'elle ne pouvait plus l'être à
d'autre qu'à moi. Elle n'a que quatorze ans, Madame,
mais je ne connais à personne un sens plus droit,
plus d'éloquence, plus de force et de courage dans
l'esprit, plus simple et plus douce dans le courant;
mais aussi la plus sensible et à qui il faut moins
marcher sur le pied. Je n'ose dire à quoi cela ressemble.

« Permettez-moi de vous dire un petit trait d'elle.
Lorsqu'on eut ouvert à M. de Polizy la porte qu'il
enfonçait, et le voyant comme Artaban et ayant des
pistolets d'arçon jusque dans les poches de son habit, qu'il faisait voir le plus souvent qu'il pouvait
en rangeant sa redingote, loin d'en être effrayée,
elle ne fit que rire et demanda aussi ses pistolets,
pour faire, dit-elle, la conversation à armes égales.
Connaîtriez-vous, Madame, personne capable de ce
sang-froid et de cette plaisanterie ? Mon sort est

d'être intimement attaché aux gens de qui ces traits-
là peuvent partir. Ils montrent la force de l'âme et
le courage de l'esprit. J'espère, Madame, que vous
agréerez la conduite que j'ai tenue dans cette affaire,
il n'y a personne dans le monde dont je désire tant
l'approbation, parce que je n'en connais pas de plus
juste et que je vous suis attaché plus que personne
du monde : je ne saurais même vous dire à quel
point ; cela va, du moins, à donner de tout mon
cœur mes bras pour vous ; il y a quinze jours que
j'eusse été jusqu'à la vie, mais j'en dois à présent la
conservation à quelqu'un à qui elle est chère.

> « J'ai l'honneur, etc. »

A cette lettre du ravisseur, la princesse de Conti
ne répondit que par ces quelques lignes sèches et
sévères, et qui montrent bien le sentiment d'indigna-
tion qu'avait fait naître alors l'aventure du comte et
de Mlle de Moras :

« Je suis étonnée, Monsieur, puisque vous vous
vantez de me connaître, que vous ne sachiez pas
que je déteste le crime, par conséquent ceux qui sont
capables d'en commettre, et que mon avis sera toujours qu'ils subissent la plus grande rigueur de la
justice. »

La Régence avait donc laissé dans les âmes quelques sentiments d'austérité ? Louis XV n'en était encore qu'à ses débuts, qui dataient de 1732, et à ses premiers verres de champagne. M. de Courbon, en recevant la lettre de la princesse de Conti, dut évidemment se sentir perdu. On ne le regardait point comme un séducteur, mais comme une sorte de voleur (1). Don Juan relevait non pas du Commandeur, mais de M. Hérault, lieutenant criminel ! En pareille matière, la justice, en effet, pourra aujourd'hui paraître étrangement rigoureuse, et nous allons voir ce que coûtait, il y a cent quarante-cinq ans, une semblable équipée amoureuse.

Le procès suivait son cours, malgré la mort de Mme de Moras. Mlle de Moras, dont on annonça faussement la mort (2), était au couvent. M. de

(1) Il faut lire à propos d'enlèvement dans les *Mémoires du marquis de Souches* récemment publiés (tome Ier, page 160 et suivantes) par M. le comte de Cosnac et M. Arthur Bertrand, l'histoire fort romanesque aussi du marquis de Richelieu, enlevant du monastère des filles de Sainte-Marie de Chaillot, la fille aînée du duc Mazarin. Mlle Mazarin est enlevée dans un carrosse à six chevaux. Les parents s'assemblent chez Colbert puis chez le prince de Conti ; c'est toute une affaire. Louis XIV lui-même fronça les sourcils. On ne badinait pas non plus avec l'amour en 1682.

(2) Elle est morte dans un couvent, de la petite vérole. — (Luynes, *Mémoires,* 26 août 1738.)

Courbon errait à l'aventure en Italie, se disposant
à protester contre la sentence qui le menaçait, et
même à présenter, si nous en croyons Luynes, une
requête pour demander que ceux qui avaient enlevé
Mlle de Moras de chez lui « fussent condamnés à
être pendus ». L'instruction durant ce temps multi-
pliait les interrogatoires. Depuis les voisins du couvent de la rue du Cherche-Midi jusqu'aux cavaliers
de la maréchaussée de Poitiers, tous étaient inter-
rogés, et durant six mois il n'est pas un des moindres incidents de cette cause intime, aujourd'hui
ignorée et qui passionna si vivement Paris, qui
n'ait été étudié minutieusement et percé à jour.

C'est à notre ami M. Émile Campardon, si érudit
pour tout ce qui a trait aux choses du xviiie siècle,
que nous devons d'avoir étudié ce curieux procès.
Il nous a mis entre les mains tous les documents,
qui sont volumineux et qu'on pourra publier un
jour intégralement.

Bref, le 16 juillet 1738, une première sentence
était rendue par le Châtelet de Paris contre M. de
Courbon et ses complices, et, quelle que soit la
longueur de ce jugement, nous voulons l'imprimer
ici; car, dans son style à la fois précis et mélodra-
matique, il donne, mieux que ne pourrait le faire
une longue dissertation, l'idée exacte de la justice

de ce temps, si rapproché de nous encore et si
éloigné cependant; toute cette histoire nous le fait
bien sentir :

« SENTENCE DU CHATELET CONTRE LES AUTEURS
OU COMPLICES DU RAPT DE Mlle DE MORAS

« Louis Peirenc de Saint-Cir, gentilhomme ordinaire du roi, tuteur honoraire de la demoiselle de
Moras, demandeur et complaignant, le procureur du
roi joint :

« Étiennette Auger, veuve de François Gory;

« François Georges, garçon sellier;

« Marie-Catherine Ghoëlle, femme de Charles
Greslay, maîtresse couturière;

« François Pillot, prêtre, curé de Contré;

« Esther Draud, veuve du sieur François de
Courbon-Blénac;

« Louis Pillot, commis-voyer des grands chemins
de Niort et de Saint-Maixant, défendeurs et accusés;

« Le comte de Courbon; un quidam conduisant
une chaise en qualité de postillon; un autre quidam
vêtu d'une redingote de ratine ou peluche blanche,
ayant une veste rouge, assez grand de taille, portant
ses cheveux, un couteau de chasse, un chapeau

bordé en or, paraissant âgé d'environ quarante ans,
indiqué pour être le nommé Hureau, et le nommé
Deschamps, accusés absents et contumaces;

/« Nous, par délibération du Conseil, ouï sur ce le
procureur du roi, déclarons les défauts et contumaces bien et valablement instruits à la requête du
sieur Peirenc de Saint-Cir, audit nom de tuteur
honoraire de la demoiselle de Moras, contre Charles-
Angélique, comte de Courbon, Charles-Angélique
Deschamps, le nommé Hureau, un quidam postillon, ensemble la contumace faute de présence
contre Esther Draud, comtesse de Courbon, adju-
geant le profit d'icelle contre ledit comte de Courbon, ledit Deschamps et ladite Esther Draud, avoué
déclaré, dûment atteints et convaincus, savoir :
ledit comte de Courbon, du rapt fait de ladite demoiselle de Moras, lequel a été suivi d'un mariage
célébré entre ledit comte de Courbon et ladite de
Moras, contre la disposition des saints canons et des
ordonnances; Étiennette Auger, veuve Gory, d'avoir
favorisé ledit rapt, d'y avoir participé et assisté
comme témoin audit rapt; François Pillot, d'avoir
célébré ledit mariage; ladite Esther Draud, comtesse de Courbon; Louis Pillot et Charles-Angélique Deschamps, d'avoir, comme témoins, assisté
audit mariage; pour réparation et autres cas men-

tionnés au procès : Condamnons ledit Charles-Angélique, comte de Courbon, *à avoir, par l'exécuteur de la haute justice, la tête tranchée sur un échafaud* qui sera à cet effet dressé en la place de Grève; ladite Étiennette Auger, veuve Gory, *à être pendue et étranglée tant que mort s'ensuive,* par ledit exécuteur de la haute justice, à une potence qui sera aussi à cet effet dressée en ladite place de Grève; son corps mort y demeurer vingt-quatre heures, puis porté en un gibet de Paris; tous et chacuns les biens desdits comte de Courbon et Étiennette Auger, veuve Gory, acquis et confisqués au roi ou à qui il appartiendra, sur ceux et autres biens sujets à confiscation, préalablement pris la somme de 200 livres d'amende envers le roi; ledit François Pillot, à faire amende honorable au Parc-Civil du Châtelet de Paris, et là, *étant à genoux, nuds pieds, nud tête, en chemise, la corde au col, tenant entre ses mains une torche ardente de cire jaune du poids de deux livres,* dire et déclarer à haute et intelligible voix que, témérairement et comme mal avisé, il a célébré le mariage d'entre ledit comte de Courbon et ladite demoiselle de Moras, contre la disposition des saints canons et ordonnances, dont il se repent et demande pardon à Dieu, au roy et à justice; *ce fait conduit à la chaisne pour y être attaché et servir le roy comme forçat en ses gallères* pendant le temps et espace de trois ans, préalablement flétry par ledit exécuteur, au-devant de la porte des prisons du Châtelet, d'un fer chaud en forme des lettres G. A. T. sur l'épaule droite, conformément à la déclaration du roi, du 4 mars 1724 ; ladite Esther Draud, comtesse de Courbon, et lesdits Louis Pillot et Charles-Angélique Deschamps, au bannissement, savoir : ladite Esther Draud, pour neuf ans, et lesdits Louis Pillot et Charles-Angélique Deschamps pour trois ans de la ville, prévôté et vicomté de Paris et étendue de la justice de Civray ne gardant pas leur dit ban ; condamnons en outre lesdits Esther Draud, Louis Pillot et Charles-Angélique Deschamps, chacun en 3 livres d'amende envers le roi à prendre sur leurs biens, comme aussi condamnons lesdits Charles-Angélique, comte de Courbon, et Étiennette Auger, veuve Gory, solidairement en 2,000 livres de dommages-intérêts et réparations civiles envers ledit de Saint-Cir, audit nom, ladite Esther Draud, François Pillot, Louis Pillot et Charles-Angélique Deschamps, aussi solidairement en 1,000 livres de dommages et intérêts et réparation civile envers de Saint-Cir, desquelles 1,000 livres ladite Esther Draud supportera 300 livres, François Pillot 400 livres, et lesdits Louis

Pillot et Charles-Angélique Deschamps, chacun
150 livres. Donnons lettre audit Peirenc de Saint-
Cir de la déclaration portée en sa requête du 29 mai
dernier, de ce qu'il abandonne au profit des hôpi-
taux ou autres œuvres pies qu'il nous plairait fixer
les dommages et intérêts que l'on voudrait bien lui
accorder; en conséquence, disons qu'ils seront
payés à l'hôpital général. Condamnons lesdits comte
de Courbon, Étiennette Auger, Esther Draud,
François et Louis Pillot et le nommé Deschamps
solidairement aux dépens du procès, et avant d'ad-
juger le profit des deffauts et contumaces contre le
nommé Hureau et un quidam postillon, ordonnons
qu'il sera plus amplement informé des faits mentionnés au procès; avons déchargé Catherine
Ghoëlle, fille Groslay, et François Georges des
plaintes, demandes et accusations contre eux inten-
tées, etc. Et sera la présente sentence exécutée par
effigie à l'égard dudit comte de Courbon.

> « Jugé le 16 juillet 1738 (1). »

Ainsi voilà ce qu'il en coûtait, en 1738, de transporter dans la vie réelle l'audacieuse fantaisie dont

---

(1) Nous avons respecté l'orthographe et le style de ce curieux
document.

abusaient un peu trop les romans du temps, et encore les *Mémoires* du moment nous disent-ils qu'on trouva dans le public la sentence « un peu douce ». Il semble que la véritable moralité à tirer de cette histoire soit celle du proverbe de Musset : « On ne badine pas avec l'amour ». Pour s'être joué du dicton, le comte de Courbon devait être décapité, et la femme de chambre Étiennette pendue et étranglée. Cette terrible sentence ne fut pas, d'ailleurs, la sentence suprême. L'affaire de M. de la Roche-Courbon allait être, huit mois après cet arrêt du Châtelet, jugée en dernier ressort, et nous trouvons le résultat final du procès dans les Mémoires de Luynes, à la date du 22 mars 1739 : « Hier, y est-il dit, fut jugée l'affaire de M. de Courbon, qui est toujours à Turin ; *il fut condamné à avoir la tête tranchée.* La gouvernante de Mlle de Moras n'a été considérée que comme femme de chambre et, par cette raison, n'a été condamnée qu'à la fleur de lys et au bannissement. Le curé et son père ont été aussi condamnés au bannissement. La couturière qui recevait les lettres de M. de Courbon a été pleinement justifiée et lui a été adjugé des dommages et intérêts. »

La peine prononcée contre Étiennette Gory se trouvait donc adoucie : on lui faisait grâce de la vie; mais le comte de Courbon n'obtenait aucune commutation de peine. Ne pouvant l'exécuter en place de Grève, on le décapita en effigie, comme Pomenars avait été pendu. Il eut peut-être cette amère volupté de lire le récit de son supplice dans quelque gazette étrangère; puis, chassé de Sardaigne, éloigné pour jamais de sa patrie, il finit ses jours, misérable et pauvre, dans quelque coin d'Italie.

Mlle de Moras devait expier aussi ce qu'elle nommait son *équipée*. Elle passa treize ans au couvent de Gergy, où la petite vérole dont parle Luynes faillit l'emporter, soit au couvent de Port-Royal et dans la maison de Belle-Chasse. Elle vivait là, en dernier lieu, dans une sorte de demi-retraite, lorsqu'elle rencontra un jeune lieutenant au régiment de Conti-Infanterie, un des héros de la campagne de 1744 en Flandre et qui, à vingt-six ans, promettait de devenir un officier tout à fait distingué. C'était Charles-Louis de Merle de Beauchamp, ci-devant chevalier de Malte et un peu parent des Choiseul, s'il faut en croire l'avocat Barbier. Le 17 février 1750, le comte de Merle épousait Anne-Marie de Moras, sans bruit, et c'est Barbier qui nous apprend l'effet produit à Paris par ce mariage.

« Mlle de Moras, dit-il, dont il a été tant parlé, et

qui a été enlevée par M. de Courbon à l'âge de
quatorze ans, et mariée avec lui par un prêtre qui a
été gagné, vient de se marier ces jours gras.
M. de Courbon s'est enfui, et a été condamné
à mort. Mlle de Moras a été déshéritée par sa mère,
dont on prétendait que M. de Courbon était l'amant.
Le testament de Mme de Moras a été confirmé assez
injustement, parce qu'une fille subornée à quatorze
ans n'a point de consentement et n'est pas bien
coupable. M. de Courbon est mort, et elle est
restée comme veuve. Elle est aussi restée dans un
couvent jusqu'à sa majorité. Elle a deux frères :
l'un maître des requêtes, l'autre conseiller au Parlement, fort riche ; nonobstant l'exhérédation de sa
mère, elle a, dit-on, 30 mille livres de rentes ; mais
avec toutes ces histoires, elle aurait eu peine à
trouver un parti sortable pour le bien. Mlle de Moras,
à l'insu de toute sa famille, comme maîtresse de ses
droits, a épousé M. le chevalier de Beauchamp, qui
était chevalier de Malte et qui est de la maison de
Choiseul ; ce chevalier n'avait que 300 livres de
rentes. Il avait gagné, en Italie, 30 mille livres au
jeu ; il en a sacrifié 15 mille livres pour venir faire
figure à Paris. Il a fait connaissance de Mlle de
Moras ; il lui a plu, et l'a épousée. On dit qu'elle lui
a donné 10 mille livres de rentes, par contrat de

mariage, en cas de mort sans enfants. Ses frères sont piqués de ce mariage. »

Le comte de Merle n'était pas riche, mais il était noble et fort aimable homme. Six ans après, il avait reçu l'agrément du roi pour une charge de cornette dans la 1re compagnie des mousquetaires (1). Il était bientôt nommé ambassadeur de Portugal, en remplacement de M. le comte de Baschisain d'Estrées, cousin de la marquise de Pompadour ; mais ce ne fut qu'en 1759 qu'il partit pour Lisbonne, avec la comtesse. « Mme de Merle ne cessa, dit-il, d'avoir pour moi des bontés et une tendresse maternelles. » Mme la comtesse de Merle avait été présentée à la cour par sa belle-sœur, Mme de Moras, née Moreau de Séchelles, femme du frère aîné d'Anne-Marie, déjà intendant de la province d'Auvergne. Nul ne se fût avisé de rappeler alors à la comtesse, bonne, avenante, maternelle et souriante, l'aventure du château de la Roche-Courbon. Depuis vingt ans, tout était oublié. La mort et le temps avaient fait leur œuvre.

Le comte de Merle devait quitter, en 1760, l'ambassade de Portugal et rentrer dans l'armée pour y

(1) Baron Malouet. Appendice aux *Mémoires* de Malouet.

atteindre, en 1780, au grade de maréchal de camp.
Le 14 mars 1789, M. de Merle figurait à l'assemblée de la noblesse tenue à Riom, et on trouvera
son nom en 1792 sur la liste des émigrés. Ce fut,
sans aucun doute, à l'étranger, en Allemagne, ou
peut-être en Italie, comme M. de Courbon, qu'il
mourut, et, avec lui, celle qui avait été Mlle de
Moras, et que les vaudevillistes de 1737 avaient
chansonnée en l'appelant *la petite Moras*.

Mlle de Moras, comtesse de Courbon et comtesse
de Merle, laissait trois enfants : deux filles et un
garçon. L'aînée seule devait survivre à la tourmente
révolutionnaire; c'est Anne-Marie de Merle, née le
20 juillet 1751 à Paris, mariée à Pierre-Gilbert de
Voisins, greffier en chef du Parlement de Paris.
Elle mourut le 17 avril 1801. Les jugements
du tribunal révolutionnaire portent, à la date du
29 germinal an II (18 avril 1794), le nom de
A.-M. de Merle, âgée de quarante et un ans,
native de Paris, femme divorcée de Duchilleau
(*sic*), maréchal de camp, rue du Faubourg-Montmartre, condamnée à la peine de mort pour conspiration et intelligence avec les ennemis extérieurs
et intérieurs. C'est Anne-Marguerite de Merle,
comtesse du Chilleau, d'une année plus jeune que
sa sœur Anne et qui fut guillotinée à cette date du

18 avril, mourant ainsi deux ans avant son mari, tué d'une balle au combat de Kamlach, en août 1796.

Quant à Agricol-Marie de Merle, marquis d'Ambert, né à Paris le 13 novembre 1753 et dernier enfant de Mlle de Moras, il était, en 1784, colonel du régiment de Royal-Marine. Émigré en Suisse, puis rentré en France, une lettre insérée par lui dans l'*Ami des lois* le fit arrêter, et, traduit devant un conseil de guerre, il tomba fusillé, le 2 juillet 1798, devant le terrible mur de la plaine de Grenelle. Il avait épousé une Mlle de Tolozan qui, nous apprend le baron Malouet, vivait encore en 1828, et dont la fille unique, Nina d'Ambert, mourut sans avoir été mariée et avant sa mère. Avec Nina d'Ambert s'éteignait la dernière descendante de Mlle de Moras et la branche de Merle-Beauchamp. Et de toute cette famille qui avait traversé tant d'épreuves, supporté tant de douleurs, soulevé tant de passions au siècle dernier, il ne restait plus que des noms à demi effacés sur des tombes oubliées et des papiers jaunis dans les cartons de nos Archives nationales.

C'est à ces documents ignorés et pour la première fois communiqués au public, que j'ai voulu demander le secret de l'aventure du comte de la Roche-Courbon, et — sans phrases, — par le seul assemblage des témoignages et des souvenirs, montrer ce que fut, dans sa réalité stricte, un des événements les plus curieux, les plus caractéristiques du XVIIIe siècle, et qui déchaîna à travers le Paris d'autrefois, aussi friand de scandale que le Paris d'aujourd'hui, tant de curiosités, de colères et de bavardages.

Cette histoire de Mlle de Moras et de M. de Courbon ne laisse pas que de jeter certaines lumières sur la vie intime de nos aïeux, et on s'étonne de rencontrer dans une même époque tant de sévérité unie à tant de licence, la sentence du Châtelet atteignant, par exemple, un Courbon et épargnant un duc de Richelieu. Puis, quelle réflexion inévitable fait naître le spectacle de ces agitations, de ces espoirs, de ces ambitions, de ces amours! Un siècle passe, et tout n'est que poussière, et les petits-neveux mêmes de ces acteurs au cœur plein de feu et aux yeux pleins de larmes ont disparu pour jamais. Encore un coup, il ne reste d'eux que ce qui reste de toutes choses : un nom qu'on ne prononce plus, un souvenir qui s'éteint, et des cendres.

Vaut-il la peine de tant s'irriter et de tant souffrir ?

PIÈCES JUSTIFICATIVES

I

INFORMATION AU CHATELET DE PARIS

L'an 1737, le dimanche 3 novembre, entre dix
et onze heures du matin, nous Nicolas Rousselot,
conseiller du roi, commissaire enquêteur examinateur au Châtelet, etc., nous sommes transporté en
une maison sise en cette ville, rue de l'Université,
paroisse Saint-Sulpice, à laquelle demeure Mme de
Moras, où ayant été introduit dans un appartement
par bas ayant vue sur le jardin de ladite maison,
est comparue pardevant nous dame Marie-Anne-
Josephe Fargès, veuve de messire Abraham Peirenc
de Moras, conseiller du roi en ses conseils et
maître des requêtes ordinaires de son hôtel, laquelle nous a rendu plainte et dit qu'étant au château de Livry, près Melun, où elle avait été invitée
par M. de Marivatz d'aller passer quelque temps et
où elle était arrivée le mercredi vingt-trois du mois
d'octobre dernier, on lui a apporté le vendredi
premier du présent mois de novembre une lettre

adressée à Mlle de Moras, à Livry, qu'ayant ouvert cette lettre elle était signée de la demoiselle d'Aulnay, actuellement pensionnaire au couvent des dames religieuses du Chasse-Midy et elle faisait des reproches à la demoiselle de Moras, fille de la dame plaignante, qui était aussi pensionnaire au même couvent, de ce qu'elle demoiselle de Moras n'était pas restée au couvent pour y passer les fêtes, et que madame sa mère était bien heureuse de la posséder, et autres discours d'amitié qu'une camarade de couvent peut faire à son amie, que cette lettre l'a jetée dans un si grand étonnement qu'elle avait pris le parti de revenir sur-le-champ pour pouvoir par elle-même éclaircir les soupçons que lui donnait cette lettre, mais qu'appréhendant de ne pouvoir faire assez de diligence, elle avait envoyé un exprès pour la devancer et aller s'informer au couvent ce qui pouvait en être; lequel courrier s'étant rendu au couvent, il a appris que ladite demoiselle de Moras n'y était plus, ce que le courrier a rapporté à la dame plaignante le même jour qui était le premier du présent mois, comme aussi nous a dit qu'étant revenue en cette ville le lendemain, jour d'hier, M. Fargès de Polisy, maître des requêtes, son frère, lui a rapporté qu'il s'était transporté audit couvent, et que la dame supérieure d'icelui lui avait dit que dès le 26 octobre dernier, à sept heures du matin, était arrivée à la porte du couvent une chaise de poste à deux personnes et attelée de deux chevaux, et un homme à cheval, que ladite demoiselle de Moras était montée dans cette chaise avec sa gouvernante après avoir fait attacher une malle derrière et qu'elle était partie sans qu'on sçût la route qu'elle avait tenue; et comme ladite demoiselle de Moras, sa fille, qui n'est âgée que de treize ans ou environ, ne peut avoir été exposée à un tel événement que par la suite d'une séduction tramée depuis long-temps et dont la dame sa mère n'a jamais eu de soup-çons, elle a résolu de poursuivre les séducteurs, au-teurs, participants, et ceux qui ont donné aide à cet événement, par les voies de droit et extraordinaires, conformément aux ordonnances du royaume, à mesure qu'elle en fera les découvertes, à quoi elle va donner ses peines et soins, en attendant nous rend plainte de ce que dessus, et néanmoins déclare qu'elle entend différer à commencer ses poursuites judiciaires jusqu'à ce qu'elle ait eu de nouveaux éclaircissements, pourquoi elle désire que nous différions aussi de remettre la présente au greffe criminel du Châtelet avant qu'il en soit besoin, jusqu'à ce qu'elle nous en requière, etc.

Et le samedi neuf dudit mois de novembre mil

sept cent trente-sept, entre quatre et cinq heures de relevée, nous commissaire susdit et soussigné sur ce requis, nous nous sommes derechef transporté en la demeure de ladite dame Marie-Anne-Josèphe Fargès, veuve de feu messire Abraham Peirenc de Moras, susdéclarée, où étant est comparue pardevant nous ladite dame de Moras, laquelle en réitérant la plainte ci-dessus par elle à nous rendue et y persistant nous a dit que depuis ladite plainte elle a appris que la chaise de poste dans laquelle est montée la demoiselle sa fille avec sa gouvernante a pris la route de Poitiers, ce dont elle nous rend plainte, nous déclarant qu'elle entend se pourvoir sans délai par les voies de droit et extraordinaires contre les auteurs, etc., pourquoi elle nous requiert de lui délivrer une expédition tant de la plainte des autres parts que de la présente, même d'en remettre une de l'une et de l'autre au greffe du Châtelet, si besoin est, etc.

Information faite par nous Nicolas Rousselot, etc., à la requête de dame Marie-Anne-Josèphe Fargès, veuve de messire Abraham Peirenc de Moras, etc., au sujet des faits portés par les plaintes par elle à nous rendues les 3 et 9 du présent mois, en vertu de l'ordonnance de M. le lieutenant criminel audit Châtelet, en date du 9 dudit mois de novembre, étant au bas de la requête à lui présentée par ladite dame, desquelles requête et ordonnance la teneur suit.

A Monsieur le lieutenant criminel.

Supplie humblement Marie-Anne-Josèphe Fargès, veuve de messire Abraham Peirenc de Moras, conseiller du roi en ses conseils, maître des requêtes ordinaire de son hôtel, qu'il vous plaise lui permettre de faire informer pardevant tel commissaire qu'il vous plaira commettre du rapt et enlèvement commis en la personne de demoiselle Anne-Marie Peirenc de Moras, sa fille mineure, du couvent du Chasse-Midy de cette ville de Paris, où elle était pensionnaire, circonstances et dépendances dont elle a rendu deux plaintes à maître Rousselot, commissaire, les 3 et 9 de ce présent mois, mesme à l'effet de ladite information de faire transporter le commissaire qui sera par vous commis audit couvent pour y recevoir les dépositions des religieuses et autres personnes y étant, pour, après ladite information faite être par la suppliante et M. le procureur du roi dont elle requiert l'adhésion, pris telles conclusions qu'il appartiendra, et vous ferez bien. Signé, De Boischevalier.

Au bas est écrit : Permis d'informer pardevant le commissaire Rousselot, même de faire transporter ledit commissaire au couvent du Chasse-Midy, à l'effet d'y entendre en déposition les personnes qui peuvent avoir connaissance du fait dont est question.

Fait ce 9 novembre 1737. Signé, Nègre.

En conséquence, les témoins assignés de notre ordonnance étant comparus, nous les avons entendus séparément les uns des autres et rédigé leurs dépositions ainsi qu'il suit :

Du mercredi 13 novembre 1737, neuf heures du matin.

Philippe Le Vaillant, âgé de trente-quatre ans ou environ, fruitier, demeurant rue du Cherche-Midi, paroisse Saint-Sulpice, assigné par exploit de Nicolas Lalbin, huissier au Grand Conseil du jour d'hier, dont il nous a fait apparoir, après serment par lui fait de dire vérité, a dit n'être parent, allié, serviteur, ni domestique des parties, etc.

Dépose qu'il ne sait autre chose sinon que le samedi, surveille de la fête dernière de Simon, sur

les sept heures du matin, il a vu arriver à la porte
du couvent des dames religieuses du Chasse-Midy
une chaise de poste à deux personnes, montée sur
deux fortes roues neuves, sans être peintes, attelée
de deux chevaux noirs conduits par un postillon
qui ne lui a pas paru être un postillon ordinaire de
la poste, qu'avec ladite chaise était aussi un homme
à cheval vêtu d'une redingote de ratine ou peluche
blanche, ayant dessous une veste rouge, assez
grand de taille, portant ses cheveux, n'en a pas
remarqué la couleur, ni l'âge que peut avoir le particulier; que ladite chaise est restée dans la rue, à
la porte dudit couvent, et que l'homme qui était à
cheval a attaché le cheval qu'il montait au brancard
de ladite chaise; que cet homme a ôté ses bottes et
les a mises dans la rue contre le mur dudit couvent,
qu'après il est entré dans ledit couvent et que peu
de temps après il en est ressorti portant avec un
autre particulier une malle toute neuve de forme
plate et carrée, longue d'environ deux pieds et
demi, couverte de cuir noir; qu'il n'a pas remarqué
si c'est le postillon ou autre personne qui a aidé le
particulier qui était à cheval à porter cette malle,
qu'ensuite il a vu ledit particulier qui était à cheval
avec le postillon placer ladite malle derrière la chaise
de poste où ils l'ont attachée avec des cordes neuves,

et que lui déposant a vendu audit particulier qui
était à cheval deux bâtons de cotterets pour aider à
serrer lesdites cordes et les contenir ; qu'il a vu aussi
mettre dans ladite chaise deux jupons-paniers,
mais n'a pas remarqué et ne se souvient pas qui les
y a mis ; qu'il a pareillement vu la demoiselle de
Moras et sa gouvernante monter dans ladite chaise,
qu'aussitôt le postillon est parti et a conduit ladite
chaise par la rue du Regard ; que le particulier qui
était à cheval, ayant remis ses bottes, est monté sur
son cheval et a pris son chemin par la même rue du
Regard, suivant ladite chaise, etc. A requis salaire,
taxé 25 sols.

Pierre Chenillet, dit Comtois, âgé de vingt-six
ans, domestique au service de Mme la présidente
Ferrand, demeurant avec ladite dame dans le couvent des dames religieuses du Chasse-Midy, etc.

Dépose qu'il ne sait autre chose sinon que le samedi 26 du mois d'octobre dernier, sur les six heures
du matin, il a vu un particulier qui lui a paru âgé
de trente ans, assez grand, mince de corps, portant
épée et cheveux châtains, vêtu d'un habit ou redingote dont il n'a pas remarqué la couleur, ayant
dessous une veste rouge bordée d'un galon d'or,

large d'environ un doigt ; lequel est monté dans le
parloir de la demoiselle Moras, y est resté environ
un quart d'heure, que peu de temps après que ledit
particulier a été sorty il a vu monter et entrer dans
le même parloir deux autres particuliers dont il n'a
aucunement remarqué ni les habits ni la figure ;
qu'il a vu ces mêmes deux particuliers sortir dudit
parloir et emporter d'icelui une malle ou valise
neuve couverte de cuir noir, longue d'environ
quatre pieds, ayant un dessus de forme ovale, laquelle
lui a paru fort lourde en ce que les deux particuliers
avaient de la peine à la porter ; que peu de temps
après, lui déposant estant sorti dudit couvent pour
vaquer aux affaires de sa maîtresse, il a vu dans la
rue à la porte dudit couvent une chaise de poste à
deux personnes, de la forme des chaises publiques
de Paris à Versailles, crottée, montée sur deux
grosses roues neuves sans peinture et attelée de
deux chevaux, et que trois hommes attachaient derrière ladite chaise la valise qu'il a vu descendre au
parloir de la demoiselle de Moras ; a remarqué que
sur ladite chaise il n'y avait aucun chiffre, ni
armes, etc. A requis salaire, taxé 25 sols.

Dudit jour mercredi 13 novembre 1737, trois
heures de relevée, au grand parloir des dames reli-

gieuses du Chasse-Midy, sis en cette ville de Paris,
où nous nous sommes transporté, etc.

Dame Louise de La Garrie, dite de Sainte-Placide, âgée de quarante-six ans ou environ, religieuse
professe au couvent des dames religieuses Bénédictines du Chasse-Midy et prieure perpétuelle dudit
couvent, y demeurant, est venue dans la partie
intérieure dudit grand parloir, assignée, etc.

Dépose qu'elle n'a d'autre connaissance des faits
en question, sinon que le 25 octobre dernier, sur
les sept heures du soir, la demoiselle de Moras, qui
était lors dans l'intérieur dudit couvent, vint trouver
la dame déposante dans une des chambres de communauté où elle était alors, et lui dit qu'elle venait
de recevoir une lettre de madame sa mère, par
laquelle madame sa mère lui marquait de partir le
lendemain pour l'aller trouver à la campagne où
elle était; qu'elle tira de sa poche une lettre qu'elle
mit ès mains de la déposante et qu'elle dit être
celle qu'elle venait de recevoir de madame sa mère;
qu'elle déposante ayant jeté les yeux sur cette lettre
trouva que l'écriture en était assez difficile à lire et
elle lui parut être d'écriture de femme; qu'elle était
signée Fargès de Moras, qu'elle en a lu le commen-

cement qui était conçu à peu près en ces termes,
savoir, qu'à son arrivée M. et Mᵐᵉ de Varrouillet
lui avaient fait de grands reproches de ce qu'elle ne
l'avait pas menée avec elle, que pour leur faire
plaisir elle lui envoyait une chaise de poste la chercher pour partir le lendemain à six heures du matin;
que la déposante ayant lu le commencement de la
lettre la remit entre les mains de la demoiselle de
Moras; observe la déposante qu'elle ne connaît
aucunement l'écriture de la dame de Moras mère,
qu'elle ne sait pas si cette lettre était écrite de sa
main ou de celle d'une autre, n'ayant jamais reçu
de lettre de ladite dame et que, lorsqu'elle envoyait
chercher la demoiselle sa fille, elle n'écrivait point;
qu'elle l'envoyait chercher assez fréquemment lorsqu'elle était à Paris, et qu'à diverses fois ladite demoiselle de Moras, pendant l'espace de quatre à
cinq ans qu'elle demeura dans ledit couvent, a passé
différents temps à la campagne et chez madame sa
mère; dépose aussi que le 26 dudit mois d'octobre
dernier elle apprit que sur les sept heures du matin
avait été amenée à la porte du couvent une chaise
de poste à deux personnes, et que la demoiselle de
Moras et sa gouvernante sont montées dans ladite
chaise et qu'elle déposante a cru qu'elles allaient
trouver la dame de Moras mère, conformément à

la lettre qu'elle avait vue la veille, mais que le
2 du présent mois vint un laquais de la dame de
Moras parler à la déposante et lui dit que la demoiselle de Moras était enlevée, ce qui surprit fort la
déposante, et que depuis elle a ouï dire à la demoiselle Gory, seconde femme de chambre de la demoiselle de Moras, que le sieur de la Roche-Courbon
venait souvent voir ladite demoiselle de Moras, etc.
N'a requis salaire.

Geneviève Lefèvre, âgée de quarante-huit ans
ou environ, fille majeure, femme de chambre au
service de la demoiselle d'Aunay, actuellement pensionnaire audit couvent, y demeurant, etc.

Dépose qu'elle ne sait autre chose, sinon que le
samedi surveille de la fête de saint Simon dernière,
sur les sept heures à sept heures et demie du matin,
la demoiselle de Moras entra dans la chambre de la
demoiselle d'Aunay dont elle était amie et lui fit
ses adieux partant dans ce moment pour la campagne; qu'elle déposante descendit avec la demoiselle de Moras et sa gouvernante et les accompagna
jusqu'à la porte de la rue du couvent, et qu'en cet
endroit elle vit dans la rue devant les murs dudit
couvent, au-dessous des fenêtres de l'appartement

de la demoiselle de Moras, une chaise de poste à
deux personnes, attelée de deux chevaux, que derrière ladite chaise on attachait une grande valise
neuve couverte de cuir noir, qu'elle a vu la demoiselle de Moras et sa gouvernante monter dans ladite
chaise, qu'après le postillon l'a conduite du côté de
la rue du Regard, a remarqué que ladite chaise était
fort vilaine, n'a pas remarqué s'il y avait des chiffres
et armes, ni la figure du postillon; a vu aussi un
homme à cheval, qui avait aidé à charger la malle,
suivre ladite chaise, et a remarqué que cet homme
était vêtu d'une redingote grise, avait à son côté un
couteau de chasse, qu'il avait un chapeau bordé en
or et ses cheveux en bourse, croit qu'il avait une
veste rouge; a remarqué aussi que cet homme est
assez grand de taille et paraît être âgé d'environ
quarante ans : ajoute la déposante que depuis le
commencement du présent mois elle a ouï dire à différentes personnes que le bruit public est que la
demoiselle de Moras a été enlevée par le sieur de
Courbon et qu'elle déposante sait par elle-même que
depuis environ un an ledit sieur de Courbon venait
fréquemment voir la demoiselle de Moras, que sans
l'avoir jamais vu elle l'a souvent entendu au parloir
de ladite demoiselle de Moras, et que la demoiselle
Gory, gouvernante de la demoiselle de Moras, a

souvent dit à elle déposante que ledit sieur de Courbon venait voir sa maîtresse, etc. N'a requis salaire.

Demoiselle Marie-Claire-Aimée de Megrigny d'Aunay, âgée d'environ dix-neuf ans, fille pensionnaire audit couvent du Chasse-Midy, y demeurant.

Dépose qu'elle ne sait autre chose sinon que le vendredi 25 du mois d'octobre dernier, sur les cinq heures du soir, la demoiselle de Moras dit à la déposante qu'elle partirait le lendemain pour aller trouver la dame sa mère à la campagne où elle était, que la dame sa mère lui avait écrit une lettre à ce sujet. Elle tira dans le même temps une lettre de sa poche qu'elle dit être écrite par la dame sa mère et en fit lecture à la déposante, qui se souvient que par cette lettre la dame de Moras, ou autre personne qui l'a écrite, marquait à ladite demoiselle Moras qu'elle était arrivée en bonne santé, qu'à son arrivée toute la compagnie lui avait reproché de n'avoir pas amené avec elle la demoiselle de Moras, sa fille, qu'on lui avait fait tant d'instances pour la faire venir, qu'elle lui envoyait une voiture pour partir le lendemain sur les six à sept heures, qu'elle

ne lui envoyait pas ses gens parce que la personne
qui la conduirait était sûre, et qu'elle montra cette
lettre à la dame supérieure; dépose pareillement
que samedi 26 dudit mois d'octobre dernier, sur
les sept heures du matin, la demoiselle de Moras,
qui était prête à partir pour la campagne, vint dans
la chambre de la déposante qui était encore au lit
pour lui dire adieu, qu'elle déposante se leva dans
ce temps, déjeuna avec la demoiselle de Moras, et
que cette demoiselle étant sortie de la chambre de
la déposante, elle déposante entra dans l'antichambre
de ladite demoiselle de Moras qui a vue sur la rue,
qu'ayant regardé par la fenêtre dudit antichambre,
elle a vu dans la rue, au-dessous de ladite fenêtre,
une chaise de poste à deux personnes fort laide,
doublée de gris, attelée de deux chevaux noirs, que
derrière icelle était une valise assez grande, noire et
ferrée, qu'elle a vu la demoiselle de Moras et sa
gouvernante monter dans ladite chaise, qu'aussitôt
qu'elles ont été montées le postillon qui la conduisait a pris son chemin du côté de la rue du Regard,
qu'un homme qui a monté à cheval lorsque ladite
chaise est partie l'a suivie du même côté; n'a point
remarqué la figure et vêtements de cet homme ni
du postillon; qu'elle déposante, à qui la demoiselle
de Moras avait donné l'adresse de l'endroit où elle

disait qu'elle allait, lui écrivit le mercredi suivant
une lettre de compliments et d'amitié dont elle mit
la souscription : A Mlle de Moras, chez Mme veuve
de Marivatz, à Livry, près Melun, endroit que ladite
demoiselle de Moras lui avait indiqué; dépose pareillement qu'elle déposante a appris le 1er du présent mois que la demoiselle de Moras n'était pas à
Livry et que la dame sa mère en était fort en peine
et que quelques jours après elle a ouï dire que le
bruit public était que la demoiselle de Moras avait
été enlevée par le sieur de Courbon; dépose encore
que depuis environ la fin du mois de novembre de
l'année dernière jusqu'environ la fin du mois de
juillet dernier, elle a vu venir très souvent ledit
sieur de Courbon faire visite à ladite demoiselle de
Moras, qu'elle fut trouvée deux ou trois fois au
parloir de ladite demoiselle dans le temps que ledit
sieur de Courbon y était, et que ladite demoiselle de
Moras lui a dit quelquefois qu'elle trouvait ledit
sieur de Courbon fort aimable et qu'elle croyait
qu'il l'aimait aussi; que même elle déposante a été
pendant quelque temps brouillée avec ladite demoiselle de Moras au sujet dudit sieur de Courbon,
sur ce que ladite demoiselle de Moras lui ayant dit
qu'elle croyait que ledit sieur de Courbon l'aimait
beaucoup et demandé conseil si elle continuerait à

le voir, elle déposante lui avait répondu qu'elle ne devait point le voir davantage sans en avertir madame sa mère, etc. N'a requis salaire.

Geneviève Saintyer, âgée de soixante ans ou environ, fille majeure et tourière audit couvent et y demeurant, etc.

Dépose qu'elle n'a d'autre connaissance desdits faits sinon que le vendredi 25 du mois d'octobre dernier, sur les cinq à six heures du soir, la déposante rencontra dans le dortoir la demoiselle de Moras qui lui dit qu'elle partirait le lendemain pour la campagne; qu'après ce discours la déposante dit à la demoiselle de Moras qu'elle venait de recevoir pour elle par la poste une lettre de 4 sols, qu'elle ne l'avait pas sur elle, mais qu'elle allait la lui apporter; que la demoiselle de Moras, impatiente d'avoir cette lettre, l'envoya chercher sur-le-champ au tour; que le lendemain 26 dudit mois d'octobre, sur les sept heures du matin, elle déposante sortant pour aller au marché, vit dans la rue, près la porte du couvent, une chaise de poste, et que derrière icelle était une valise, a ouï dire que c'est dans cette chaise que la demoiselle de Moras et sa gouvernante sont parties pour aller à la campagne, a ouï dire aussi que le bruit public est que la demoiselle de Moras a été enlevée par le sieur de Courbon, etc. N'a requis salaire.

Magdelaine Godmée, âgée de vingt-quatre ans, fille et tourière audit couvent du Chasse-Midy, y demeurant, etc.

Dépose qu'elle ne sait autre chose sinon que le samedi 26 dudit mois d'octobre dernier, sur les sept heures et demie du matin, la déposante étant encore au lit pour cause de maladie, la demoiselle de Moras vint dans sa chambre, dit à la déposante qu'elle allait à la campagne, recommanda à la déposante s'il venait quelques lettres pour elle de les lui bien garder jusqu'à son retour et de ne les point donner à d'autres; a ouï dire depuis quelques jours, par différentes personnes dont elle n'est pas mémorative, que ladite demoiselle de Moras a été enlevée par le sieur de Courbon, etc. N'a requis salaire.

Du jeudi 14 dudit mois de novembre 1737, quatre heures de relevée, en notre hôtel, Charles Bloquet, dit Picard, âgé de vingt-huit ans, domestique de Mme la comtesse de Choiseul, demeurant

avec ladite dame au couvent des religieuses Bénédictines du Chasse-Midy.

Dépose qu'il ne sait rien autre chose desdits faits
sinon qu'il a appris que la demoiselle de Moras a
été enlevée par le sieur baron de Courbon, et que
lui déposant a vu très souvent ledit sieur de Courbon
venir et monter au parloir de ladite demoiselle de
Moras; que l'heure la plus ordinaire à laquelle il l'a
vu venir était entre onze heures et midi, que c'est
avant, il y a environ deux mois et demi, qu'il a vu
ledit sieur de Courbon venir audit parloir, qu'il ne
sait pas s'il y est venu depuis, lui déposant ayant
été depuis ce temps à la campagne avec sa maîtresse, d'où il n'est revenu que le 24 du mois dernier, etc. Taxé 25 sols.

Marie Verrier, âgée de trente ans ou environ,
fille majeure, demeurante à Paris, rue de Grenelle,
paroisse Saint-Sulpice, etc.

Dépose qu'elle n'a d'autre connaissance des faits,
sinon qu'elle a appris par la voix publique que la
demoiselle de Moras a été enlevée et qu'elle n'a
comparu seulement que pour satisfaire à la justice, etc. Taxée 30 sols.

Claude-Thérèse Verrier, âgée de cinquante ans, fille majeure, demeurante rue de Grenelle, paroisse Saint-Sulpice, etc.

Déclare comme la précédente ; taxée 30 sols.

Jean Berthault, âgé de quarante et un ans ou environ, maître sellier, à Paris, y demeurant rue Saint-Germain-des-Prés, etc.

Dépose qu'il a entendu dire à différentes personnes qu'une demoiselle avait été enlevée et n'a point ouï dire le nom de cette demoiselle, ni par qui elle a été enlevée, etc. Taxé 40 sols.

Du samedi 16 novembre 1737, trois heures de relevée.

Marie-Catherine Ghoël, âgée de trente ans ou environ, femme de Charles Groslé, maître marbrier, à Paris, elle maîtresse couturière, demeurante rue de Bourbon, près les Théâtres, paroisse Saint-Sulpice, etc.

Dépose qu'elle n'a aucune connaissance desdits faits, sinon que la dimanche, surlendemain de la

fête dernière de la Toussaint, sur les six heures du
soir, une dame à elle inconnue vint chez elle et lui
demanda si elle connaissait la demoiselle Gorry,
femme de chambre de la demoiselle de Moras, sur
quoi elle déposante répondit qu'oui et qu'elle travaillait pour elle, et qu'après autres pareils discours
et questions, ladite dame dit à elle déposante que la
demoiselle Gorry était une coquine qui avait fait
enlever la demoiselle de Moras; qu'elle déposante
ayant été quelques jours après au couvent du
Chasse-Midy, et parlant à la demoiselle Gorry fille,
lui ayant fait rapport de ce que la dame qui était
venue chez la déposante lui avait dit, une femme
aussi inconnue à la déposante et qu'elle croit être
la femme de chambre de la demoiselle d'Aunay, dit
à elle déposante qu'elle ne devait pas être étonnée
que l'on allait ainsi chez toutes les personnes de la
connaissance de ladite Gorry, femme de chambre,
et que la dame qui avait été chez elle déposante,
était, suivant les apparences, la demoiselle Julie,
femme de chambre de la dame de Moras; dépose pareillement qu'elle déposante travaille de sa profession pour ladite demoiselle Gorry et sa fille depuis
environ six ans; que le jeudi ou le vendredi de la
semaine d'avant celle de la Toussaint dernière, sur
les quatre ou cinq heures de relevée, elle alla au

couvent du Chasse-Midy essayer une robe à la fille
de la demoiselle Gorry; que la mère dit à elle déposante de la rapporter incessamment parce qu'elle
croyait qu'elle allait partir avec la demoiselle de
Moras pour aller à la campagne trouver la dame de
Moras mère; que la déposante lui ayant demandé si
elle serait longtemps à la campagne, ladite Gorry
mère lui répondit que non et qu'elle comptait être
de retour avant la Saint-Martin; que le samedi de
la même semaine, elle déposante a envoyé par son
apprentisse la robe de la demoiselle Gorry fille, et
que cette apprentisse lui rapporta qu'elle avait laissé
la robe à la fille; qu'elle n'avait pas trouvé la mère
qui était allée à la campagne, etc. Taxée 25 sols.

Jacques Mortier, âgé de quarante-huit ans, courrier ordinaire du roi pour la malle de Lyon, demeurant à Paris, rue de la Saunerie, paroisse Saint-
Germain-l'Auxerrois, à l'enseigne de la Vierge, etc.

Dépose qu'il n'a d'autre connaissance desdits faits
sinon que le mardi 5 du présent mois, M. Pajot
d'Osambray lui a donné ordre d'accompagner le
sieur Peirenc où il souhaiterait aller, qu'en conséquence lui déposant, le même jour, sur les neuf
heures du soir, partit de cette ville à cheval, accom-

pagnant ledit sieur Peirenc, qui était dans une chaise
de poste à une seule personne et qu'ensemble ils
ont été courant la poste tant de jour que de nuit,
jusqu'à Sanzé, distant de Poitiers de 7 à 8 postes,
où ils sont arrivés le vendredi suivant à midi, que
le même jour ils sont partis dudit lieu de Sanzé, où
ils ont pris des chevaux de poste et ont été avec les
mêmes chevaux à un lieu nommé Contré, ainsi que
le déposant croit s'en souvenir, et où ils sont arrivés
le jour même avant le soleil couché, qu'audit lieu
de Contré ils sont descendus dans un château, que
le sieur Peirenc est resté dans ledit château, où il a
soupé et couché, et que le déposant a été souper et
coucher dans une auberge ; que le lendemain de
leur arrivée, sur les neuf heures du matin, lui déposant est retourné audit château tout prêt à repartir ; que dans la cour dudit château une demoiselle qu'il a appris être la demoiselle de Moras est
montée dans la chaise dans laquelle avait été amené
ledit sieur Peirenc, et que ledit sieur Peirenc avec
une autre demoiselle qu'il a appris être la femme
de chambre de la demoiselle de Moras sont montés
ensemble dans une autre chaise à deux personnes,
doublée en drap gris, montée sur deux roues neuves
et fortes, ladite chaise ayant seulement des sou-
pentes sans ressorts, peinte en vert brun, fort sale,

n'y ayant à icelle aucun chiffre ni arme; que dudit
lieu de Contré d'où ils sont partis à la susdite heure
de neuf du matin ou environ, ils sont venus à Sanzé
où ils ont soupé et couché, que le lendemain, sur
les sept heures du matin, ils ont parti dudit lieu de
Sanzé pour se rendre en cette ville de Paris où ils
sont arrivés jeudi dernier sur les six heures du soir
et sont descendus à la porte d'une maison vis-à-vis
les Mousquetaires gris, en laquelle il croit que demeure ledit sieur Peirenc ; dépose pareillement que
lorsque la demoiselle de Moras, sa femme de chambre et le sieur Peirenc sont montés dans les chaises
de poste dans la cour du château de Contré, il a vu
dans la cour du même château une dame âgée d'environ soixante-dix ans et un homme d'environ
quarante ans, vêtu d'un habit noir ou brun, ayant
une croix de chevalier de Saint-Louis, portant une
perruque nouée, haut d'environ 5 pieds 4 pouces et
de moyenne taille en grosseur, que ladite dame et
le monsieur étaient présents lorsque la demoiselle
de Moras, sa femme de chambre, et le sieur Peirenc
sont montés en chaise de poste et partis, et que ladite dame a embrassé la demoiselle de Moras avant
que de monter dans la chaise; ne sait pas les noms
de cette dame et du monsieur, ni à qui appartient
le château où il les a trouvés, mais croit que le

monsieur est le sieur de Courbon et que la dame
est la mère dudit sieur de Courbon, en ce que dans
le lieu où est situé ledit château il a ouï dire que le
sieur de Courbon était le seigneur du pays, etc.
N'a requis salaire.

Marie Gorry, âgée de dix-sept ans, fille, femme
de chambre de la demoiselle de Moras, demeurante
au couvent du Chasse-Midy, rue du Cherche-Midy,
paroisse Saint-Sulpice, etc.

Dépose que depuis environ un an et demi, elle
était en qualité de domestique près la demoiselle de
Moras, fille et demeurant avec elle au couvent du
Chasse-Midy; que le vendredi sur la fin du mois
d'octobre dernier, sur les cinq à six heures du soir,
la demoiselle de Moras lui a dit qu'elle avait reçu
une lettre de madame sa mère qui lui marquait de
partir le lendemain à sept heures du matin et qu'elle
ne s'embarrassait pas si elle se portait bien, que sa
mère reviendrait le quatre, qu'ainsi elle reviendrait
le même jour; que le même jour au soir, elle déposante apporta au parloir deladite demoiselle de Moras
plusieurs de ses hardes et vit dans la partie en dehors
dudit parloir une valise dont elle n'a pas remarqué
la forme, que le lendemain matin elle a encore

apporté audit parloir des hardes de ladite demoiselle
de Moras ; que la mère d'elle déposante a mis dans
ladite valise des hardes qui consistaient entre autres
choses en mouchoirs, chemises, un habit de damas,
une robe de perse, une autre d'indienne ; que le même
jour, samedi, sur les sept heures du matin, elle vit
dans la cour deux particuliers qui portaient ladite
valise, tous deux à elle inconnus, l'un ayant l'air
d'un laquais vêtu d'un habit brun, ayant les cheveux
noirs, de moyenne taille, et l'autre grand de taille,
vêtu d'une redingote grise avec une veste rouge
dessous, ayant un chapeau bordé d'or ; ne se souvient
pas s'il porte une perruque ou ses cheveux, mais a
remarqué que l'un ou l'autre étaient en bourse ; que
peu de temps après elle déposante est descendue et
est venue à la porte de la rue portant deux jupons-
paniers pour les mettre dans la voiture, et que dans
ladite rue, assez près de la porte du couvent, elle a
vu une chaise à deux personnes, assez vilaine, attelée
de deux chevaux noirs, que la valise qu'elle avait
vue dans le parloir et portée par les deux hommes
à elle inconnus était attachée derrière la chaise ;
qu'ayant remis au particulier vêtu de la redingote
grise les deux jupons-paniers qu'elle tenait, ce particulier les a placés dans la chaise, que peu de temps
après la demoiselle de Moras et la mère d'elle dé-

posante sont venues à la porte dudit couvent et ensuite montées l'une et l'autre dans ladite chaise, après quoi, le postillon qui la conduisait a pris son chemin par la rue du Regard, le particulier vêtu d'une redingote grise a monté sur un cheval qui était dans ladite rue et a suivi la chaise; à l'égard du particulier habillé de brun, il a pris son chemin du côté de la Croix-Rouge; dépose encore que dans les premiers jours du présent mois elle a ouï dire par différentes personnes que la demoiselle de Moras avait été enlevée et que c'était suivant le rapport des uns par son oncle d'Angleterre, et suivant le rapport d'autres par le sieur de Courbon; que depuis environ un an elle a vu venir très souvent le sieur de Courbon faire visite à la demoiselle de Moras, qu'il lui faisait visite ordinairement deux et trois fois par semaine, que l'heure la plus ordinaire à laquelle il venait était sur les neuf à dix heures du matin et qu'il sortait du parloir sur les onze heures et demie à midi, que, néanmoins, elle ne l'a pas vu venir depuis la fête dernière de sainte Anne, etc. N'a requis salaire.

Du dimanche 17 dudit mois de novembre 1737, neuf heures du matin, François Malinet, dit Champagne, âgé de quarante ans, domestique au service du sieur marquis de Crevecœur, demeurant chez ledit sieur, rue de Richelieu, etc.

Dépose qu'il ne sait autre chose sinon que dans les premiers jours du présent mois, dans la maison de la dame de Moras, il a ouï dire par les gens de ladite dame que la demoiselle de Moras fille était enlevée et que l'on croyait que c'était par le sieur de Courbon ; que le lundi 4 du présent mois, sur les sept heures du matin, lui déposant est parti de cette ville avec le sieur Fargès de Polizy, maître des requêtes, oncle de ladite demoiselle de Moras et un laquais dudit sieur de Polizy, ledit sieur de Polizy étant dans une chaise traînée par des chevaux à lui appartenant, son laquais et lui déposant montés sur des chevaux appartenant aussi audit sieur de Polizy ; qu'au bourg la Reine ils ont pris des chevaux de poste et que courant la poste de jour et de nuit, ils ont été jusqu'à Poitiers et de la ville de Poitiers jusqu'au château de Contré, que depuis Poitiers jusqu'au château de Contré, où ils sont arrivés le vendredi 8 du présent mois, sur les huit heures du matin, ils ont été accompagnés par deux gardes de M. Lenain, intendant de Poitiers ; qu'à deux lieues dudit château de Contré ledit sieur de Polizy a laissé sa chaise de poste, qu'il est arrivé à cheval au

château de Contré, qu'étant tous descendus de
cheval à la porte dudit château, ledit sieur de Polizy
est entré et a monté au premier appartement suivi
des deux gardes de M. Lenain et du déposant ; que
dans le même instant le sieur de Courbon, que le
déposant connaît parfaitement pour l'avoir vu plusieurs fois à Paris, est monté aussi au premier appartement, qu'il paraissait sortir du jardin et était en
robe de chambre et en bonnet de nuit, que presque
dans le même instant la dame de Blénac, mère dudit
sieur de Courbon, est montée aussi au même appartement, qu'étant tous entrés dans ledit appartement
lui déposant est resté sur le carré ou palier d'icelui,
que peu de temps après ledit sieur de Polizy est
sorti dudit appartement pour donner ordre au déposant d'aller chercher sa chaise, ce que le déposant
a fait à l'instant ; de retour audit château de Contré
environ deux heures et demie après, ayant demandé
à parler audit sieur de Polizy, un des gens du château lui dit qu'il était sorti ainsi que les gardes : sur
quoi le déposant est sorti du château, a été dans un
cabaret du village où il a trouvé les deux gardes
qui lui ont dit qu'un des domestiques du château
leur était venu dire de la part dudit sieur de Courbon
qu'ils eussent à se retirer et que le sieur de Courbon
ne pouvait pas les souffrir, et qu'en conséquence

ils s'étaient retirés, comme aussi lui ont dit que
ledit sieur de Polizy était allé à une lieue de là, en
un endroit appelé Aunay, chez un subdélégué de
M. l'intendant et qu'on n'avait pas voulu leur rendre
la demoiselle de Moras; que le même jour, sur le
midi, il vit arriver au même cabaret où était le
déposant le sieur Peirenc, aussi oncle de la demoiselle de Moras, accompagné d'un courrier de la
cour, et que ledit sieur Peirenc descendit de chaise
à ladite auberge et alla incontinent au château; que
le même jour, sur le soir, lui déposant étant dans
la cuisine du château vit la demoiselle de Moras, lors
vêtue d'une robe d'indienne, passer dans le vestibule et entrer dans une salle par bas, dans laquelle
étaient lors les sieurs de Peirenc et de Polizy, ses
oncles; que le lendemain samedi, sur les neuf
heures du matin, le déposant a vu dans la cour
dudit château la demoiselle de Moras monter dans
une chaise de poste à une personne, et le sieur
Peirenc avec la femme de chambre de la demoiselle
de Moras dans une autre chaise à deux personnes,
dans laquelle il a ouï dire qu'étaient arrivées la
demoiselle de Moras et sa femme de chambre; que
lorsque ledit sieur Peirenc, la demoiselle de Moras
et sa femme de chambre sont montés en chaise, le
sieur de Courbon était présent, qu'il croit que la

dame de Blénac était aussi présente, que lesdites
chaises étaient attelées de chevaux de poste, et que
ledit sieur Peirenc était venu chercher ladite demoiselle de Moras et sa femme de chambre audit château pour les ramener à Paris, etc. N'a requis
salaire.

Claude Legras, âgé de cinquante-cinq ans, com-
missionnaire des dames religieuses du Chasse-Midy,
demeurant à Paris, rue des Anglais, paroisse Saint-
Étienne-du-Mont, etc.

Dépose qu'il ne sait autre chose desdits faits,
sinon qu'il a ouï dire par différentes personnes dudit
couvent que la demoiselle de Moras avait été enlevée
et qu'on disait que c'était par le sieur comte de
Courbon, que lui déposant a souvent vu ledit sieur
comte de Courbon monter au parloir de ladite demoiselle de Moras, et que ladite demoiselle l'a envoyé
plusieurs fois chez le sieur comte de la Mothe, qui
demeure près ledit couvent, s'informer de la santé
tant dudit sieur comte de La Mothe que dudit sieur
comte de Courbon, qui demeurait même maison
que ledit sieur comte de La Mothe, et leur
faire des compliments de sa part, etc. Taxé
30 sols.

Addition d'information en vertu de l'ordonnance de M. le lieutenant criminel du Châtelet en date du 19 novembre 1737.

Du mercredi 20 novembre 1737, dix heures du matin.

Jean-François-Marie Fargés de Polizy, âgé de trente-sept ans ou environ, conseiller du roi en ses conseils, maître des requêtes ordinaires de son hôtel, demeurant à Paris, rue de l'Université, paroisse Saint-Sulpice, etc.

Dépose qu'ayant appris l'évasion de la demoiselle de Moras du couvent du Chasse-Midy, il se transporta sur-le-champ audit couvent, où il demanda à la prieure, et après plusieurs questions il a appris que le sieur de Courbon avait rendu des visites fréquentes à ladite demoiselle, qu'elle était partie dans une chaise et qu'on croyait qu'elle avait pris la route d'Orléans ; aussitôt le déposant fit partir son laquais pour s'informer si on avait vu une chaise à deux sur ladite route, et fut ensuite à Bercy chez le sieur d'Ozambray, pour le prier d'envoyer sur toutes les routes pour savoir celle qu'on avait fait tenir à la

dite demoiselle; qu'ayant su qu'on avait vu passer à
Chastres ladite chaise il partit sur-le-champ, et la
suivant jusqu'à Blois il apprit qu'elle avait pris la
route de Poitiers, le déposant suivit encore la même
route, et étant arrivé à Poitiers il fut trouver M. l'intendant à qui il demanda où était situé le village de
Contré, où demeurait le sieur de Courbon et où il
avait appris par un courrier envoyé dès le samedi
2 du présent mois que la demoiselle de Moras était;
après lui avoir fait part de l'évasion de la demoiselle de Moras et du soupçon que le sieur de
Courbon y avait part, il lui demanda du secours
afin d'éviter toute insulte. En cet état, le déposant
partit de Poitiers avec deux cavaliers que lui envoya
ledit sieur intendant et arriva à six heures du soir à
Villefagnan le jeudi 7 du présent mois; le lendemain
à trois heures du matin le déposant monta en chaise
afin de se trouver à la pointe du jour audit village
de Contré; mais n'allant pas assez vite à cause du
mauvais chemin, il monta à cheval et arriva à huit
heures du matin dans la maison du sieur Courbon,
où après l'avoir demandé inutilement il monta droit
à la chambre qu'on lui avait dit être occupée par
ladite demoiselle de Moras; en effet, il l'y trouva, et
s'étant approché de son lit, il dit à sa gouvernante
qu'il fallait l'habiller promptement parce qu'il fallait

partir et retourner chez sa mère, et dans le moment
il dit à un de ses gens d'aller chercher sa chaise;
mais dans le même instant la dame de Blénac,
mère dudit sieur de Courbon, entra dans la chambre,
et ayant dit au déposant que ladite demoiselle ne
pouvait partir dans l'état où elle était, parce qu'elle
avait été incommodée toute la nuit, le déposant
répondit qu'il en aurait soin et que si elle était incommodée elle séjournerait au premier endroit;
aussitôt ledit sieur de Courbon se présenta et demanda au déposant s'il avait un ordre du roi ou de
la dame sa mère; le déposant répondit qu'il n'avait
ni l'un ni l'autre par écrit, qu'il venait de l'ordre de
sa mère, qu'il était oncle de ladite demoiselle et
qu'il venait reprendre un bien que sa mère rede-
mandait; sur cette réponse le sieur de Courbon dit
au déposant qu'il ne lui remettrait point ladite
demoiselle; sur quoi le déposant lui représenta que
la démarche qu'il faisait était la plus importante de
sa vie, parce que le refus qu'il faisait de laisser
emmener ladite demoiselle prouverait qu'il était auteur de la séduction et complice de la fuite de ladite
demoiselle de Moras; le déposant interpella ledit
sieur de Courbon de déclarer s'il voulait qu'il em-
menât ladite demoiselle ou non, et ledit sieur de
Courbon ayant toujours répondu que, lui déposant

n'ayant ni ordre du roi ni de sa mère, ladite demoiselle ne sortirait pas de chez lui forcément et qu'il ne souffrirait pas que l'on usât de violence, et le déposant ayant aperçu dans ladite chambre des armes à feu et pistolets, lui dit que sa réponse étant un refus formel il se retirait, mais qu'il resterait dans le village jusqu'à ce que l'ordre du roi fût arrivé, que le sieur Peirenc en était chargé, qu'il suivrait de près le déposant et qu'il arriverait peut-être dans le jour ou le lendemain au plus tard, qu'il ne pouvait pas tarder, le déposant ayant appris par un courrier qui lui avait été dépêché, que l'ordre était expédié et que le sieur Peirenc qui en était porteur ferait grande diligence; en effet, le sieur Peirenc, porteur de l'ordre, arriva sur les cinq heures; alors il ne fut plus possible de résister; mais comme le déposant ne pouvait repartir sur-le-champ avec ledit sieur Peirenc, ladite demoiselle et sa gouvernante, à cause de la nuit et parce qu'il n'y avait pas de chevaux pour conduire ladite demoiselle, le déposant fut obligé de différer le départ jusqu'au lendemain matin qu'il fit partir ladite demoiselle; le déposant et le sieur Peirenc l'ont conduite à l'abbaye de Gergy, où elle est actuellement, etc. N'a requis salaire.

François Peirenc, âgé de soixante-trois ans ou environ, écuyer, payeur des gages des officiers du parlement de Dijon, demeurant à Paris, rue de Beaune, paroisse Saint-Sulpice, etc.

Dépose que le samedi 2 du présent mois de novembre, il fut averti par le sieur Fargès de Polizy de l'évasion de la demoiselle de Moras, leur nièce, et que dans l'instant lui déposant partit avec ledit sieur Polizy pour se rendre au couvent du Chasse-Midy et prier la dame prieure dudit couvent, les tourières et la demoiselle d'Aunay, pensionnaire en icelui, de leur apprendre les particularités de l'évasion de ladite demoiselle de Moras et demander en même temps à ladite dame prieure la permission d'entrer dans l'appartement que leur nièce avait occupé, pour visiter sa commode, sa table à écrire et autres lieux, et y faire la recherche des lettres et autres papiers qui pourraient indiquer les personnes coupables et complices de l'évasion de leur nièce; qu'ayant fait l'un et l'autre la recherche en présence de deux religieuses dudit couvent et de la demoiselle d'Aunay, et n'ayant rien trouvé de ce qu'ils cherchaient, ils auraient pris le parti d'aller au bureau général de la poste, voir sur les feuilles les chevaux de chaise de poste qui étaient partis le samedi

26 octobre dernier, jour auquel ils avaient appris au couvent que leur nièce était partie avec sa gouvernante dans une chaise de poste à deux personnes ; que n'ayant rien trouvé sur lesdites feuilles qui pût leur donner des indications, lui déposant et ledit sieur de Polizy furent ensemble et de suite chez M. Dozombray (d'Ous-en-Bray), qu'ils ne trouvèrent pas, pour tâcher d'apprendre de lui la route que leur nièce et sa gouvernante pouvaient avoir prise ; que le lendemain 3 du présent mois, lui déposant fut à Fontainebleau porter sa plainte à M. le contrôleur général et lui demander un ordre du roi pour ravoir sa nièce et la ramener avec sa gouvernante partout où on pourrait les trouver, que cet ordre lui fut promis et délivré le lendemain à une personne que la dame de Moras avait envoyée à M. le cardinal de Fleury ; que lui déposant muni de cet ordre, partit le mardi 5 du présent mois, sur les neuf heures du soir, et apprit à La Haye de la maîtresse de la poste, qui lui dit même de faire diligence, que sa nièce et sa gouvernante étaient à Contré, lieu appartenant au sieur de Courbon ; que lui déposant a continué sa route sans perdre de temps et est arrivé audit lieu de Contré le vendredi 8 du présent mois, sur les cinq heures du soir ; que la chaise dans laquelle était le déposant était précédée

d'un courrier qui lui avait été donné par M. Do-
zambray pour le conduire, que ce courrier avait
pris le devant aux environs dudit lieu de Contré et
s'était arrêté à la porte de la maison dudit sieur de
Courbon; qu'aux approches de cette maison deux
cavaliers de la maréchaussée qui avaient aperçu la
chaise du déposant vinrent au-devant de lui et lui
dirent de ne pas entrer dans la maison dudit sieur
de Courbon parce que le sieur de Polizy qu'ils
avaient accompagné avait été mal reçu et qu'ils
avaient tous été obligés de se retirer; que sur cette
nouvelle, lui déposant prit le parti de faire revenir à
lui le courrier qui l'avait accompagné, et que tous
se rendirent en un cabaret dudit lieu où lui déposant remplit en son nom l'ordre du roi dont il était
porteur; qu'ensuite il se rendit à la maison dudit
sieur de Courbon, lequel se présenta d'abord à lui
déposant et l'un et l'autre entrèrent tout de suite
dans une salle au rez-de-chaussée où le déposant fit
audit sieur de Courbon les reproches qu'il méritait
pour avoir fait faire à la nièce de lui déposant une
démarche aussi déshonorante pour elle et toute sa
famille, et lui dit que s'il n'avait pas eu de part à
l'évasion de la nièce de lui déposant il aurait dû la
renvoyer sur-le-champ, au lieu de la refuser comme
il avait fait à M. de Polizy, qu'il savait être l'oncle

de ladite demoiselle de Moras ; que sur ce ledit
sieur de Courbon lui répondit que ladite demoiselle n'avait pas voulu partir avec ledit sieur de
Polizy, et qu'il ne s'opposait point à ce qu'elle
partît avec lui déposant ; ajoute le déposant que
dans le même entretien ledit sieur de Courbon
lui dit qu'il ne comprenait pas la dame de Moras
de vouloir ravoir sa fille, et que le parti le plus sage
et le plus prudent pour elle était de laisser ladite
demoiselle de Moras à Contré chez lui sieur de
Courbon, près de sa mère, jusqu'à ce que ladite
dame de Moras se fût déterminée à leur mariage,
d'autant qu'après une pareille démarche personne
ne voudrait de ladite demoiselle ; que le déposant
lui repartit que la dame de Moras ne pouvait consentir à une pareille proposition sans se déshonorer
et se faire croire complice de l'évasion de sa fille,
sur quoi ledit sieur de Courbon lui répliqua que la
demoiselle de Moras n'était pas un enfant, et que ce
qu'elle voulait aujourd'hui, qui était de se marier
avec lui sieur de Courbon, elle le voudrait dans vingt
ans ; qu'après cet entretien, lui déposant demanda à
voir sa nièce et fut conduit par ledit sieur de
Courbon dans un appartement au premier étage où
elle était avec la nommée Gorry, sa gouvernante ;
que lui déposant fit à l'une et à l'autre les reproches

convenables et leur dit de se disposer à partir avec
lui, à quoi elles ne parurent pas s'opposer, parce
qu'elles étaient, comme ledit sieur de Courbon, instruite, que lui déposant avait un ordre du roi, et que
le lendemain lui déposant, sa nièce et sa gouvernante partirent ensemble de Contré pour se rendre
en cette ville, d'où ladite demoiselle de Moras
a été conduite au couvent de l'abbaye de Gerzy,
près Grosbois, et ladite gouvernante dans la
maison de Sainte-Pélagie, etc. N'a requis salaire.

Vu les plaintes, information, addition d'information et les quatre lettres missives y jointes, je re-
quiers pour le roi l'information être continuée, et
cependant le comte de Courbon, la nommée Gorry,
femme de chambre de la demoiselle de Moras, et
trois quidams dont un vêtu d'une redingote de ratine
de peluche blanche, ayant une veste rouge, assez
grand de taille, portant ses cheveux, un couteau de
chasse, un chapeau bordé en or, paraissant âgé
d'environ quarante ans, un autre ayant l'air d'un
laquais, vêtu d'un habit brun, portant des cheveux
noirs, de moyenne taille, et le troisième conduisant
une chaise en qualité de postillon, qui seront
indiqués par la partie civile, être pris au corps

et la dame de Blénac être assignée pour être ouïe.

Fait le 20 novembre 1737.

MOREAU, procureur du Roi.

Soit fait ainsi qu'il est requis, le 20 novembre 1737.

NÈGRE, lieutenant criminel.

Du dimanche 1ᵉʳ décembre 1737, neuf heures du matin, André de Saint-Jean, âgé de cinquante ans, maître sellier, à Paris, demeurant rue des Cordeliers, paroisse de Saint-Sulpice, etc.

Dépose qu'il ne sait autre chose sinon que, le 24 octobre dernier, vint chez lui un particulier à lui inconnu, haut d'environ 5 pieds 2 pouces, maigre, ayant ses cheveux en bourse, vêtu d'un habit couleur de petit-gris, pour louer une chaise de poste à deux personnes; que le déposant lui en montra une que le particulier trouva convenir, laquelle est doublée de drap gris avec franges de galons verts, a son coussin de même, et garnie de trois glaces fines et entières et est peinte en vert et ayant un histel (*sic*), jaune sur les panneaux et les corps peints en

couleur cannelle, montée sur son train à essieu de
fer, des suspentes de longueur et des crics derrière ;
que ce particulier ayant examiné cette chaise dit qu'il
allait rendre réponse de sa commission et qu'il reviendrait ; qu'il revint effectivement le lendemain 25
au soir arrêter cette chaise pour partir le lendemain,
que le déposant, tant pour pouvoir faire mettre la
chaise en l'état qu'il convenait pour faire la route
de l'endroit où se proposaient d'aller les personnes
qui en avaient besoin, que pour pouvoir faire son
prix demanda à ce particulier l'endroit où on allait
et combien de temps on la garderait, que le particulier lui répondit que c'était pour aller à Poitiers
et qu'on la garderait un mois au moins et peut-être
deux ; que sur cette réponse le déposant fit son
marché à 120 livres pour un mois, avec convention
que si le second mois était anticipé, il lui serait
payé pareille somme de 120 livres ; que ne trouvant
pas que les roues sur lesquelles cette chaise était
montée fussent assez bonnes pour faire un pareil
voyage, pendant la nuit du 25 au 26 octobre il en
fit mettre d'autres à cette chaise toutes neuves et
très fortes sans être peintes, n'ayant pas eu le temps
de les mettre en couleur ; que le même jour 25 octobre au soir, le particulier lui apporta un écrit
signé De Courcel, portant reconnaissance par le

soussigné que le déposant lui avait fourni une chaise
de poste à deux personnes ; que le déposant n'ayant
pas trouvé cet écrit bien fait dit qu'il en ferait un
comme il fallait qu'il fût fait et qu'il n'y aurait qu'à
le signer ; que le lendemain matin 26, sur les sept
heures du matin, le même particulier vint chez le
déposant pour prendre ladite chaise, accompagné
d'un autre particulier qui conduisait deux chevaux
noirs, qu'il a observé que ce particulier n'avait pas
l'air d'un postillon ordinaire de la poste, que ces
deux chevaux noirs ayant été attelés à cette chaise,
il la fit accompagner par le nommé François, un de
ses garçons de boutique auquel il remit l'écrit qu'il
avait dressé contenant le marché de cette chaise
jusqu'à la porte du couvent du Chasse-Midy, que
l'on a arrêté cette chaise à la porte du couvent,
sans la faire entrer dans la cour d'icelui, que lui
François est entré dans ladite cour sans avoir pénétré
plus avant, que dans cet endroit il a remis au particulier qui était venu pour louer la chaise l'écrit que
le déposant avait dressé, qu'étant resté dans la cour
et y ayant attendu peu de temps ce particulier a rapporté et remis audit François ledit écrit signé De
Courcel, daté dudit jour 26 octobre, et la somme
de 120 livres pour le premier mois ; que ledit François de retour chez le déposant a remis au déposant

tant ladite somme de 120 livres que ledit écrit que
le déposant a encore et offre de représenter toutes
et quantes fois qu'il appartiendra, etc. N'a requis
salaire.

Pierre-Ambroise Bertaut, âgé de trente-huit ans,
maître sellier à Paris, demeurant rue Neuve-Sainte-
Catherine, paroisse Saint-Paul, etc.

Dépose qu'il n'a aucune connaissance des faits
en question, sinon qu'il y a déjà du temps il a appris
par le bruit public que la demoiselle de Moras a été
enlevée, et comparaît seulement pour satisfaire à la
justice, comme aussi dépose que un jour de vendredi, sur la fin du mois d'octobre dernier, il a
vendu une selle à la royale à quartier de Roussy et
siège de chamois, et des fontes de pistolets à un
particulier à lui inconnu, assez maigre, brun, haut
d'environ 5 pieds 2 pouces, ayant des cheveux, n'a
pas remarqué s'ils étaient en bourse ou autrement,
vêtu d'un habit de drap brun, lequel est venu en sa
boutique à cet effet et a emporté lui-même cette
selle et les fontes, etc. N'a requis salaire.

Du jeudi 5 dudit mois de décembre 1737, dix
heures du matin.

Louise Beloy, âgée de soixante et un ans environ,
femme de Balthazar Birodon, blanchisseurs, demeurante rue de la Croix-des-Petits-Champs, etc.

Dépose et déclare que depuis vingt-cinq ans son
mari et elle blanchissent le linge de la maison de la
dame de Moras, que depuis que la demoiselle de Moras
fille était au couvent, elle blanchissait aussi son
linge; que c'est le mari d'elle déposante qui ordinairement l'allait chercher et le reportait, que le
25 octobre dernier il l'a été chercher, et qu'environ
sept ou huit jours après étant blanc, il a été au couvent
du Chasse-Midy reporter le blanc et prendre le sale;
qu'il remit ce linge blanc à la nommée Gorry fille,
qui lui remit le sale qui consistait seulement en une
paire de draps, deux jupons, une chemise, une
serviette et deux torchons, et que le mari de la
déposante, de retour, lui dit que la demoiselle de
Moras était allée à la campagne, et que depuis
ce temps elle a appris par la voix publique que la
demoiselle de Moras avait été enlevée par le sieur
de Courbon, comme aussi que quelque temps avant
le 25 octobre elle déposante alla audit couvent pour
reporter à la demoiselle de Moras son linge blanc et
prendre son sale, que dans ce moment elle était au
parloir avec un homme de moyenne taille, assez

puissant, vêtu de noir, portant une perruque nouée,
qu'à côté de lui était une épée noire appuyée contre
le mur entre le parloir et un fauteuil, et qu'elle
entendit que ce monsieur appela la demoiselle de
Moras sa chère cousine, etc. N'a requis salaire.

Philippe Quignon, dit Chevalier, âgé de trente-
cinq ans ou environ, cocher au service du sieur de
Moras, conseiller au Parlement, demeurant chez
ledit sieur de Moras, même maison que la dame de
Moras, etc.

Dépose qu'il ne sait autre chose sinon que le
15 octobre dernier il alla au couvent du Chasse-
Midy porter à la demoiselle de Moras, de la part du
sieur de Moras de Saint-Prié, son frère, un lapin
que ledit sieur de Saint-Prié avait remis au déposant
au lieu de Champrozé, où il était alors, pour donner
à la demoiselle de Moras, que lui déposant le présenta à cette demoiselle elle-même et lui demanda si
elle n'avait point d'ordre à lui donner pour le sieur
son frère, et qu'il repasserait pour cela ; que ladite
demoiselle lui répondit que ce n'était pas la peine,
et que si elle avait quelque chose à mander à son
frère elle lui écrirait ; que lui déposant, le 23 du
même mois avait conduit la dame de Moras à Livry

près Melun, et que ladite dame lui avait donné ordre de venir la rechercher le 3 novembre ; que lui déposant, à cet effet, partit de Paris le 2 novembre et a été ce jour-là à Champrozé, que le lendemain il a été coucher à Livry, et qu'en cet endroit on lui dit que la dame de Moras s'en était retournée dans sa berline en poste ; que le 4 le déposant n'ayant pas trouvé la dame de Moras, il revint à Paris, et qu'à son arrivée il apprit et ouït dire à la maison que la demoiselle de Moras avait été enlevée, que depuis il a ouï dire que c'était par le sieur de Courbon, etc. N'a requis salaire.

Élisabeth Nolet, âgée de trente-six ans, femme de François Fouquerolles, dit Tury, domestique de présent hors de condition, elle blanchisseuse, demeurante à Paris, rue de Varennes près la barrière, faubourg Saint-Germain, paroisse Saint-Sulpice, etc.

Dépose qu'elle ne sait autre chose sinon que depuis environ deux ans elle blanchit le linge de la demoiselle Gorry, femme de chambre de la demoiselle de Moras et de la fille de ladite Gorry, que le 28 ou 29 du mois d'octobre dernier elle alla au couvent du Chasse-Midy porter le linge blanc desdites Gorry mère et fille et prendre le sale, qu'elle

parla à ladite Gorry fille, la déposante lui ayant
demandé où était sa mère, ladite Gorry fille lui
répondit qu'elle n'y était pas, sans expliquer si
elle était à la campagne ou à Paris, et sur ce que
la déposante lui dit qu'il lui était dû bien de l'argent, ladite Gorry fille lui dit que sa mère avait fait
son compte et qu'elle lui en donnerait le lundi
suivant, elle ajouta à la déposante de ne point
remettre le linge au parloir lorsqu'elle le rapporte-
rait, la déposante lui en ayant demandé la raison,
ladite Gorry fille lui dit qu'elle allait en métier et
qu'elle allait au Marais pour apprendre à coiffer et
à blanchir; la déposante lui ayant dit que sa mère y
serait donc, ladite Gorry fille lui répondit: Non, elle
n'y sera pas, vous n'aurez qu'à mettre le linge au
tour d'en bas; la déposante lui dit encore : Mais
votre mère est donc à la campagne avec Mme de
Moras? ladite Gorry ne lui répondit ni oui ni non,
lui dit seulement qu'elle n'était pas loin, qu'elle
reviendrait bientôt; que la déposante ayant remarqué
que dans le linge sale que lui donna ladite Gorry
fille il n'y en avait pas à sa mère, elle lui demanda
pourquoi, et ladite Gorry lui dit que c'est que sa
mère avait mis de ses chemises, etc. Taxée 20 sols.

Séverin Fauconnier, dit la Jeunesse, âgé de trente-

huit ans ou environ, domestique au service du sieur
de Polizy, maître des requêtes, demeurant avec
ledit sieur de Polizy, même maison que ladite dame
de Moras, sise rue de l'Université, etc.

Dépose qu'il ne sait autre chose sinon que le
sieur de Polizy, son maître, lui ayant donné ordre
d'aller sur la route d'Orléans jusqu'à environ huit
lieues pour s'informer si sur cette route, depuis le
samedi 26 octobre précédent, on n'avait pas vu
passer une chaise de poste dans laquelle il y avait
deux dames, sans autre explication, d'autant que
ledit sieur de Polizy savait que le déposant était
instruit par le bruit de la maison de l'absence de la
demoiselle de Moras et de sa gouvernante. Lui
déposant partit en poste et alla jusqu'à Chastres, dit
Arpajon, qu'en cet endroit au cabaret du *Mouton*, il
apprit que ledit jour samedi 26 octobre deux dames,
dont une très jeune avaient dîné dans le cabaret, et
que suivant le portrait qui lui en fut fait il reconnut
que c'était la demoiselle de Moras et la nommée
Gorry, sa gouvernante; qu'on lui observa que ces
deux dames, pendant le dîner, avaient un air très
pensif, et que le domestique qui les accompagnait et
courait à cheval n'avait pu dîner, se trouvant incommodé; que trouvant avoir assez d'éclaircisse-

ments il n'a pas été plus loin et est revenu le même
jour à Paris; que revenant il a fait aussi des infor-
mations à la poste du Bourg-la-Reine, qu'en cet
endroit il lui a été dit que le même jour samedi 26
au matin ils avaient fourni des chevaux de poste à
une chaise dans laquelle il y avait deux dames dont
une très jeune, que cette chaise n'avait pas été conduite au Bourg-la-Reine par des chevaux de poste,
mais par des chevaux de remise ou autres; que cette
chaise, lorsqu'elle est arrivée au Bourg-la-Reine, est
restée à l'entrée du lieu où l'on a dételé les chevaux qui l'avaient conduite en cet endroit et qu'elle
n'a pas été conduite jusqu'à la poste; qu'un domestique est venu à la poste chercher des chevaux, que
lui ayant demandé s'il avait une permission, il en
avait montré une; qu'on n'a pas pu lui dire à la
poste sous quel nom était cette permission, mais
qu'après l'avoir vue on avait mené des chevaux à
l'endroit où était la chaise, et qu'en cet endroit on
n'a point vu le postillon ni les chevaux qui l'avaient
conduite; que le même jour il a rendu compte de
son voyage tant à son maître qu'à la dame de Moras,
que le lendemain lundi il est parti de cette ville en
poste avec son maître et un domestique du sieur
marquis de Crevecœur et ont été jusqu'à un village
du nom duquel il n'est pas mémoratif, distant de

Contré d'environ deux lieues; que depuis Poitiers jusqu'en cet endroit ils ont été accompagnés par deux archers ou gardes que M. l'intendant de Poitiers a donnés à son maître; qu'en cet endroit ledit sieur de Polizy son maître a laissé sa chaise, a monté sur le cheval du déposant et est allé avec lesdits archers et le domestique du sieur de Crevecœur au lieu de Contré; qu'à l'égard de lui déposant il est resté à l'endroit où était la chaise, qu'environ une heure et demie après le domestique du sieur de Crevecœur, nommé Champagne, vint de la part du sieur de Polizy chercher sa chaise, que le postillon la conduisit à l'instant à Contré, et le déposant resta en cet endroit avec ledit Champagne; que quelque temps après que la chaise a été partie pour aller à Contré, lui déposant reçut un ordre de son maître pour s'y rendre aussi, qu'en conséquence il y alla avec ledit Champagne, que lorsqu'ils y furent arrivés ils ne trouvèrent point ledit sieur de Polizy, en sorte qu'ils allèrent dans un cabaret dudit lieu; que le même jour, qui était le 8 novembre, sur les quatre heures du soir, il vit arriver le sieur Peirenc, lequel arrêta et entra dans le cabaret où était le déposant, que lorsque lui déposant entra dans le cabaret il y trouva les deux archers qui avaient accompagné son maître, et que ces archers

lui dirent qu'ils avaient été fort mal reçus, qu'on
les avait chassés, et que son maître était allé à Aunay,
chez un subdélégué; que le sieur Peirenc, peu de
temps après son arrivée, alla au château de Contré
avec les deux archers et un courrier qui l'avait
accompagné, que lui déposant y alla aussi sur les six
heures du soir, qu'étant dans la cuisine il y vit
entrer la gouvernante de la demoiselle de Moras,
laquelle avait un air fort triste, qu'il y trouva aussi
le domestique qui avait accompagné la demoiselle
de Moras dans son voyage, qu'ayant lié conversation
avec le domestique dont il ne sait pas le nom, le
domestique lui dit qu'il ne savait pas que c'était la
demoiselle de Moras, qu'il avait été arrêté à raison
de 40 écus de gages et de 20 sols par jour pour sa
nourriture, que c'était un porteur d'eau qui lui avait
indiqué la condition, qu'il croyait que sa maîtresse
s'appelait Mlle de Courcelles, que c'est sous ce nom
qu'il a été prendre une permission à la poste, et
qu'effectivement il montra au déposant une permission de la poste remplie du nom de la dame de
Courcelles et dit qu'il gardait cette pièce pour sa
justification, et que s'il était à Paris il rendrait compte
à la dame de Moras comme il avait été arrêté; que
l'on avait arrêté un postillon qui avait servi Mme de
Richelieu, mais qu'il n'a pas voulu venir parce qu'il

fallait aller à la campagne; que le même jour il vit dans ledit château ladite demoiselle de Moras monter dans la chaise dans laquelle était arrivé le sieur Peirenc, et que ledit sieur Peirenc avec la gouvernante montèrent dans une autre chaise à deux personnes pour s'en revenir à Paris, que le sieur de Courbon et la dame de Blénac sa mère étaient présents lorsqu'ils sont montés en chaise, et que dans ladite cour la dame de Blénac embrassa la demoiselle de Moras, etc. N'a requis salaire.

Pierre-Jean Couturier, âgé de trente et un ans ou environ, domestique au service de la dame de Moras, etc.

Dépose qu'il ne sait autre chose sinon que la dame de Moras, lors de son départ pour Livry, lui ayant donné l'ordre d'aller de temps à autre au couvent du Chasse-Midy, il y a été, à cet effet, le vendredi 25 du mois d'octobre dernier, sur les huit heures du matin, qu'il parla à la gouvernante de la demoiselle et lui demanda si la demoiselle n'avait pas de lettres à envoyer à la dame sa mère, parce qu'il les mettrait dans le paquet qu'il avait à faire pour ladite dame; que ladite gouvernante étant sortie du parloir disant qu'elle allait le demander à

la demoiselle de Moras, elle revint audit parloir et
dit au déposant que non, qu'elle savait l'adresse de
la dame sa mère, et que si elle avait à lui écrire elle
le ferait; le samedi 2 novembre, le déposant re-
tourna encore audit couvent; une des tourières qu'il
rencontra dans la cour lui demanda des nouvelles
de la demoiselle de Moras, et le déposant lui ayant
dit qu'il venait pour en savoir, cette tourière lui
répliqua que la demoiselle de Moras était à la campagne près la dame sa mère, ce qui étonna fort le
déposant, et pour s'en éclaircir il monta au parloir
de la dame prieure à laquelle il parla et qui lui dit
que la demoiselle de Moras était partie le 26 matin
pour aller trouver la dame sa mère à la campagne,
et que la veille au soir la demoiselle de Moras lui
avait montré une lettre qu'elle avait dit être de la
dame sa mère, par laquelle elle lui marquait de la
venir trouver et qu'elle lui envoyait une voiture;
que depuis le déposant a appris par la voix publique
que la demoiselle de Moras avait été enlevée par le
sieur de Courbon, etc. N'a requis salaire.

Dudit jour jeudi 5 décembre, quatre heures de
relevée.

Jacques Le Sage, âgé de trente ans ou environ,

archer de robe courte, demeurant sur le pont au
Change, paroisse Saint-Jacques-de-la-Boucherie, etc.

Dépose qu'il ne sait autre chose sinon que le
vendredi 22 du mois de novembre dernier, il est
parti de cette ville avec le sieur Duraux, exempt de
robe courte, le sieur Provost, huissier à cheval, et
le sieur Quanot fils, archer de robe courte, pour
aller au lieu de Contré, à l'effet d'y arrêter le sieur
de Courbon en vertu d'une sentence de décret de
M. le lieutenant criminel au Châtelet de Paris ; que
samedi dernier, en revenant dudit lieu et passant à
Orléans, la maîtresse de la poste d'Orléans, chez
laquelle il était pour avoir des chevaux de poste,
lui adressant la parole lui dit : Quand vous êtes
passé vous ne m'avez pas dit que vous alliez pour
arrêter M. le comte de Blénac ; que l'ayant tiré à
l'écart dans une salle basse, elle lui dit qu'un domestique dudit sieur de Blénac avait mangé chez
elle à table d'hôte et qu'à table il s'était trouvé à
côté du sieur Bataille, officier du guet ; que ce domestique avait dit à elle maîtresse de la poste qu'il
était chargé de trois lettres pour rendre à la demoiselle de Moras ; qu'elle maîtresse de poste ayant
demandé à ce domestique comment il pourrait les
lui donner, cette demoiselle étant dans un couvent

et sans doute gardée à vue, ce domestique lui avait répondu qu'il avait une ressource pour lui faire tenir; qu'après le dîner le domestique, effrayé apparemment de la présence dudit sieur Bataille, avait été dans l'écurie trouver le cocher ou messager de la voiture par laquelle il devait partir, et lui ayant témoigné avoir quelque peur, ledit cocher ou messager a conseillé à ce domestique de partir devant et que ce domestique a suivi ce conseil, etc. Taxé 30 sols.

Du mercredi 11 décembre 1737, dix heures du matin.

François Brunier, âgé de quarante-six ans ou environ, messager de la ville de Poitiers, demeurant ordinairement en ladite ville, de présent en cette ville de Paris, logé rue Saint-André-des-Arts, en la maison à laquelle pend pour enseigne *la Raquette*, etc.

Dépose qu'il ne sait autre chose sinon que dans l'avant-dernier voyage qu'il a fait à Paris de Poitiers, et qu'il croit avoir commencé le mercredi 13 du mois de novembre dernier, il a conduit différentes personnes qui voyageaient à cheval avec lui, que

dans le nombre de ces personnes était un particulier
dont il n'a pas su et ne sait pas le nom, âgé d'environ quarante ans, haut d'environ 5 pieds 3 pouces,
maigre de visage, ayant les yeux enfoncés et le
nez un peu long, assez blanc de visage, vêtu d'une
redingote ou surtout de peluche blanchâtre et dessous une veste dont il n'a pas remarqué la couleur,
comme aussi n'a pas remarqué s'il avait ses cheveux
ou une perruque; que le samedi suivant de son
départ de Poitiers ils sont arrivés à Orléans et ont
soupé et couché à la poste de ladite ville, que pendant le souper ledit particulier se trouva à table à
côté du sieur Bataille, officier du guet qui était logé
à la poste d'Orléans, que le lendemain dimanche
matin, étant parti d'Orléans, ils sont venus dîner à
Toury, qu'un cavalier de la compagnie du déposant
(qui croyait que le sieur Bataille avec lequel ils
avaient soupé à Orléans était un valet de chambre,
et avait dit au déposant que ce n'était pas bien de
faire manger ainsi des domestiques à table d'hôte,
sur quoi le déposant lui avait dit que ce n'était
point un valet de chambre, mais un exempt de
M. Hérault), dit pendant le dîner aux autres cavaliers que la personne qu'ils avaient prise pour un
valet de chambre était un exempt de M. Hérault,
qu'aussitôt ces paroles le déposant remarqua que le

particulier susdésigné changea de couleur, et que
même il ne put avaler un morceau de pain qu'il
avait à la bouche, que le même particulier sortit de
table avant les autres, monta à cheval et partit pour
Étampes un peu avant le déposant et la compagnie,
et arriva aussi avant eux audit lieu d'Étampes; que
le lendemain matin, entre Étampes et Chastres,
ledit particulier s'approcha du déposant qui marchait
derrière lui, lui dit qu'il avait bien peur, que c'était
lui qui avait conduit la demoiselle de Moras au
château de Blénac, qu'il avait remarqué que l'exempt
qu'ils avaient trouvé à Orléans l'avait examiné plusieurs fois, qu'il craignait d'être arrêté en arrivant
à Paris, vu qu'il avait entendu que cet exempt avait
dit au déposant qu'il arriverait à Paris avant lui, et
il demanda au déposant comment il ferait, à quoi le
déposant répondit qu'il ne lui pouvait point donner
de conseil; que lui déposant lui ayant représenté
que pour vouloir trop gagner on a des affaires,
ledit particulier lui montrant sa redingote ou surtout lui dit : « Voilà tout ce que j'ai eu et vingt sous
par jour », avec deux louis qu'on lui avait donnés
dans le pays pour s'en revenir; que le déposant lui
ayant demandé comment l'on avait fait pour enlever
la demoiselle de Moras, il lui répondit que l'on avait
présenté à la supérieure une fausse lettre pour la

demoiselle de Moras, du sieur de Blénac, et qu'il l'avait bien cachée; que le déposant lui ayant demandé comment il la donnerait puisqu'il craignait d'être arrêté, ce particulier lui dit qu'il la ferait bien tenir et qu'il saurait bien trouver cette demoiselle où elle était cachée; qu'étant arrivés à Chastres où le déposant et la compagnie qu'il conduisait devaient dîner, ledit particulier étant entré dans une salle par bas de l'auberge du *Dauphin*, ôta ses bottes et ses pistolets et qu'ensuite il sortit de l'auberge ; que le dîner étant servi et ce particulier ne paraissant point pour se mettre à table, le déposant le fit chercher par les domestiques de l'auberge, et quelque temps après on lui rapporta qu'on ne le trouvait pas ; que toute la compagnie se mit à table et dîna sans lui, qu'après le dîner ce particulier n'étant point encore paru et étant heure de partir pour arriver à Paris, toute la compagnie est montée à cheval et partit sans lui; que lui déposant a pris les pistolets de ce particulier pour les apporter en cette ville, et en partant donna dans l'auberge, ordre de lui envoyer à Paris les bottes par le premier carrosse qui passerait, ce que l'on a fait; que quelques jours après le déposant ayant reçu une lettre, laquelle n'était ni signée ni datée, par laquelle il lui était marqué de remettre au porteur d'icelle les bottes et pistolets de ce particulier, ensemble son couteau de chasse qu'il avait remis au déposant à Poitiers, le déposant, qui n'a fait nul doute que cette lettre était dudit particulier, et sur ce que le porteur d'icelle lui a dit qu'il était son fils, il a remis lesdites bottes, pistolets et couteau de chasse au porteur de ladite lettre et observé que le porteur de cette lettre était un jeune homme âgé d'environ dix-huit à vingt ans, haut d'environ 5 pieds, blond, blanc de visage, fort joli de figure, vêtu d'un surtout de peluche blanche, etc. Taxé 20 sols.

Du jeudi 12 décembre 1737, dix heures du matin.

Messire Jean Oneill, âgé d'environ quarante ans, prêtre chapelain des dames religieuses de l'abbaye royalle de Jarcy près Brie-Comte-Robert, demeurant en ladite abbaye, étant ce jour en cette ville, logé cloître Notre-Dame, etc.

Dépose que dans différentes conversations qu'il a eues avec la demoiselle de Moras depuis près d'un mois, que ladite demoiselle est pensionnaire au couvent de Gergy, ladite demoiselle lui a dit qu'elle aimait depuis longtemps le sieur de Courbon, que ledit sieur l'aimait aussi, que ledit sieur de Courbon lui écrivait plusieurs fois principalement depuis que la dame sa mère lui avait défendu de le voir, que les lettres étaient adressées à une couturière de la nommée Gorry, sa gouvernante, et que la suscription était pour rendre à...., sans autre désignation; que les lettres lui étaient remises au couvent du Chasse-Midy et que la façon de les lui remettre était qu'on les lui apportait la nuit au-dessous de sa fenêtre, que sa gouvernante descendait par la fenêtre avec une corde un panier de marly (*sic*), que c'est dans ce panier que l'on mettait les lettres, après quoi sa gouvernante les retirait et les remettait à ladite demoiselle; que ladite gouvernante a été instruite de toutes les menées et intrigues de ladite demoiselle de Moras et dudit sieur de Courbon; que le sieur de Courbon lui a fait remettre 80 louis pour son voyage, que ces louis ont été mis de nuit dans le panier de marly, que c'est un laquais qu'elle a loué qui a fait le marché de la chaise de poste et qu'il a fallu donner une caution; qu'au mois de septembre dernier le sieur de Courbon lui envoya par la poste le projet d'une très grande lettre pour être écrite par elle, demoiselle de Moras à la dame sa mère, qu'en lui envoyant ce projet il lui marqua .

d’en prendre une copie et de le lui renvoyer après,
qu’elle lui a renvoyé ce projet après l’avoir copié,
qu’en copiant ce projet elle en a changé plusieurs
termes qu’elle a trouvés trop outrageants pour la
dame sa mère et sa famille, qu’elle a écrit à la dame
sa mère cette lettre et qu’elle contient huit pages,
qu’elle en a aussi distribué plusieurs copies écrites
de sa main, que c’est elle qui a composé la lettre
qu’elle a montrée à la prieure la veille de son départ,
que le sieur de Courbon lui avait inspiré de présenter en route un pistolet à sa gouvernante pour
mettre sa gouvernante à couvert des suites, que ce
lui avait paru si ridicule qu’elle n’avait pas pu
s’empêcher d’en rire avant l’exécution, etc. N’a
requis salaire.

Du lundi 16 dudit mois de novembre 1737, neuf
heures du matin.

Gabriel Le Beau, âgé de quarante-cinq ans, cavalier de la maréchaussée de Poitiers, demeurant ordinairement en la ville de Poitiers, rue des Carmes,
paroisse Saint-Michel, de présent en cette ville de
Paris, logé à l’hôtel de Saint-Pierre, rue d’Anjou,
près la rue Dauphine, etc.

Dépose que le 6 du mois de novembre dernier au
soir, le sieur Thibault, exempt de la maréchaussée
de Poitiers, vint chez lui et lui dit de la part de
M. l'intendant qu'il eût à se trouver le lendemain à
la poste avec sa selle seulement, sans autre marque
de maréchaussée que sa bandoulière, qu'il faudrait
qu'ils fussent trois ou quatre cavaliers; que lui déposant sachant qu'il n'y avait lors dans la ville aucun
cavalier, mais que le sieur Beaumont, cavalier de la
brigade de Jansay, était lors à Poitiers, il demanda
au sieur Thibault s'il voulait qu'on l'avertît, à quoi
ledit sieur Thibault lui dit qu'oui et même d'en
avertir un autre s'il en connaissait; qu'en conséquence le déposant avertit le même soir ledit sieur
Beaumont, et le lendemain il se rendit sur les cinq
heures du matin à la poste, où se trouva aussi ledit
Beaumont; qu'environ la même heure ils montèrent
par ordre d'un monsieur qui était logé à la poste,
dans une chambre où ils trouvèrent un monsieur
qui venait de se lever, lequel lui demanda s'il savait
où était situé Contré et qu'il s'agissait d'y arrêter
une demoiselle avec sa gouvernante ; ils sont partis
en poste sur les six heures du matin avec ledit sieur
et trois domestiques qui l'accompagnaient, et en
route le déposant a appris que ce monsieur était le
sieur de Polizy, maître des requêtes, et que la demoi-

selle qu’ils allaient arrêter était la demoiselle de
Moras, nièce dudit sieur de Polizy; qu’ils sont arrivés à Contré le 8 dudit mois de novembre sur les
huit à neuf heures du matin, et sont descendus de
cheval à la porte du château dudit lieu, que lui déposant avec son camarade sont entrés dans ledit
château, accompagnant ledit sieur de Polizy, sont
montés dans un appartement au premier étage à
droite, et dans une chambre dudit appartement
ont trouvé une demoiselle, laquelle était couchée,
que ledit sieur de Polizy s’est approché du lit, a
embrassé la demoiselle qui était dedans et l’a appelée
sa chère nièce, lui a dit qu’il venait la rechercher,
qu’elle avait mis sa chère mère et toute sa famille
en grand’peine, ne sachant ce qu’elle était devenue;
lui dit aussi de se lever et habiller pour partir, qu’il
avait une chaise à deux pas de là; à quoi la demoiselle lui répondit qu’il était bien pressé, qu’il lui
donnât le temps de s’habiller; que presque aussitôt
qu’ils furent entrés en ladite chambre, le sieur
comte de Blénac y entra aussi étant en bonnet de
nuit et robe de chambre, et demanda au déposant et
à son camarade ce qu’ils voulaient, à quoi le déposant lui répondit qu’ils étaient venus de l’ordre du
roi et que le sieur de Polizy en était porteur; que
ledit sieur de Polizy dit audit sieur de Blénac qu’il

venait rechercher sa nièce, et adressant de nouveau
la parole à ladite demoiselle de Moras, il lui dit :
« Levez-vous promptement et partons, toute votre
famille est en grande consternation de savoir où
vous êtes » ; que le sieur comte de Blénac demanda
audit sieur de Polizy quel ordre il avait, et que le
sieur de Polizy lui répondit si ce n'était pas assez
qu'il fût son oncle et son tuteur ; que le sieur comte
de Blénac parlant de ladite demoiselle de Moras dit
qu'elle était la maîtresse de partir, ensuite dit au
sieur de Polizy qu'elle ne partirait pas, qu'il n'avait
pas d'ordre. Dépose pareillement que peu de temps
après que le comte de Blénac a été entré en ladite
chambre, la dame sa mère y est venue aussi, qu'il
ne lui a rien ouï dire, a seulement remarqué qu'elle
se promenait en long et en large, qu'elle sortait
souvent de ladite chambre et y rentrait à l'instant,
que le déposant et son camarade ont été environ
une demi-heure en ladite chambre, et qu'au bout de
ce temps le sieur de Polizy leur dit de passer dans
l'antichambre, ce qu'ils ont fait ; qu'ayant été environ
pareil temps dans ledit antichambre, le sieur de Polizy
est venu leur dire de descendre et d'aller voir à
leurs chevaux, ce qu'ils ont de même fait ; que ledit
sieur de Polizy, après leur avoir dit de descendre est
rentré en ladite chambre où il est resté au moins

une demi-heure; qu'étant sur la porte du four à pain
à attendre ledit sieur de Polizy, une femme domestique de la maison leur dit de ne point entrer dans
la maison, que le sieur de Blénac était fort en colére
contre eux de ce qu'ils étaient entrés chez lui sans
ordre; que peu de temps après un particulier aussi
domestique de la maison leur dit pareille chose et
leur conseilla de se retirer dans un cabaret qui est
proche du château et que, même, ce particulier les y
accompagna; que presque aussitôt qu'ils furent
entrés dans ce cabaret un des gens du château vint
chercher le domestique qui avait accompagné le déposant et son camarade, lequel sortit à l'instant du
cabaret; que le déposant et son camarade, craignant
qu'il ne se passât quelque chose de violent, en sor-
tirent aussi à l'instant et suivirent ce particulier jusqu'à la porte du château et lui recommandèrent de
prendre garde qu'il ne se passât rien entre son
maître et le sieur de Polizy; que près ladite porte
ils trouvèrent le sieur de Polizy, lequel vint avec
eux dans le cabaret où il ne resta que très peu de
temps, alla ensuite chez le curé du lieu, chez lequel
il ne fut aussi que très peu de temps, et de retour de
chez le curé il monta à cheval pour aller à Aunay,
distant de Contré d'environ une lieue; qu'après le
départ du sieur de Polizy le sieur comte de Blénac

envoya chercher le déposant et son camarade ;
qu'attendu la mauvaise réception qu'il avait faite
ils ne voulurent pas y aller, mais qu'ils lui envoyèrent le cabaretier pour savoir ce qu'il leur voulait ;
que ce cabaretier leur rapporta que le sieur de
Blénac lui avait dit qu'il était fâché de les avoir si
mal reçus et qu'il ne l'avait fait que pour mortifier
l'habillé de rouge, en parlant du sieur de Polizy ; que
le même jour 8 novembre, sur les quatre heures du
soir, lui déposant et son camarade étant dans le
cimetière, lequel est près du château, ils aperçurent
près ledit cimetière un courrier lequel courait
devant une chaise de poste dans laquelle était un
particulier qu'il apprit le même jour être le sieur
Peirenc, oncle de ladite demoiselle de Moras ; que
se doutant que ce particulier venait pour la même
affaire et était porteur d'ordre du roi, ils l'abordè-
rent, lui dirent qu'ils avaient accompagné ledit sieur
de Polizy et lui firent rapport de la réception qu'on
leur avait fait ; ledit sieur Peirenc descendit dans le
cabaret dont il est ci-devant parlé et en cet endroit
remit au déposant un ordre du roi du 5 novembre,
portant injonction à tous prévôts et officiers de maréchaussée de prêter main-forte pour arrêter la demoiselle de Moras et la nommée Gorry sa gouvernante,
ledit sieur de Peirenc remplit aussi de noms un autre

ordre du roi, qu'ensuite il alla au château où le déposant et son camarade l'ont accompagné; que le sieur comte de Blénac, sur le perron ou vestibule, se trouva au-devant dudit sieur Peirenc et s'embrassèrent l'un et l'autre en cet endroit; qu'au même endroit le sieur Peirenc dit audit sieur de Blénac : « Monsieur, qu'avez-vous fait? vous avez fait une vilaine affaire! » et que le sieur de Blénac lui répondit que quand il lui aurait dit ses raisons il verrait qu'il n'avait pas tant de torts; qu'il fit entrer ledit sieur Peirenc dans un appartement à droite par bas, que le déposant et son camarade se présentèrent pour y entrer aussi; mais que le sieur de Blénac leur dit attendre un moment et ferma sur eux la porte; qu'après avoir attendu environ une heure près ledit appartement le sieur Peirenc en sortit et leur dit qu'ils pouvaient se retirer, ce qu'ils ont fait; que le lendemain, de l'ordre du sieur de Polizy, ils partirent pour s'en retourner, que pendant qu'ils étaient à dîner au bourg d'Ardilleux, ils y virent arriver les sieurs de Polizy et Peirenc avec la demoiselle de Moras, sa gouvernante et plusieurs domestiques de leur suite, etc. Taxé 3 livres.

Charles Beaumont, âgé de quarante-six ans ou environ, cavalier de la maréchaussée du Poitou, de la brigade de Jansay, demeurant ordinairement audit Jansay, distant de cinq heures de ladite ville de Poitiers, de présent à Paris, logé rue d'Anjou, à l'hôtel de Saint-Pierre près la rue Dauphine, etc.

Dépose comme le précédent. Taxé 3 livres.

Du lundi 23 dudit mois de décembre 1737, neuf heures du matin.

Guillaume Bornier, âgé de soixante-trois ans, charretier au bourg de Contré, au service de la dame de Blénac, demeurant ordinairement audit bourg de Contré, de présent en cette ville de Paris, logé chez le sieur Gournard, rue Saint-Dominique, quartier Saint-Germain-des-Prez, etc.

Dépose que la veille de la fête dernière de Toussaint, une demoiselle avec une gouvernante et un laquais sont arrivés au château de Contré appartenant à la dame comtesse de Blénac, que le sieur comte de Blénac, fils de ladite dame, était dans ledit château depuis environ le milieu du mois de septembre dernier; que ladite demoiselle et sa gouvernante ont demeuré environ huit jours dans le château, que pendant ce tems il a vu deux fois ladite demoiselle avec sa gouvernante, que l'une desdites deux fois il les a vues se promenant avec ledit sieur comte de Blénac dans une petite charmille qui est devant le château; qu'il ne sait pas le nom de cette demoiselle, mais qu'elle est assez grande et jeune, qu'il a ouï dire qu'un oncle de ladite demoiselle était venu la rechercher, etc. Taxé 40 sols.

Jean Godet, âgé de vingt ans, tonnelier au bourg de Contré, au service de la dame de Blénac, demeurant ordinairement audit bourg de Contré, de présent en cette ville de Paris, logé chez le sieur Gournard, rue Saint-Dominique, etc.

Dépose que la veille de la fête dernière de Toussaint, sur le soir, il a vu dans la cour du château de Contré une chaise de poste laquelle était encore attelée du cheval de brancard, et que près icelle était un laquais ou valet de chambre à lui inconnu, lequel avait des bottes et une redingote d'étoffe blanchâtre; qu'il n'a pas vu les personnes qui étaient arrivées dans ladite chaise, mais qu'il a ouï dire le même jour que c'était une demoiselle avec sa gouvernante; que ladite demoiselle avec sa gouvernante sont restées environ huit jours dans ce château

et qu'il les a vues quatre ou cinq fois, et que notamment il les vit se promenant avec le sieur comte
de Courbon dans les allées de noyers qui sont près
du château ; qu'une autre fois il a vu ladite demoiselle avec sa gouvernante, ledit sieur de Courbon et
la dame comtesse de Blénac sa mère, dans l'église
du lieu, à l'heure de la prière du soir, et les vit sortir
ensemble de ladite église lorsque la prière a été
finie, croit que c'est un jour de jeudi ; que quelques
jours après, sur les neuf heures du matin, il a vu
cette demoiselle et sa gouvernante monter dans des
chaises de poste, que lorsqu'elles y montèrent la
dame de Blénac et le sieur de Courbon étaient présents, qu'il y avait aussi plusieurs personnes qu'il
ne connaissait pas et notamment deux oncles de
ladite demoiselle suivant ce qu'il a ouï dire ; que
cette demoiselle s'appelle Mlle de Moras ; que ledit
sieur de Courbon était dans ledit château depuis
environ le 13 septembre dernier ; qu'il y a environ un mois, un jour de dimanche, une demi-
heure avant le jour il l'a vu partir dudit château
dans une chaise de poste, qu'il a pris son chemin
du côté d'Aunay distant de Contré d'environ une
lieue et que depuis ce temps il ne l'a pas vu, etc.
Taxé 40 sols.

Du 29 mars 1738, deux heures de relevée, en la salle du prétoire de l'officialité de Paris, en présence de M. l'official.

Demoiselle Jeanne Minault, fille de chambre de défunte Mme de Moras, demeurante rue de l'Université, paroisse Saint-Sulpice, âgée de quarante-cinq ans, etc.

Dépose qu'étant chez le sieur de Marivatz, au château de Livry, avec la défunte dame de Moras sa maîtresse, elle a reçu une lettre de Paris pour la demoiselle de Moras, laquelle elle porta sur-le-champ à la dame de Moras, que cette lettre était écrite par la demoiselle d'Aunay, pensionnaire au couvent du Chasse-Midy, à l'adresse de ladite demoiselle de Moras, par laquelle la demoiselle d'Aunay, qui croyait la demoiselle de Moras avec la dame sa mère, audit château de Livry lui faisait plusieurs compliments et marques d'amitié; que la dame de Moras fut extrêmement surprise de recevoir cette lettre et sur-le-champ fit partir un homme pour Paris pour s'informer de ce que voulait dire cette lettre, lequel étant de retour rapporta à ladite défunte dame de Moras que la demoiselle sa fille n'était plus dans ledit couvent du Chasse-Midy,

qu'elle en était partie le samedi dernier sans que
l'on sût où elle était allée, depuis lequel temps elle a
appris que la demoiselle de Moras avait été séduite
par le sieur de Courbon, qu'elle était allée à Contré
le trouver, que ses oncles avaient été à sa suite jusqu'à Contré et l'avaient ramenée, mais n'a appris
aucune des circonstances du départ, ni du voyage,
ni du séjour de ladite demoiselle de Moras à Contré ;
que ladite demoiselle de Moras ayant été ramenée
en cette ville par lesdits sieurs ses oncles et étant
venue coucher chez ladite dame de Moras sa mère,
elle déposante en la déshabillant le soir et lui ôtant
son corps pour le mettre sur des chaises, sentit avec
son doigt une bague renfermée sous la doublure du
corps en dedans ; que sur-le-champ, elle déposante
a décousu ledit corps et en tira une anneau d'or
lequel elle nous a représenté pour demeurer joint
et servir à l'instruction ; qu'alors la demoiselle de
Moras dit à elle déposante qui lui avait demandé
ce que c'était que cet anneau, que c'était un anneau
auquel elle avait dévotion en ajoutant : Néanmoins,
je te le donne si tu le veux ; qu'elle déposante ne la
questionna pas davantage ; que le lendemain matin,
elle déposante étant auprès de la dame de Moras
lui montra cet anneau et lui dit qu'elle l'avait trouvé
enfermé dans le corps de la demoiselle de Moras sa

fille et qu'elle le lui avait donné ; sur quoi la dame
de Moras lui demanda : « Ne serait-elle pas mariée ? »
A quoi elle déposante lui dit : « Je n'en sais rien ! »
Et depuis ce tems ni la dame de Moras ni la demoiselle sa fille ne lui ont parlé de rien, a seulement
ouï dire dans la maison par la famille de la demoiselle de Moras que l'on soupçonnait que ladite demoiselle de Moras était mariée, etc. N'a requis salaire.

Demoiselle Marie Peirenc de Moras, fille demeurante rue de l'Université, paroisse Saint-Sulpice,
âgée de quatorze ans, etc.

Dépose qu'il y a environ deux ans qu'elle a connu
le sieur de Courbon chez la dame sa mère, en cette
ville de Paris, qu'elle a été en campagne avec lui
pendant deux mois à Cherperinc (*sic*), que dans ce
temps-là ledit sieur de Courbon lui tint plusieurs
discours de galanterie, lesquels n'ont eu aucune
suite, qu'étant revenue en cette ville de Paris, elle
fut quelque temps sans revoir ledit sieur de Courbon,
qu'environ un mois après ledit sieur de Courbon
commença à rendre plusieurs visites à elle déposante
dans le couvent du Chasse-Midy où elle était pensionnaire, qu'il recommença à lui tenir les mêmes propos de galanterie qu'il lui avait tenus à Cherperinc,

sans lui proposer alors le voyage ; qu'elle déposante
et le sieur de Courbon firent écrire de concert ensemble une lettre par la nommée Gorry sa gouvernante, à ladite dame de Moras sa mère, par laquelle
ladite Gorry lui marquait qu'elle déposante avait de
l'inclination pour ledit sieur de Courbon ; que sur
cette lettre la dame de Moras sa mère fit faire défense
au sieur de Courbon d'aller voir elle déposante ; que
depuis ce temps-là, pour se donner à l'un et à l'autre
de leurs nouvelles, la nommée Gorry sa gouvernante passait leurs lettres au moyen d'un petit
panier qu'elle descendait par la fenêtre de la rue
avec une ficelle, lesquelles étaient reçues et données
par le nommé Deschamps, laquais du sieur de
Courbon ; que ce fut dans ce temps-là que le sieur
de Courbon lui proposa le voyage de Contré à l'effet
de s'y marier ensemble, et lui envoya le projet de la
lettre qu'elle déposante devait envoyer à la dame sa
mère et qu'elle a effectivement envoyée étant en la
ville de Poitiers ; que dans ce même temps ledit sieur
de Courbon lui envoya 80 louis d'or de 24 livres
pièce pour faire le voyage, par le nommé Deschamps, son laquais, dans une boîte, laquelle boîte
fut remise par ledit Deschamps dans le parloir d'elle
déposante ; que ledit sieur de Courbon étant parti
pour s'en aller à Contré, elle déposante a reçu de

ses nouvelles par l'entremise de la nommée Groslay, couturière, qui avait été chargée de cette entremise par ladite Gorry, gouvernante d'elle déposante; ne croit pas la déposante que ladite Groslay
eût connaissance de ce dont il s'agissait; que par
les lettres qu'elle recevait par ce canal du sieur de
Courbon, il la sollicitait de presser son voyage et
lui marquait des choses propres à l'engager à le faire;
qu'aux pressantes sollicitations dudit sieur de
Courbon, elle déposante se détermina à partir pour
Contré, et pour cet effet elle déposante écrivit une
lettre comme si c'était la dame sa mère qui l'eût
écrite pour la montrer à la supérieure afin de pouvoir sortir dudit couvent; qu'outre cela, elle déposante, de concert avec ledit sieur de Courbon et
ladite Gorry, avait arrêté un laquais sous prétexte
que c'était pour une dame de campagne, et qu'afin
que cela ne fût point connu il avait été convenu que
le laquais, quand il irait au parloir, ne parlerait qu'à
elle déposante et jamais à la Gorry, et que de même,
quand la nommée Groslay apporterait des lettres
dudit sieur de Courbon, elle ne parlerait qu'à ladite
Gorry et jamais à elle déposante; qu'en conséquence de cette convention, ce fut elle déposante
qui chargea son laquais de lui acheter une valise,
ce qu'elle communiqua sur-le-champ à la demoiselle

Gorry; que les pistolets qu'elle avait donné ordre
d'acheter étaient à l'instigation du sieur de Courbon, qui lui avait dit que quand elle serait en
route à quelque distance de Paris, elle ferait sem-
blant de contraindre ladite Gorry et le postillon à
continuer sa route, et que par ce moyen ladite
Gorry serait excusable et à couvert des recherches
que l'on pourrait faire contre elle; que la chaise et
la valise étaient pour faire le voyage; qu'après avoir
pris ces précautions et ladite Gorry ayant préparé
ses paquets, ils furent portés tant par ladite Gorry
que par le laquais d'elle déposante et autres qui se
trouvèrent là, dans la chaise qui était à la porte du
couvent du Chasse-Midy, attelée de deux chevaux
de remise, et partit en cet état avec la demoiselle
Gorry sa gouvernante, le 26 octobre dernier, à
sept heures et demie du matin, sous prétexte d'aller
à Vernouillet trouver la dame sa mère qui y était
lors, qu'ils prirent la route de Contré et allèrent
avec lesdits chevaux de remise jusqu'au Bourg-la-
Reine, le laquais d'elle déposante accompagnant
elle répondante et sa gouvernante, à cheval; qu'étant
arrivés au Bourg-la-Reine on renvoya les chevaux
de remise et le postillon qui les avait amenés, et ils
prirent des chevaux de poste pour continuer la
route; qu'en chemin faisant, après avoir changé de

chevaux à la poste d'Arpajon, elle déposante, suivant qu'elle en était convenue avec le sieur de Courbon et la demoiselle Gorry, tira un des pistolets de sa chaise, avec lequel elle fit feinte de vouloir contraindre ladite Gorry, laquelle de son côté s'écria comme si elle eût eu réellement peur, ce qui obligea le postillon d'arrêter; mais la déposante l'ayant menacé en lui présentant le pistolet de lui casser la tête s'il ne marchait et continuait son chemin, il le fit; qu'ayant poursuivi leur chemin et étant arrivées à Toury, elle déposante continua d'écrire la lettre que le sieur de Courbon lui avait donnée pour envoyer à la dame sa mère, qu'elle avait commencé d'écrire à Paris; et étant arrivée à Poitiers elle acheva de l'écrire et l'envoya comme cela était convenu à la dame de Moras sa mère; que de Poitiers ils ont continué leur route jusqu'à Contré, et que dans le chemin, au lieu de Fillefagnan (*sic*), elle y a trouvé un monsieur dont elle ignore le nom, qui la questionna de son nom, qualité et demeure, ce qu'elle refusa de lui dire; qu'ils arrivèrent à Contré le 31 octobre dernier, environ deux heures après midi; que le sieur de Courbon vint au-devant d'elle déposante jusqu'au milieu de sa cour et la dame de Blénac sa mère, jusqu'à l'entrée de son vestibule; qu'elle déposante étant entrée avec ledit

sieur de Courbon et la dame de Blénac dans l'appartement de ladite dame, elle déposante lui fit une
histoire contraire à la vérité, lui faisant entendre
que le sieur de Courbon son fils, n'avait aucune
part à la démarche qu'elle faisait, et cela parce que
ledit sieur de Courbon lui avait mandé que la dame
sa mère n'en avait aucune connaissance; que le
même jour étant arrivée, elle déposante proposa au
sieur de Courbon, en présence de la dame sa mère,
de faire le mariage convenu entre eux; que ladite
dame de Blénac, sur cette proposition, se chargea la
première d'en parler au curé de Contré, et que le
sieur de Courbon s'en chargea pareillement; qu'effectivement le lendemain la dame de Blénac envoya
chercher le curé de Contré et lui en parla la première, ce qu'elle sait suivant ce que ladite dame de
Blénac lui a rapporté, elle déposante n'y étant pas
présente; que ladite dame de Blénac lui a encore dit
que le curé avait fait quelque résistance, sur quoi
ledit sieur de Courbon était descendu et avait parlé
audit sieur curé qui s'était rendu à la proposition
que ledit sieur de Courbon lui avait fait de célébrer
ledit mariage, ce qu'elle déposante a appris par le
sieur de Courbon, et qu'ensuite elle déposante étant
descendue, ledit sieur de Courbon promit audit sieur
curé, en présence d'elle déposante, de lui donner

une somme de 500 livres ou la valeur; que la Gorry y était aussi présente; qu'effectivement le curé promit de faire ledit mariage après les vêpres ledit jour 1er novembre, jour de la fête de tous les saints lors, qu'il n'y aura plus personne dans l'église; qu'environ ladite heure d'après les vêpres indiquée, elle déposante se rendit avec ledit sieur de Courbon, la nommée Gorry, le nommé Deschamps, laquais dudit sieur de Courbon, dans ladite église où ils trouvèrent la dame de Blénac, à laquelle elle déposante demanda son anneau et où étaient aussi le sieur curé et le père du curé; qu'aussi lorsqu'ils y furent entrés le curé leur donna la bénédiction nuptiale, qu'après ils retournèrent tous dans la chambre de ladite dame de Blénac où ledit sieur curé leur fit signer l'acte de mariage sur un registre et lui en fit signer un autre le 8 du mois de novembre, veille du jour de son départ du village de Contré, lequel ne fut daté que dudit jour 8 novembre; que le même jour 8 novembre, les oncles paternel et maternel d'elle déposante arrivèrent audit lieu de Contré, y ayant déjà huit jours qu'elle était chez ledit sieur de Courbon, et qu'après avoir éprouvé quelque résistance de sa part elle partit avec eux et ladite Gorry le lendemain 9 novembre et est revenue en cette ville de Paris, etc. N'a requis salaire.

II

LETTRE

DE

Mlle DE MORAS A SA MÈRE

II

LETTRE DE Mlle DE MORAS A SA MÈRE

EXTRAIT

DES ARCHIVES DU MINISTÈRE DE LA GUERRE

(Intérieur, vol. 2877, pièce 143)

« Maman, depuis que je sais que le sort d'une
fille riche est de se marier, j'ai toujours désiré trouver dans le mari que je prendrais certaines qualités
et certains défauts. Je voulais trouver en lui un
fonds d'esprit et de raison : pour cela je le voulais
d'un âge mûr ; je voulais qu'il eût de la générosité
sans prodigalité, de la douceur avec de la vérité, par
conséquent ni complimenteur ni adulateur. Je lui
voulais assez de simplicité pour ne pas se faire un
mérite du faste et des faux airs. Je voulais de la
naissance sans me soucier que son rang fût plus ou
moins brillant ; mais je lui voulais surtout de la
bonté et de l'humanité, qui lui fissent un plaisir réel
du bien qu'il ferait et des peines qu'il éviterait aux

gens à qui il serait à portée d'être utile. Je voulais
qu'il ne fût ni ivrogne, ni joueur, ni galant de profession, point bavard, point sournois, qu'il fût capable de reconnaissance et d'amitié, et qu'il en prît
pour moi sur la connaissance qu'il aurait été à portée
de prendre de mon caractère, comme, de mon
côté, mon projet était de n'épouser personne sans
le connaître.

« Voilà ce qui m'occupait depuis longtemps,
lorsqu'on m'a dit que M. de Courbon, qui logeait
alors chez vous, avait arrangé le mariage du fils de
M. le maréchal de Broglie avec Mlle de Villiers ; il
était allé à dix lieues de Paris pour assister à la cérémonie qui devait s'en faire ; mais que M. de Caraman, ayant reçu un courrier par lequel on lui mandait que M. le P. P. (premier président ?) était fort
mal, M. de Courbon était parti avec lui et avait
laissé des amis dans la joie qu'il leur procurait pour
suivre ses amis dans la douleur et l'affliction. Ce
trait me parut du caractère que je désirais. On m'en
parla beaucoup, j'eus envie de le voir, j'en fus
occupée, et dès lors je m'attachai à lui sans le connaître. Je le vis enfin ; ses façons et sa personne ne
me déplurent point. Il ne loua point ma figure,
fadeur que la plupart des gens regardent comme un
devoir, mais approuva mes réponses ; et je trouvai

dans ses propos de la vérité et des traits qui me
confirmaient ce que j'en avais ouï dire. Ce qui
décida mon goût pour lui fut des événements consécutifs.

« Le premier est que je le vis réellement piqué
contre M. de La Mothe, de ce qu'il avait annoncé
brusquement et avec empressement à M. de Saint-
Perrier la nouvelle de la petite vérole de Mlle Dan-
nay. Je le vis surpris de ce que quelqu'un pouvait
se déterminer, sans ménagement et sans bonté, à
apprendre une nouvelle qu'il savait devoir faire une
peine vive. Pour lui, je le vis touché et attendri de
votre douleur ; il loua le genre de la mienne, le
courage et la fermeté que je montrais, le désir que
j'avais de la garder. Je sus, peu de jours après, qu'il
était parti subitement pour la Rochelle, sur ce qu'il
avait imaginé que s'il profitait du joint qui se présentait, il finirait, par sa présence, quelque affaire
d'intérêt qui concernait trois petits parents dont il
prenait soin. Je pense qu'un homme qui abandonne
ses plaisirs, ses sociétés, ses amis ; qui, peu riche
d'ailleurs, entreprend un voyage long et coûteux
sans être sollicité par personne, pour des enfants
qui n'ont encore rien mérité auprès de lui ; qui
sacrifie son intérêt au leur, ses amusements à leur
utilité ; qui se détermine, par conséquent, à un

voyage pénible par le goût de faire le bien pour le
bien, sans autre récompense que de satisfaire son
goût, qu'il devait être l'homme que je désirais.

« Nous fûmes à la campagne alors ; vous en parlâtes avec éloge et contribuâtes à me faire faire ces
réflexions-là. Dès lors je l'aimai véritablement et
mon cœur se livrait à son penchant, lorsque vous
m'apprîtes que vous aviez arrangé pour moi un
mariage honorable. Les circonstances me firent
juger que vous le désiriez vivement ; je me soumis
à vos volontés, je fis le sacrifice de mes sentiments
aux vôtres, et pour vous plaire j'abandonnai mes
anciennes résolutions et tous mes projets, que l'âge
du mari que vous me destiniez détruisait effectivement. M. de Courbon arriva sur ces entrefaites à la
campagne où j'étais avec vous ; il y passa trois
semaines. Je l'étudiai avec attention ; j'eusse voulu
lui trouver des défauts qui eussent pu détruire le
goût inutile que j'avais pour lui ; mais loin de l'affaiblir il prit de nouvelles forces malgré la résolution
que j'avais prise de vous obéir. J'y étais si bien
déterminée que la plupart de ma famille qui vous
désapprouvait n'a pu m'ébranler un moment. Vous
vous aperçûtes, je le crois, que je le voyais avec
plaisir ; vous m'en parlâtes ; je convins que je l'avais
pris en amitié ; vous m'en parûtes fort aise, vous le

louâtes beaucoup ; vous l'instruisîtes des sentiments que j'avais pour lui ; vous les lui fîtes valoir. Il partit enfin, ayant montré l'attachement et l'intérêt d'un bon parent qu'il devait être un jour. Il fut chez M. le maréchal de Broglie où il comptait passer un mois ; mais vous vous souvenez que M. de La Mothe lui manda que son fils était fort mal, que s'il ne craignait pas la petite vérole qu'il avait, il lui ferait grand plaisir de venir. Vous m'apprîtes qu'il était parti sur-le-champ à minuit. Que son ami, son père, son frère, aient la petite vérole ; qu'on soit dans Paris et qu'on se renferme avec eux me paraît un devoir indispensable ; mais qu'on soit à quarante lieues de Paris, chez des amis respectables avec lesquels on se plaît et avec lesquels on s'est engagé de passer quelque temps, qu'on prenne la poste dans le moment et qu'on vienne sans s'arrêter jour et nuit pour arriver dans un air dangereux, non pour secourir son ami, mais pour donner des soins à un enfant pour le soulagement de son père, qu'on vienne pour cela se séquestrer du genre humain pour six semaines et se livrer aux douleurs d'une mère excessivement affligée, me parut encore un trait du caractère que je désirais, et me confirma dans l'opinion que j'avais de lui.

« Peu de jours après la mort du fils de M. de La

Mothe, vous m'amenâtes M. de Courbon à mon parloir ; vous l'engageâtes à des visites et à des soins pour moi ; vous m'aviez même dit de lui donner à dîner quand il viendrait m'en demander, ce dont il n'a pas cru apparemment devoir profiter. Vous m'avez paru charmée de l'amitié qu'il me portait, et il a apparemment suivi vos intentions en me donnant les instructions dont il a cru que j'avais besoin, en me faisant des leçons sur mes fautes, en me grondant même quelquefois ; enfin, il en a usé avec moi comme feu mon père. J'ai connu dans ses propos cent propos de lui ; aussi je l'aime comme je l'aimais, puisqu'il m'a montré un intérêt aussi véritable, qu'il m'a été utile, et que mes défauts ne lui faisaient de peine que pour les autres. Voilà les sentiments que j'ai trouvés en lui, qui me suffisent pour lui être attachée éternellement. Ma raison approuve mon goût et ne me montre rien qui puisse me faire repentir un jour, ni rien qui puisse jamais déplaire à ma famille. J'ai pris de là la résolution de n'être jamais qu'à lui. Mon projet était (et je l'eusse soutenu) de lui cacher avec soin l'étendue de mes sentiments jusqu'à ce que j'eusse atteint l'âge où vous eussiez pu ajouter foi à leur solidité. Je me serais contentée jusque-là des visites qu'il me faisait environ toutes les semaines ; mais vous m'avez

enlevé le seul plaisir, la seule consolation qui me
soutenaient, par la cessation subite de ses visites et
de toute attention de sa part. J'ai vu la juste confiance que vous aviez en lui, puisque vous le rece-
viez avec la même amitié ; mais en même temps
j'ai vu la défiance que vous aviez de moi. Je ne fus
pas longtemps à juger que j'avais mal placé ma
confiance, et que quelqu'un vous avait instruite de
mes sentiments. Mais loin de m'en parler, comme
une mère tendre qui s'intéresse à sa fille, qui la
connaît et qui l'aime, j'ai vu depuis ce temps, par
la façon dont vous vous êtes conduite avec moi,
que vous me regardiez comme une enfant sans
force, sans raison et sans stabilité. Il y a longtemps,
maman, que je ne la suis plus. Ressouvenez-vous,
s'il vous plaît, de l'éducation que m'a donnée mon
père ; elle a terminé mon enfance de bonne heure,
en m'accoutumant de penser juste, à réfléchir et à
distinguer l'utile de ce qui ne l'est pas. C'est sur la
méthode que je tiens de lui que j'ai fait mon choix,
et voilà comme j'ai raisonné.

« J'ai pensé qu'il fallait que mon établissement
pût faire en premier lieu le bonheur de ma vie,
qu'il fût agréable à ma famille et qu'il vous plût ;
que je ne devais penser à personne qui ne remplît
cette idée-là. Pour faire le bonheur de ma vie, j'avais

besoin de quelqu'un dont le caractère se mariât avec le mien, que je puisse aimer, en qui j'eusse de la confiance et qui pût être reconnaissant de mes sentiments et de mes soins par sa disposition à m'aimer. J'ai trouvé sur cela M. de Courbon tel que je le souhaitais. De façon que je suis convaincue que dès que je lui montrerai combien et pourquoi je l'aime, je suis en droit d'attendre de lui les sentiments les plus flatteurs. Que s'il a peu de biens, j'en ai assez pour lui et pour moi, si ce n'est pour vivre dans le faste et l'opulence, du moins dans l'aisance et les commodités. Du reste, j'ai assez entendu parler, et en ai assez tiré mon profit pour savoir que le bien du mari et celui de la femme, ne décident pas du tout de l'aisance de la femme puisqu'elle dépend de la part que les maris font à leurs femmes de leurs valeurs. Le caractère de M. de Courbon m'a bien rassuré sur cet événement. Un homme qui sacrifie son revenu et peut-être son fonds pour l'utilité et l'éducation de parents éloignés, qui se fait un plaisir véritable d'être médiocrement vêtu pour les vêtir, d'aller en fiacre pour les nourrir et les instruire, ne laisse pas une femme qui lui a fait sa fortune dans la disette et la pauvreté pour satisfaire à quelque fantaisie. Aussi je suis fière d'être aussi riche avec lui que si j'épousais par hasard quelqu'un de cent mille livres de rentes.

« Me dira-t-on que j'ai assez de bien acquis et d'espérances pour épouser un homme titré ? Cela peut être ; mais je n'aime pas la trop grande disproportion, les suites sont quelquefois mortifiantes. Je veux un mari qui pense que la vraie noblesse consiste dans celle des sentiments ; qui vive, comme M. de Courbon, sans vanité et uniment avec ma famille. Aussi, pour ce qui me concerne, j'aime mieux l'état que je tiendrai de lui qu'un état distingué. Il me suffit d'être au pair de tout le monde, de ne devoir par mon état que des politesses et d'avoir entrée partout. Pour ce qui concerne mes frères, ils l'aiment et en sont aimés ; ils doivent attendre de lui et de son caractère qu'il fera de son mieux pour maintenir et même fortifier l'union qui y est. Mais on dira qu'ils ont besoin de quelqu'un qui les protège et qui contribue à leur avancement et à leur fortune. Mais l'état de quelqu'un décide-t-il du goût qu'il a à rendre service et de la possibilité de faire du bien quand il a toujours le désir d'en faire ? Je trouve ce que l'on demande dans la façon de penser de M. de Courbon ; il a de l'amitié pour eux. Si j'étais à lui, il regarderait comme un devoir de leur être utile, et, le devoir se joignant au goût qu'il a d'obliger, ils pourraient en attendre tout.

N'avez-vous pas vu, maman, avec quelle volonté,
quel zèle et quelle ardeur il s'est conduit dans l'affaire du bénéfice de son parent? Ni soins, ni mouvements, ni argent ne lui ont rien coûté; les difficultés n'ont fait que l'animer; il a réussi enfin. Avec
cela, il ne parait avoir nulle ambition et ne désire
rien pour lui. Il a des amis considérables, et les gens
de son caractère doivent les avoir bons. Il a beaucoup de parents qu'il se ferait sûrement un plaisir
de ménager pour eux. Enfin, je crois que ce n'est
que dans un intérêt véritable et dans un goût naturel de faire du bien qu'on peut trouver des secours
réels. Mes frères compteraient-ils trouver des sentiments aussi rares dans un beau-frère pris seulement à cause de son bien et de son rang?

« Pour mes parents, je ne vois personne qui ne
doive se faire un plaisir et un honneur de lui appar-
tenir. Si leur désir est de dire que M. le duc un tel
est leur cousin ou leur neveu, je ne trouve pas que
cette petite fatuité doive être un objet pour moi; il
m'a paru suffisant que leurs cousins ou leurs neveux
fussent hommes de qualité et qu'ils vivent cordia-
lement avec eux; s'ils sont bien sensés, ils n'en
désireront certainement pas davantage.

« Pour vous, maman, je ne croyais pas pouvoir
mieux choisir; vous n'y trouverez nul visage nou-

veau, nulle famille importune, nul changement dans
votre maison ; c'est votre ami, c'est de tous les
hommes que vous connaissez celui dont je vous ai
ouï dire le plus de bien. Vous m'avez entretenue si
souvent de ses qualités que j'ai cru que vous vous
feriez un plaisir de faire sa fortune en faisant ma
satisfaction. Et je puis dire que je tiens de vous les
sentiments que j'ai pour lui, par le bien que je vous
en ai entendu dire. C'est de vous aussi que je tiens
l'espérance de m'unir à lui, par les plaisanteries que
vous m'en avez faites, qui m'ont fait juger que vous
n'en étiez pas éloignée, et peut-être que vous le
désiriez. C'est aussi vous qui avez confirmé dans
mon cœur la volonté de n'épouser que quelqu'un
pour qui j'aurais de l'inclination, m'ayant dit souvent que rien n'était aussi heureux que les mariages
que le cœur approuvait. Je vous ai fait une fois le
sacrifice de cette opinion ; j'espérais que n'étant
plus dans le cas de le désirer aussi fortement, vous
me laisseriez suivre à l'avenir mon goût. Mais j'ai
vu toutes mes espérances trompées ; j'ai vu que
vous désapprouviez mes sentiments et que je ne
trouverais plus en vous que des oppositions au lieu
des facilités que j'avais lieu d'espérer de trouver.
Vous ne sauriez croire la douleur que j'en sentis.
Je prévis dès lors que de la façon dont vous pen-

siez et dans les circonstances où j'étais, vous pense-
riez à m'établir promptement ; que j'allais être
exposée à combattre mes sentiments ou vos volontés ; qu'il fallait que je vous fisse le sacrifice du
bonheur de ma vie ou que je résistasse à une mère
pour qui j'ai une soumission naturelle et un attachement plus fort que vous ne l'avez jamais cru ; que
si je me soumettais, je serais la plus malheureuse
créature du monde ; que si je résistais, me regardant
comme un enfant, vous ne feriez que me changer
d'objet ; qu'enfin vous lassant bientôt, vous vous
révolteriez contre moi et que vous vous acharneriez
à me vaincre. Dès là, je me suis vue exposée à tous
les mauvais traitements d'une mère justement irri-
tée. Tant que je n'ai vu l'orage que de loin, je n'ai
pas pensé à l'éviter ; mais on m'assure que pendant
votre séjour à Lainville, et j'eus lieu d'en être
convaincue, que tout était arrêté pour mon établissement et que vous comptiez couronner votre
ouvrage au retour de Livry. Je vis pour lors l'orage
de si près que j'en fus effrayée ; mais de quelque
côté que je jetasse les yeux pour m'en garantir, je
ne vis que des dangers. Je cherchai donc le moins
affreux, je l'ai trouvé et je le suis. Cependant je
sens que je vous offense ; mais c'est pour la première et dernière fois de ma vie, car si je fais une

faute, c'est pour n'en plus faire ; si je porte à ma
réputation une atteinte forte, c'est pour ne pas la
perdre. Je la réparerai par la conduite la plus exacte.
Quand je compare le parti que je prends avec celui
de vous offenser pendant onze ou douze ans, en
vous résistant toujours, ou avec celui de me soumettre en me donnant à quelqu'un que je ne saurais
considérer que comme l'auteur de mes maux, je
ne me crois pas heureuse de l'avoir choisi, puisqu'il
vous cause des peines, mais je crois avoir évité de
plus grands malheurs.

« Je vais donc, je vous le dis en tremblant, je
vais trouver M. de Courbon, lui apprendre mes
sentiments pour lui et l'état d'où je me tire, lui
offrir ma main, mon cœur et ma fortune. Que
n'ai-je votre consentement ? ce serait le jour le plus
heureux de ma vie. Je n'ai pas pris un parti si violent sans avoir bien réfléchi et en avoir prévu toutes
les suites. J'ai pensé que M. de Courbon me connaissant bien et ayant pour moi des dispositions
avantageuses, saisirait avec grand plaisir l'occasion
de s'assurer une fortune qu'il ne pouvait pas espérer et qui ne lui déplairait pas avec quelqu'un qu'il
aime aussi véritablement ; qu'il m'épouserait et que
je serais à lui pour toujours ; ou, qu'étant plus votre
ami que flatté de la fortune que je lui offrirais, plus

touché de vous manquer que de me satisfaire, il
vous laisserait la maîtresse de mon sort ; que vous
me feriez revenir à Paris, où je serais après cette
équipée, dont alors je ne compte pas absolument
me faire délivrer de vos désirs pour tout autre établissement (*sic*), parce qu'après ceci je ne compte
pas que personne veuille de moi ; du moins, si
quelqu'un pensait assez bassement, mon excuse
serait dans le mépris que j'aurais pour lui ; alors la
sûreté de n'être jamais qu'à M. de Courbon me
serait une consolation de n'y pas être, et, n'étant
pas dans le cas de vous désobéir journellement, j'attendrai patiemment l'âge où les lois me permettront d'être à lui. Voilà le parti le moins heureux,
mais il me suffit et je serai contente.

« Mais, maman, si ce que j'ai entrepris m'est
honteux, il faut nécessairement qu'il soit mortifiant
et douloureux pour vous et pour ma famille, par le
fait et surtout par les discours du public. Cependant, comme il vous est possible de le cacher, vous
pouvez par conséquent éviter ce qu'il y a de plus
pénible pour vous et pour ma famille. Vous pour-
riez dire qu'ayant connu en moi un attachement
solide et raisonné pour M. de Courbon, que ne
l'ayant pu désapprouver puisque vous ne connaissez
personne plus propre à rendre une famille heureuse,

que déterminée même par l'amitié que vous lui por-
tez et celle qu'il a pour vous, et par le plaisir de
faire sa fortune et mon bonheur, vous m'avez
envoyée chez lui consommer notre union pour éviter les plaintes et les contradictions de nombre de
mes parents qui se sont toujours flattés de me voir
établir d'une façon très brillante. Beaucoup de gens
nous condamneront, beaucoup d'autres vous désap-
prouveront ; il en serait comme de toutes les choses
de la vie, et il n'y aurait alors que le fait qui vous
causât des peines. Mais soyez sûre, maman, que je
le réparerai, que je l'effacerai de votre mémoire par
l'attachement le plus inviolable et le plus parfait, si
vous en usez ainsi ; quoique je ne pense pas que ce
soit par bonté pour moi, je ne me lasserai jamais
de vous en montrer ma juste et vive reconnaissance.

« Ayez, maman, quelque indulgence pour une
fille qui vous manque pour la première fois et qui
ne vous eût certainement jamais manqué, s'il n'avait
été question de la chose la plus intéressante de la
vie. J'aime, voilà le crime qui vous offense. Mais
pensez que je dois avoir le cœur tendre, qu'il n'est
pas singulier que je sois née capable d'attachement
et que je fasse plus de cas du solide que du brillant.
Penseriez-vous actuellement qu'il est raisonnable à

des parents de tyranniser par ambition et par vanité
des cœurs qui n'en ont point ? Mettez-vous en ma
place pour un moment et traitez-moi comme vous
voudriez être. Pensez d'où on sait que je viens, et
voyez si l'état après lequel je cours n'est pas assez
éloigné de moi pour me satisfaire ; que ma gloire
même devrait s'alarmer si je m'élevais davantage, et
qu'elle doit approuver que je m'égalise en procu-
rant une fortune peu attendue. Du reste, maman,
ne regardez pas mon attachement comme un sentiment fragile. Il y a dix-huit mois que je m'éprouve
dans le silence ; il est en moi comme ma vie, il ne
s'en effacera qu'avec elle, et ce sentiment que vous
nommeriez sûrement de l'amour, n'en est cependant pas ; je le crois du moins, il ne répond pas du
tout à l'idée que j'en ai ; mais une estime forte, une
amitié vive, une conformité, qui souvent m'a surprise, de caractère, de goûts et d'opinions, qui me
donnant de l'estime pour moi-même, m'assurant
qu'il m'aimera, me donnent la conviction que je
suis faite pour lui et que je ne puis être heureuse
qu'avec lui. Je sens que si c'était de l'amour j'aurais la pudeur de m'en taire, je serais honteuse de
le découvrir, et je ne l'irais point offrir sans être
désirée.

« Je dois à Mlle Gorry, ma gouvernante, la justice

de vous dire qu'elle n'a eu nulle part à mon projet
ni à son exécution. Je savais qu'on avait abusé de
ma confiance, ce pouvait être elle ; il ne m'en a pas
fallu davantage pour lui cacher mes desseins ; elle
m'était nécessaire et je voulais l'emmener avec moi.
Je l'ai trompée ainsi que Mlle d'Aunay, la supérieure
et toute la communauté, en lui montrant une lettre,
de vous que j'avais contrefaite, par laquelle vous me
mandiez que vous vouliez me faire passer quelques
jours avec vous à la campagne ; qu'une chaise à
deux, qui venait de Livry, me viendrait prendre et
que je n'avais qu'à me préparer pour le lendemain
au matin. Tout était prêt effectivement par les soins
d'un laquais que j'avais pris et séduit par l'espérance et à qui j'avais donné mes ordres secrète-
ment. Ce ne fut qu'après avoir fait quelques postes
que Mlle Gorry me montra de l'inquiétude. Alors
prenant un pistolet je lui dis que je suivais effectivement un projet auquel j'étais si attachée, qu'elle-
même ne serait pas en sûreté à la moindre opposi-
tion ; qu'elle n'avait pas d'autre parti à prendre que
celui de se soumettre ; que je lui rendrais justice
dès que je le pourrais, et que je voulais qu'elle me
traitât comme sa fille. Elle me promit en tremblant
ce que je voulais, et je l'ai conduite jusqu'ici sans
confiance et sans la perdre de vue.

« Soyez sûre, maman, que malgré ce qui m'arrive, il n'y a nulle part une fille qui soit si vivement attachée à sa mère ni qui lui soit si subordonnée. Je sais qu'actuellement les apparences sont contre moi ; cependant, de tous les obstacles qui se sont présentés, je n'ai trouvé que ma soumission pour vous difficile à surmonter. Dorénavant rien ne saurait me déterminer à vous manquer dans la moindre chose ; au contraire, tout m'engage à vous montrer le désir extrême que j'aurai à vous plaire. J'aurai à réparer et j'y ferai de mon mieux ; j'y travaillerai avec une attention continuelle. Heureuse si j'y réussis et si je puis un jour retrouver l'amitié et les bontés que mes sentiments méritent de vous.

« C'était pour mon projet que je vous demandai trente louis. J'en parlai à mon oncle M. Peirenc ; il m'en fit espérer ; j'en ai trouvé ailleurs.

« A Poitiers, ce 29 octobre, 1737. »

III

INTERROGATOIRE

DE

DE LA FEMME GORRY

III

INTERROGATOIRE DE LA FEMME GORRY

Mère de Marie Gorry

FEMME DE CHAMBRE DE MADEMOISELLE DE MORAS

28 novembre (1737).

Enquise combien qu'il y a qu'elle est veuve ?

A dit qu'il y a environ quinze ans.

Enquise combien elle a d'enfants ?

A dit qu'elle n'a qu'une fille de dix-sept ans.

Enquise ce que fait la fille d'elle répondante et où elle est ?

A dit qu'il y a quinze mois que sa fille est venue avec elle dans le couvent du Chasse-Midy, et qu'elle était nourrie de ce que la demoiselle de Moras et elle répondante avaient de reste et qu'elle répondante suppléait au surplus ainsi qu'à son entretien.

S'il n'est pas vrai, au contraire de ce qu'elle nous a dit, que la fille d'elle répondante était auprès de la demoiselle de Moras en qualité de seconde femme de chambre pour soulager elle répondante et qu'elle était nourrie et payée par Mme de Moras?

A dit que non, que Mme de Moras n'a jamais rien payé pour elle et que sa fille n'a jamais été auprès de la demoiselle de Moras en qualité de femme de chambre, que même pendant l'espace de trois mois qu'elle répondante a été avec la demoiselle de Moras chez la dame de Moras, sa mère, elle répondante a été obligée de laisser de l'argent à la femme de chambre de la demoiselle d'Aunay pour nourrir sa fille.

S'il est pas vrai que la fille d'elle répondante couchait dans l'appartement de la demoiselle de Moras et lui rendait ses services?

A dit que oui, et que c'était du consentement de la dame de Moras qui lui avait promis de la prendre pour faire le ménage à la place d'une femme qui y était auparavant et qui y venait tous les matins; mais que la dame de Moras ne lui a jamais rien payé pour elle.

Enquise quel âge peut avoir M. de Courbon?

A dit que le sieur de Courbon a trente-cinq à quarante ans.

Enquise pourquoi, le sieur de Courbon ayant un âge si disproportionné de celui de la demoiselle de

Moras, elle répondante a souffert les visites si fréquentes d'un homme dont l'âge si supérieur ne pouvait le faire regarder que comme dangereux ?

A dit que quoique le sieur de Courbon fût d'un âge assez avancé, elle n'a point regardé ses visites comme suspectes parce qu'il était autorisé par la dame de Moras à venir voir sa fille, et que d'ailleurs elle ne pouvait pas penser que Mlle de Moras fût capable de s'y attacher, attendu la disproportion d'âges.

Enquise combien duraient les visites du sieur de Courbon et si elles n'étaient pas ordinairement fort longues ?

A dit que le sieur de Courbon venait plus ordinairement le matin et qu'il restait environ deux heures.

Enquise pourquoi elle n'a pas averti plus tôt la dame de Moras dès visites que le sieur de Courbon faisait à la demoiselle sa fille, seul, puisqu'elle était particulièrement chargée de veiller sur sa conduite ?

A dit que la dame de Moras était instruite des visites que le sieur de Courbon faisait à la demoiselle sa fille, que le sieur de Courbon lui en rendait compte de son côté, et que, quand la dame de Moras venait voir la demoiselle sa fille ou quand la demoiselle allait chez madame sa mère, elle répondante

et la demoiselle de Moras rendaient compte à la
dame de Moras de ses visites.

Enquise ce que fit Mme de Moras et ce qu'elle dit
quand elle répondante l'eut avertie, au mois de juillet
dernier, des sentiments de la demoiselle de Moras
pour le sieur de Courbon ?

A dit que la dame de Moras lui dit dans la cour du
couvent où elle vint, qu'elle regardait ce qu'elle
répondante lui avait écrit comme une bagatelle ; que
sa fille était un enfant qui oublierait cela dans deux
ou trois mois en lui donnant un habit ou un joujou ;
que cela était romanesque et qu'il fallait qu'elle eût
lu des romans ; après quoi elle dit à la répondante
de venir chez elle lui parler et elle s'en fut aussi
voir la demoiselle sa famille ; que deux jours après
elle répondante fut chez ladite dame de Moras, qui
lui témoigna alors qu'elle ne regardait pas cette affaire comme une bagatelle ; que le sieur de La Mothe
lui avait dit que la dame de Courbon à l'occasion de
la demoiselle de Moras s'étant expliquée avec la
demoiselle d'Aunay, pensionnaire au couvent du
Chasse-Midy, sa bonne amie, des sentiments qu'elle
avait pour le sieur de Courbon et de ceux que le
sieur de Courbon avait pour elle, la demoiselle
d'Aunay représenta à la demoiselle de Moras qu'une
fille bien née ne devait prendre aucun engagement

sans le consentement de sa mère, et même, n'en devait prendre aucun, désapprouva ensuite ladite demoiselle de Moras, ce qui occasionna entre elles une petite brouillerie dont la demoiselle de Moras rendit compte audit sieur de Courbon, qui avait dès lors projeté de sortir la demoiselle de Moras du couvent du Chasse-Midy, et le sieur de Courbon craignant que la demoiselle d'Aunay ne donnât avis à la dame de Moras des déclarations que mademoiselle sa fille lui avait faites, se détermina à faire écrire, elle répondante, à la dame de Moras pour cacher le projet qu'il avait formé, en même temps pour se disculper, elle répondante, la mettre à couvert de tout reproche, afin d'engager par ce moyen elle répondante à leur prêter la main et à favoriser le dessein qu'ils avaient projeté; que voilà le motif qui lui a fait écrire la lettre dont elle nous a ci-dessus parlé à Mme de Moras.

A dit qu'elle nous a dit la vérité, qu'elle n'a point eu d'autres motifs pour écrire à la dame de Moras que celui qu'elle nous a dit ci-dessus, que le sieur de Courbon et la demoiselle de Moras n'ont point eu d'intelligence avec elle pour écrire ladite lettre, qu'elle ignore s'il y avait un projet formé entre le sieur de Courbon et la demoiselle de Moras, qu'elle n'en a jamais eu connaissance; convient que la

demoiselle de Moras avait déclaré ses sentiments à
la demoiselle d'Aunay, que la demoiselle d'Aunay
les avait désapprouvés; mais que ce n'est pas la
crainte que la demoiselle d'Aunay en donnât avis à
Mme de Moras qui a déterminé elle répondante à
écrire ladite lettre.

S'il n'est pas vrai que, pour mieux cacher le dessein du sieur de Courbon et de la demoiselle de
Moras et faire croire à la dame de Moras qu'elle
répondante était de bonne foi et que le sieur de
Courbon et la demoiselle de Moras n'avaient point
connaissance de la lettre qu'elle lui avait écrite,
quand elle vit la dame de Moras, elle la pria de
n'en point parler à la demoiselle sa fille et insista
pour que la dame de Moras brûlât la lettre, de
crainte qu'on ne découvrît que c'était elle répondante qui avait donné cet avis?

A dit que non, qu'il est bien vrai qu'elle avait
marqué dans la lettre qu'elle a écrite à Mme de
Moras qu'elle la priait de la brûler et que quand elle
l'a vue, elle l'a encore priée, par la crainte seulement qu'elle avait que le sieur de La Mothe ou le
sieur de Courbon ne la vît.

IV

INTERROGATOIRE

DE

MADAME DE BLÉNAC

IV

INTERROGATOIRE DE Mme DE BLÉNAC

MÈRE DE M. DE COURBON

Du 7 janvier 1738.

Fait venir de sa prison du Grand-Châtelet Esther
Draud, veuve de François de Courbon de Blénac,
demeurant ordinairement à Contré, native de
Laroche-Bruno, paroisse de Breil-Barré, âgée de
soixante-onze ans, après serment.

S'il est pas vrai que le sieur de Courbon son fils
est venu en cette ville de Paris et a fréquenté la
maison de la dame veuve de Moras, où il a connu
la demoiselle de Moras sa fille, et ensuite a continué de la voir au couvent du Chasse-Midi, où la
dame sa mère l'avait fait mettre ?

A dit qu'elle n'en a aucune connaissance ; qu'il
est vrai que son fils lui a dit qu'il connaissait et
voyait la dame de Moras, mais qu'il ne lui a jamais

parlé de la demoiselle sa fille ; qu'elle savait bien que la dame de Moras avait une fille que l'on avait parlé de marier avec le fils du sieur de La Mothe, mais qu'elle ne connaissait que l'existence de ladite demoiselle sans en avoir entendu parler autrement.

A elle remontré qu'elle ne nous a pas dit la vérité, puisque le 16 ou 17 septembre elle répondante, conversant avec son fils qui était de retour de cette ville de Paris, elle lui demanda quelles étaient les habitudes et les personnes qu'il voyait à Paris ; que son fils lui répondit qu'il voyait souvent la dame de Moras avec le sieur de La Mothe, et avait été voir la demoiselle de Moras au couvent du Chasse-Midi, mais que la dame de Moras lui ayant défendu d'y aller environ vers le mois de juin précédent, il avait cessé de l'aller voir, n'en avait eu depuis aucune nouvelle, ni n'en avait entendu parler.

A dit qu'elle n'a jamais demandé à son fils quelles étaient ses habitudes et les personnes qu'il voyait à Paris, qu'elle a cependant quelque idée de ce que nous lui demandons, mais qu'elle ne peut se ressouvenir de la conversation qu'elle a eue alors, ni même si cela lui a été dit depuis que la demoiselle de Moras est arrivée à Contré ou auparavant, mais qu'elle croit que c'est depuis l'arrivée de la demoiselle de Moras.

S'il est pas vrai, au contraire de ce qu'elle nous dit, que le sieur de Courbon son fils avait instruit elle répondante des idées qu'il avait d'enlever la demoiselle de Moras à sa famille, même dans le temps que la dame de Moras se proposait de la marier au sieur de La Mothe fils, et du projet qu'il avait conçu depuis la mort du sieur de La Mothe fils de l'enlever en personne, et sur le refus de la demoiselle de Moras de se laisser enlever, du dernier projet qu'il a exécuté en s'abstenant de voir ladite demoiselle, suivant l'ordre de la dame sa mère, mais en lui écrivant et recevant de ses lettres par le moyen de la gouvernante de ladite demoiselle de Moras, qui recevait les lettres que le nommé Deschamps, laquais du sieur de Courbon, lui apportait par le moyen d'un petit panier à ouvrage qu'elle descendait par la fenêtre qui donnait sur la rue, avec une ficelle, pendant le temps que ledit sieur de Courbon a resté en cette ville de Paris, et depuis son départ par le moyen de la nommée Groslay, couturière, qui rendait à la gouvernante de la demoiselle de Moras les lettres qu'elle recevait par la poste du sieur de Courbon, et que pour réussir dans son projet et se mettre à couvert ainsi qu'il le pensait des poursuites que l'on pourrait faire contre lui, il avait fait un projet de lettre qu'il avait donné à la demoiselle de Moras pour qu'elle l'écrivit de la ville de Poitiers à la dame sa mére et lui faire accroire par là que c'était elle, demoiselle de Moras, qui allait de son chef chercher le sieur de Courbon à Contré, lequel projet elle répondante ne blâma pas comme elle l'aurait dû faire, et au contraire, quand il se trouvait quelqu'un présent à leur conversation, le sieur de Courbon disait, comme nous lui avons représenté ci-dessus, que depuis que la dame de Moras lui avait défendu de voir la demoiselle sa fille il ne l'avait pas vue, n'en avait pas entendu parler et n'en avait eu aucune nouvelle ?

A dit que non et qu'elle n'a jamais eu aucune connaissance des faits que nous lui demandons, et que quand la demoiselle de Moras a été arrivée il n'en a été nullement question ; au contraire, le sieur son fils, en présence d'elle répondante, a toujours témoigné beaucoup de surprise de voir la demoiselle de Moras, et a fait entendre à elle répondante qu'il ignorait le motif pourquoi elle était venue et qu'elle croit son fils innocent de tout ce qu'on peut lui imputer.

S'il est pas vrai que le sieur de Courbon et elle répondante attendaient la demoiselle de Moras ?

A dit que non à son égard, et ne sait point si son fils l'attendait, ne lui en a jamais rien témoigné.

S'il n'est pas vrai que quand la demoiselle de Moras est arrivée, le sieur de Courbon l'a présentée à elle répondante en lui disant que c'était sa femme, sur quoi elle répondante lui dit qu'elle ne le croyait pas marié, à quoi le sieur de Courbon lui dit qu'il espérait qu'elle lui pardonnerait de s'être marié sans lui en avoir parlé?

A dit que non, que le sieur de Courbon ne lui a jamais tenu un pareil discours en lui présentant la demoiselle de Moras, qu'il lui dit seulement : « Voilà Mlle de Moras ! » qu'elle répondante fut fort surprise, regarda son fils qui parut de même surpris, et revenus de cette première surprise, elle répondante dit à la demoiselle de Moras pourquoi elle était venue ainsi ; que ladite demoiselle lui dit qu'elle était fort fatiguée et n'avait point encore déjeuné, quoiqu'il fût environ deux à trois heures après midi ; qu'elle répondante lui fit servir un morceau à manger, et, après qu'elle eut bu un coup, elle tira de sa poche la copie de la lettre qu'elle avait écrite à la dame sa mère, de Poitiers, et dit à elle répondante : « Madame, voilà de quoi il s'agit ! » et commença à faire la lecture de ladite lettre ; mais comme elle était extrêmement fatiguée, elle se retira dans la chambre qu'on lui avait préparée pour se coucher, et depuis nous a dit que ladite demoiselle ne s'était point retirée alors, mais que le sieur de Courbon acheva la lecture de ladite lettre, après laquelle lecture, elle répondante lui dit, voyant bien que c'était une équipée de jeunesse, qu'il fallait qu'elle écrivît à Madame sa mère pour lui donner avis qu'elle était arrivée à Contré afin qu'elle envoyât quelqu'un pour la rechercher; qu'après le souper, la demoiselle de Moras et le sieur de Courbon son fils ont écrit à la dame de Moras, qu'elle répondante a mis les lettres dans un paquet cacheté et les a envoyées par un exprès pour joindre la poste à huit lieues dudit lieu de Contré, n'ayant pas cru pouvoir mieux faire et ne lui étant pas venu alors en idée de la faire conduire dans un couvent.

S'il n'est pas vrai que le sieur de Courbon alla le soir même coucher avec la demoiselle de Moras quand elle fut retirée dans la chambre qu'on lui avait préparée?

A dit que non, qu'elle n'est point faite à souffrir pareille chose et surtout dans sa maison, et que si le sieur de Courbon a couché avec la demoiselle de Moras, ce qu'elle ne sait point, ce n'est qu'une seule nuit qui est la nuit du 8 au 9 du mois de novembre dernier, parce que ledit jour le sieur de Courbon avait épousé la demoiselle de Moras.

Enquise comment elle sait que son fils a

épousé la demoiselle de Moras le 8 de novembre?

A dit que c'est parce que son fils le lui a dit et qu'elle a même signé comme témoin l'acte de la célébration de mariage, lequel acte lui a été présenté à signer dans sa chambre.

Enquise si elle a été présente à la célébration du mariage et en quel lieu le mariage a été célébré, si c'est dans l'église de la paroisse ou ailleurs?

A dit que le mariage a été célébré dans l'église de la paroisse, qu'elle y était présente quoique éloignée, parce qu'elle ne peut pas beaucoup marcher, et qu'ayant une porte de son château qui donne dans l'église, il y a en dedans de l'église, près ladite porte, un prie-Dieu sur lequel elle répondante était, et qu'après la cérémonie faite, elle répondante est entrée dans sa chambre où le curé a apporté le registre qui a été signé tant par elle répondante que par les autres témoins.

Enquise si elle a entendu la messe du mariage?

A dit que non, qu'il était environ une heure lorsque le mariage a été fait, et que le curé n'a point dit la messe ledit jour parce qu'il était incommodé.

Enquise si le sieur de Polizy qui était arrivé le matin était présent à la célébration dudit mariage?

A dit que non et qu'elle ne sait pas où était alors
le sieur de Polizy.

A elle remontré qu'il est difficile de concilier ce
qu'elle vient de nous dire, nous ayant d'abord dit
qu'elle n'avait aucune connaissance que son fils eût
séduit la demoiselle de Moras, qu'elle fut surprise
quand elle la vit arriver chez elle, qu'elle connut
bien alors que c'était une équipée que cette demoiselle faisait, qu'elle l'avait même engagée à écrire à
la dame sa mère pour qu'on la vînt rechercher, et
que cependant elle avait été présente et témoin au
mariage que son fils avait fait avec ladite demoiselle,
ce qui fait connaître qu'elle est complice et a participé à la séduction que son fils a faite de ladite
demoiselle, puisqu'elle convient qu'elle a connu
que c'était une équipée que ladite demoiselle avait
faite et que néanmoins elle a consenti à son mariage
avec son fils ?

A dit que c'est la complaisance qu'une mère a
pour ses enfants qui l'a engagée à cela, outre qu'elle
trouvait le mariage convenable, puisque si la demoiselle de Moras apportait du bien à son fils, son fils
lui donnait de la qualité et de la considération
qu'elle n'avait pas, et que, d'ailleurs, son fils ayant
trente-cinq ans passé était le maître de ses actions.

A elle remontré qu'elle ne nous dit pas la vérité

quand elle nous dit que le mariage a été fait le 8 de novembre, puisque c'est le jour de la fête de tous les saints, 1er novembre, le soir après les vêpres des morts, que le mariage a été fait?

A dit qu'elle s'est trompée quand elle nous a dit que le mariage avait été célébré le 8 du mois de novembre, que si elle l'a dit c'est parce que l'acte est daté du 8 novembre, mais qu'il est vrai que le mariage a été célébré le jour de la Toussaint, après les vêpres des morts; que cela ne lui paraît d'aucune conséquence, et ne sait pas les raisons que son fils a eues de faire laisser la date en blanc et de la faire remplir du 8 du mois de novembre.

S'il est pas vrai que le curé de Contré ayant refusé au sieur de Courbon de faire son mariage, le sieur de Courbon le vint dire à elle répondante qui lui dit : « Je parlerai au curé et je lui ferai bien faire ! »

A dit que non, que jamais son fils ne lui a dit que le curé refusait de faire son mariage, et qu'elle répondante n'a jamais dit qu'elle le lui ferait faire.

S'il est pas vrai que pour engager ledit sieur curé à faire ledit mariage, elle répondante lui a donné la somme de 500 livres?

A dit que non, qu'elle ne lui a jamais rien offert ni promis.

Enquise pourquoi, si elle n'était pas complice du sieur de Courbon son fils, elle n'a pas obligé la demoiselle de Moras de s'en aller avec le sieur de Polizy son oncle?

A dit que la demoiselle de Moras lui avait dit qu'elle ne voulait pas s'en aller avec le sieur de Polizy.

A elle remontré que ce qui fait connaître qu'elle avait connaissance du projet de son fils et qu'elle était complice de la séduction, c'est qu'aussi, lorsque la demoiselle de Moras a été arrivée, non seulement elle a consenti au mariage, mais même elle a donné son anneau pour servir à la demoiselle de Moras?

A dit qu'elle n'a rien à nous répondre, qu'il est vrai qu'elle a donné son anneau à la demoiselle de Moras parce qu'elle le lui avait demandé.

Lui avons représenté deux contrats de célébration de mariage d'entre le sieur de Courbon son fils et la demoiselle de Moras, extraits des deux registres de mariage par Gallard et Audureau, notaires royaux, dont l'un extrait du premier registre en date du 8 novembre, et l'autre extrait sur le second registre; la date est restée en blanc. Interpellée de les reconnaître et de déclarer si ce ne sont pas les extraits du mariage qui a été fait entre le sieur de Courbon son fils et la demoiselle de Moras?

A dit que oui, qu'elle les reconnaît pour avoir signé les originaux sur les deux registres.

S'il est pas vrai que depuis que la demoiselle de Moras est partie de Contré, elle répondante, son fils et le curé dudit lieu ont concerté ensemble pour trouver les moyens de soustraire les registres de la paroisse, et que pour cet effet le curé les avait ôtés de son église et les avait toujours dans ses poches?

A dit que non, et que le curé ne laisse jamais les registres dans son église parce que l'église a pensé être volée, qu'il les emporte toujours chez lui, et que s'il les avait dans ses poches, apparemment que c'était qu'il en avait besoin pour quelque baptême ce jour-là.

S'il est pas vrai que son fils, lui, est convenu que c'est lui qui avait donné à la demoiselle de Moras la lettre qu'elle avait écrite de Poitiers à la dame sa mère, surtout dans le temps qu'il en a envoyé des copies à plusieurs personnes en cette ville de Paris?

A dit que non; qu'elle n'a jamais cru que son fils ait écrit ladite lettre, étant trop bien écrite; qu'elle n'a pas pensé non plus que ce pût être la demoiselle de Moras et qu'elle ne l'a pu penser qu'après qu'elle a eu entendu la demoiselle de Moras parler à

M. de Polizy comme elle a fait pendant près de trois heures.

Enquise pourquoi elle répondante, si elle eût été dans la bonne foi comme elle vient de nous le dire, n'a pas déclaré au sieur de Polizy et au sieur Peirenc, quand ils sont arrivés, que la demoiselle de Moras était mariée avec le sieur de Courbon son fils ?

A dit que si elle ne l'a point déclaré au sieur de Polizy et au sieur de Peirenc, c'est parce qu'elle avait entendu dire à son fils, en parlant à la demoiselle de Moras, que si madame sa mère l'envoyait chercher, il se rendrait à Paris quinze jours après elle, et qu'il le dirait lui-même à la dame de Moras, parce qu'il était juste qu'elle le sût la première.

Enquise pourquoi son fils n'est point venu à Paris pour le dire à la dame de Moras, comme elle vient de nous dire qu'il avait projeté de le faire, ce qui fait connaître qu'il n'avait nul dessein de le dire lui-même à la dame de Moras, et que si elle répondante ne l'a pas déclaré à M. de Polizy et au sieur Peirenc quand ils sont arrivés à Contré, ce n'est pas par le motif qu'elle nous a dit, puisqu'il ne se trouve pas vrai, mais plutôt parce qu'elle répondante voulait cacher la séduction que son fils et elle avaient pratiquée envers ladite demoiselle ?

A dit que si son fils n'est pas venu à Paris, c'est parce que l'oncle poursuivait, qu'elle ne sait pas d'ailleurs si il n'y est pas venu, qu'elle ne sait même pas où il est présentement, mais qu'elle n'a jamais eu d'autre motif pour ne le point découvrir à M. de Polizy et au sieur Peirenc, et qu'elle n'a jamais participé à aucune séduction de la demoiselle de Moras et ne sait ce qu'on veut lui dire, etc.

Du 20 mars 1738.

S'il est pas vrai qu'elle a su que la dame de Moras avait une fille et que cette fille avait été destinée en mariage au fils du sieur La Mothe-Houdancourt ?

A dit que oui.

S'il est pas vrai que c'est le sieur de Courbon son fils qui le lui a appris ?

A dit que oui.

S'il est pas vrai que le sieur de Courbon, étant retourné au village de Contré, dit à elle répondante que le mariage avait manqué parce que le fils du sieur de La Mothe était mort ?

A dit que oui.

S'il est pas vrai que le sieur de Courbon ne lui a parlé de ce mariage qu'en lui disant en même temps ce qu'il avait fait pour engager la demoiselle de Moras à se marier avec lui sieur de Courbon?

A dit que non.

S'il est pas vrai que le sieur de Courbon lui a dit que la mort du sieur de La Mothe fils avait été pour lui une occasion sûre de réussir dans le projet qu'il avait formé de séduire la demoiselle de Moras et de se marier avec elle?

A dit que non.

S'il est pas vrai qu'il lui a dit qu'il était parvenu à engager la demoiselle de Moras à venir au village de Contré pour se marier avec lui?

A dit que non.

S'il est pas vrai qu'il lui a dit encore qu'il avait gagné la gouvernante de ladite demoiselle et que la dame de Moras ayant fait défense que lui sieur de Courbon vît la demoiselle sa fille, il avait trouvé le secret d'avoir un commerce de lettres avec la demoiselle de Moras et de lui faire trouver de l'argent pour son voyage?

A dit que non.

S'il est pas vrai qu'il lui a encore dit qu'il avait pris des mesures avant son départ de Paris, avec la gouvernante de ladite demoiselle et la nommée Groslay, couturière, pour continuer le commerce de lettres avec ladite demoiselle de Moras?

A dit que non.

S'il est pas vrai qu'il lui a dit qu'à la première occasion favorable, c'est-à-dire au premier voyage que la dame de Moras ferait à la campagne, la demoiselle de Moras - et sa gouvernante devaient partir aussi pour se rendre au village de Contré?

A dit que non.

S'il est pas vrai que le sieur de Courbon ayant appris par une lettre de la demoiselle de Moras que la dame de Moras était indisposée et qu'elle n'avait pas trouvé l'occasion de partir avec sa gouvernante pour se rendre à Contré, il en fit part à elle répondante?

A dit que non.

S'il est pas vrai que ce retardement de la demoiselle de Moras inquiéta le sieur de Courbon et elle répondante dans la crainte qu'ils avaient que le projet fût découvert et ne réussît pas?

A dit que non.

S'il est pas vrai que le sieur de Courbon n'est point sorti de Contré depuis qu'il y a été arrivé, parce qu'il attendait toujours la demoiselle de Moras?

A dit qu'il est vrai que le sieur de Courbon n'est point sorti de Contré depuis qu'il y est arrivé, parce qu'il tenait compagnie à elle répondante et l'aidait à faire ses vendanges, mais qu'elle n'a aucune connaissance qu'il y fût demeuré pour attendre la demoiselle de Moras.

S'il est pas vrai que la demoiselle de Moras et sa gouvernante sont arrivées à Contré, dans une chaise de poste à deux, le 31 octobre dernier ?

A dit que oui.

S'il est pas vrai que la chaise de poste était accompagnée d'un laquais à cheval ?

A dit que oui.

S'il est pas vrai qu'elle sait et a eu connaissance que la chaise de poste, en sortant de Paris, avait été attelée de deux chevaux d'amis conduits par un postillon bourgeois ?

A dit qu'elle a appris par la demoiselle de Moras que son laquais avait été chez un loueur de chevaux pour conduire la chaise jusqu'à la première poste, mais que le loueur de chevaux avait refusé d'en fournir, pour quoi la demoiselle de Moras lui avait donné un billet qu'elle avait signé de Courcelles, mais n'a aucune connaissance si la chaise a été attelée de deux chevaux d'amis, ni conduite par un postillon bourgeois.

S'il est pas vrai qu'elle a eu connaissance à qui appartenaient lesdits chevaux et quel était le postillon ?

A dit que non, qu'elle a su seulement par ouï-dire que c'étaient des chevaux de louage.

S'il est pas vrai que la demoiselle de Moras et sa gouvernante étant arrivées, elle répondante et le sieur de Courbon ont été les recevoir?

A dit qu'elle répondante ayant été avertie qu'il venait d'arriver une chaise et deux dames dedans, son fils lui demanda si elle attendait compagnie, lui ayant répondu que non, mais qu'il en pouvait bien venir sans qu'elle les attendit, elle dit à son fils d'aller les recevoir et leur donner la main pour descendre; que pendant qu'il y était allé, elle répondante se mit à la fenêtre et les vit descendre de la chaise.

S'il est pas vrai qu'elle répondante et le sieur de Courbon ne furent surpris de voir arriver la demoiselle de Moras que parce qu'ils avaient été alarmés du retardement et qu'ils n'avaient point reçu de nouvelles précises du départ?

A dit que non et qu'elle ne les attendait pas.

S'il est pas vrai qu'elle répondante fit un très bon accueil à la demoiselle de Moras, parce qu'elle devint sa bru?

A dit que lorsque la demoiselle de Moras est entrée en son appartement, elle l'a embrassée sans savoir qui elle était, et que si elle lui a fait un bon accueil, c'est parce qu'elle est dans l'habitude de recevoir avec politesse les personnes qui la vont voir ; mais qu'elle ne pensait pas alors que ladite dût être sa bru.

S'il est pas vrai qu'elle répondante et le sieur de Courbon songèrent dès ce moment à profiter du temps, et pensèrent qu'il n'y avait pas de temps à perdre pour faire le mariage ?

A dit que non ; que ledit jour il ne fut nullement parlé de mariage ; que la conversation qu'ils eurent ensemble, après que la demoiselle de Moras eut commencé la lecture de la lettre qu'elle avait écrite de Poitiers à la dame sa mère et que le sieur de Courbon l'eut achevée, commença par le sieur de Courbon, qui dit à ladite demoiselle qu'il ne pouvait revenir de la surprise où il était de la voir en ce lieu, et surtout avec la demoiselle Gorry : « Car vous ne savez pas, mademoiselle, en parlant à la demoiselle de Moras, que c'est la demoiselle Gorry qui a écrit à madame votre mère les sentiments décidés que vous avez pour moi » ; que la demoiselle Gorry, prenant la parole, voulut nier le fait, mais que le sieur de Courbon lui répliqua : « Vous ne pouvez pas le nier, parce que j'en suis sûr à n'en pouvoir douter ; ce n'est pas que je vous en veuille mal, vous avez fait votre charge, et je serais fâché que Mlle de Moras vous en sût mauvais gré » ;

qu'alors la demoiselle Gorry lui dit : « Eh bien !
monsieur, puisque vous le savez, il faut vous
l'avouer ; mais vous ne savez pas tout, car si vous
me saviez mauvais gré de la lettre que j'ai écrite à
Mme de Moras, vous m'en sauriez bien davantage,
car je vous dirai que quelques jours après la lettre,
j'allai chez Mme de Moras pour lui parler, parce
qu'elle n'était pas venue au couvent ; je ne la trouvai
point parce que pendant ce temps elle était venue au
couvent où elle ne me trouva pas non plus ; mais
quelques jours après, je la trouvai dans les rues dans
son carrosse, qu'elle fit arrêter, et je lui ait dit que
j'avais été surprise de ce qu'elle n'était point venue
voir la demoiselle sa fille depuis la lettre qu'elle lui
avait écrite » ; que la dame de Moras lui dit de lui
raconter toutes ces affaires-là, et qu'après lui avoir
dit tout ce qu'elle pouvait lui dire au sujet des sentiments que la demoiselle sa fille avait pour le sieur
de Courbon, la dame de Moras avait mis ses deux
mains sur ses deux côtés et s'était mise à rire de
tout son cœur, dont elle Gorry parut très surprise de
voir la dame de Moras prendre cette affaire aussi
gaillardement, ce que voyant, elle lui dit qu'elle la
priait de voir la demoiselle sa fille pour savoir par
elle-même ses sentiments et de lui dire les siens ;
que la dame de Moras n'avait pas été voir sa fille,

que cela l'avait beaucoup inquiétée; pourquoi elle
était retournée chez la dame de Moras, à laquelle
elle avait dit que la demoiselle sa fille était extrêmement inquiète ; qu'elle ne pouvait demeurer en
place ni s'occuper à rien, et qu'elle lui demandait
en grâce de finir cette affaire-là; que la dame de
Moras avait toujours regardé la demoiselle de Moras
comme une enfant, mais qu'elle se trompait,
qu'elle avait beaucoup d'esprit et qu'elle était
capable de prendre quelque parti violent; que
tout ce qu'elle pouvait faire était de l'en avertir ;
que sur cela Mme de Moras l'avait querellée et lui
avait dit qu'elle l'ennuyait et qu'elle laissât faire à
sa fille ce qu'elle voudrait et qu'elle ne lui en cassât
plus la tête ; que depuis ce temps-là elle n'avait plus
rien dit à la dame de Moras au sujet de la demoiselle sa fille ; et s'adressant au sieur de Courbon,
elle lui dit : « Cependant, monsieur, vous ne savez
pas cela, je vous l'apprends »; qu'alors le sieur
de Courbon lui dit : « C'est que Mme de Moras
savait que je ne voyais plus sa fille, que je ne lui
écrivais point et que je n'envoyais même pas
savoir comment elle se portait »; et s'adressant à
la demoiselle de Moras il lui dit : « Vous savez,
mademoiselle, la vérité, et que je ne vous ai ni vu,
ni écrit, ni envoyé savoir de vos nouvelles »; que

la demoiselle de Moras répondit : « C'est vrai. »

S'il est pas vrai qu'elle répondante prit soin d'entretenir la demoiselle de Moras dans les idées qu'elle serait heureuse avec le sieur de Courbon ?

A dit que non.

S'il est pas vrai que le jour même de l'arrivée de la demoiselle de Moras et de la gouvernante, elle répondante et le sieur de Courbon envoyèrent chercher le curé pour lui proposer de faire le mariage ?

A dit que non.

S'il est pas vrai que le curé de Contré étant venu chez elle répondante, il marqua d'abord de la résistance à faire ledit mariage et ne s'est ensuite prêté à le faire que parce qu'elle répondante et le sieur de Courbon lui firent de grandes promesses et l'assurèrent qu'il ne lui en arriverait rien, qu'ils avaient assez de crédit pour l'exempter du séminaire et lui procurer même un bénéfice plus considérable s'il était privé ou obligé de quitter sa cure ?

A dit que cela n'est point vrai.

S'il n'est pas vrai que le jour de la fête de tous les saints, au matin, elle répondante et le sieur de Courbon ont envoyé chercher le curé dudit lieu de Contré, et étant à la fin parvenus à l'engager à faire le mariage, le sieur de Courbon fut à l'instant en faire part à la demoiselle de Moras, qui était dans une chambre particulière avec sa gouvernante?

A dit qu'elle ni son fils n'ont envoyé chercher le curé ledit jour; qu'il est vrai que le curé est venu, suivant qu'il a coutume de le faire, pour savoir si l'on était prêt pour la messe; qu'elle n'a point vu le sieur de Courbon parler au sieur curé, et n'a point eu de connaissance si le sieur de Courbon a dit quelque chose à ce sujet à la demoiselle de Moras.

S'il est pas vrai qu'il fut convenu avec le sieur curé que le mariage se ferait dans ledit jour fête de tous les saints, après l'office divin, quand tout le monde serait sorti de l'église et que les portes seraient fermées?

A dit que le sieur de Courbon lui a bien dit que le mariage se ferait le jour de la fête de tous les saints, après l'office divin, quand tout le monde serait sorti de l'église et que les portes seraient fermées, mais qu'il ne lui a point dit cela en présence du curé ni de la demoiselle de Moras, et qu'il lui a dit que la raison pour laquelle il se pressait ainsi c'était parce que la demoiselle de Moras lui avait dit qu'il n'y avait point de temps à perdre, parce que la dame de Moras, sa mère, avait laissé à Paris un laquais pour aller s'informer tous les jours de l'état de sa santé, que ce laquais étant allé en campagne,

qu'elle avait profité de ce temps pour faire le voyage;
que ce laquais pourrait être revenu le jour de leur
départ et que la dame de Moras pourrait l'envoyer, et
qu'il arriverait peut-être dans un ou deux jours; sur
quoi, elle répondante dit à son fils qu'il prît garde à
ce qu'il allait faire, qu'il était son maître; que le
sieur de Courbon lui répondit qu'il croirait son honneur engagé s'il ne réparait pas celui de la demoiselle de Moras après ce qu'elle avait fait pour lui.

S'il est pas vrai que le jour de la fête de tous les
saints, elle répondante fut à l'église, assista aux
vêpres des morts et resta dans l'église pour assister
à la célébration dudit mariage?

A dit que oui.

S'il est pas vrai qu'après l'office divin fini et tout le
monde sorti de l'église, à l'exception d'elle répondante, le nommé Pillot, père du curé, ferma les
portes de l'église, et fut ensuite, avec le curé, son
fils, qui était en surplis, au-devant du sieur de
Courbon et de la demoiselle de Moras pour les
avertir?

A dit que non.

S'il est pas vrai qu'après le sieur de Courbon, et
la demoiselle de Moras et sa gouvernante, le curé et
le père du curé et le nommé Deschamps entrèrent
en l'église par une porte de communication de la

maison dudit sieur de Courbon, qui donne dans l'église ?

A dit qu'elle ne s'en souvient pas.

S'il est pas vrai qu'elle répondante sortit de son banc et s'approcha avec les autres du balustre, et qu'aussitôt le curé entra dans le sanctuaire, prit son étole, et donna la bénédiction nuptiale au sieur de Courbon et à la demoiselle de Moras ?

A dit que oui.

S'il est pas vrai que la cérémonie finie ils se retirèrent tous dans la chambre d'elle répondante, par la porte de communication qui donne dans l'église, et que l'acte de mariage y fut dressé et signé ?

A dit que oui.

S'il est pas vrai qu'avant le salut, le curé fut dans la maison d'elle répondante pour y prendre les noms et qualités du sieur de Courbon et de la demoiselle de Moras ?

A dit qu'elle n'en sait rien, parce qu'elle était dans l'église dès les premières vêpres, et qu'elle n'en sortit qu'après la célébration dudit mariage.

S'il est pas vrai que l'acte de célébration du mariage fut inscrit sur deux registres et signé de tout le monde et que la date en fut laissée en blanc ?

A dit que oui.

S'il est pas vrai que ce fut le sieur de Courbon

qui pria le curé de laisser la date en blanc et qu'il lui marquerait celle qu'il lui fallait donner?

A dit qu'elle a bien su que la date a été laissée en blanc, mais que dans le moment elle ne le savait pas, et qu'elle n'a pas entendu le sieur de Courbon dire au curé qu'il lui marquerait la date qu'il lui fallait donner.

S'il est pas vrai que le sieur de Courbon et elle répondante remercièrent le curé et son père de ce qu'ils avaient bien voulu prêter son concours, et promirent au père du curé de lui donner pour présent de noces une chaudière pour brûler ses eaux-de-vie?

A dit que pour elle répondante, elle n'a rien promis ni donné au curé ni à son père, n'a point eu connaissance que son fils leur ait rien promis ou donné.

S'il est pas vrai qu'il fut convenu entre eux tous de tenir le mariage secret, et qu'en cas qu'il vînt à être découvert, on tiendrait tous le même langage?

A dit qu'il est vrai que le sieur de Courbon a dit qu'il fallait tenir le mariage secret, mais qu'il n'a pas été convenu qu'ils tiendraient tous le même langage.

S'il est pas vrai qu'il fut encore convenu que l'on dirait que c'était par hasard que le père du curé s'y

était trouvé, que le mariage avait été célébré le jour
de sa date, et que le curé n'avait célébré le mariage
qu'après des sommations verbales à lui faites par le
sieur de Courbon et les déclarations faites par lui et
la demoiselle de Moras qu'ils se prenaient pour
mari et femme et qu'ils allaient consommer le
mariage ?

A dit qu'elle n'a pas ouï parler de cela ou qu'elle
ne s'en souvient plus.

S'il est pas vrai qu'elle fut charmée de ce que
le mariage était fait, qu'elle fit part de sa joie à la
demoiselle de Moras et l'assura qu'elle serait heureuse ?

A dit que cela est vrai; dit de soi que pendant
tout le temps que la demoiselle de Moras a été chez
elle répondante, elle répondante était fort inquiète
et le cœur très serré, et que quand ladite demoiselle
fut partie, elle a ressenti beaucoup plus de tranquillité, dans la crainte où elle avait toujours été qu'il
n'arrivât quelque chose de fâcheux en sa maison.

S'il est pas vrai qu'elle répondante et le sieur de
Courbon se sont flattés que ce mariage aurait lieu,
et que même ce serait un moyen sûr pour obliger
la famille de la demoiselle de Moras à y consentir
et lui imposer silence ?

A dit qu'elle n'a jamais pensé que ce mariage

imposerait silence à la famille de la demoiselle de Moras, mais elle se flattait que la dame de Moras enverrait sa procuration.

S'il est pas vrai que depuis que le mariage a été célébré, elle répondante et son fils se sont entretenus souvent des suites que ce mariage pourrait avoir ?

A dit qu'elle en a parlé plusieurs fois avec le sieur de Courbon, et que toutes les suites qu'ils ont prévues étaient ou que Mᵐᵉ de Moras enverrait sa procuration, ou, comme le sieur Peirenc leur avait fait entendre quand il a été à Contré, que ce mariage était convenable et qu'il ferait de son mieux auprès de la famille pour les y faire consentir.

S'il est pas vrai qu'elle répondante et le sieur de Courbon n'ont eu d'autre attention que de faire entendre à la demoiselle de Moras qu'elle devait tout prendre sur son compte, parce que par là les autres se trouveraient déchargés, et que pour elle, elle n'avait rien à craindre ?

A dit que non à son égard, et au surplus n'en a jamais entendu parler par le sieur de Courbon son fils.

S'il est pas vrai qu'elle répondante et le sieur de Courbon ont instruit la gouvernante de la demoiselle de Moras sur ce qu'elle avait à dire pour sa jus-

tification, et l'engager surtout à ne pas dire la vérité
et de parler toujours de façon à les décharger tous
et à rejeter tout tant sur la demoiselle de Moras que
sur la dame sa mère ?

A dit que non à son égard, n'a pas entendu son
fils tenir ce langage.

S'il est pas vrai qu'elle répondante et son fils ont
réitéré à la dame Gorry les promesses qui lui avaient
été faites par le sieur de Courbon qu'elle ne man-
querait de rien et que l'on lui assurerait une pension
de 2,000 livres ?

A dit que non à son égard, qu'au contraire, le
sieur de Courbon lui a toujours dit qu'ils n'avaient
rien promis ni donné à ladite Gorry.

S'il est pas vrai que depuis ledit mariage le curé
est venu plusieurs fois chez elle répondante, qu'il y
a mangé, et que la conversation a toujours roulé sur
le langage qu'ils avaient tous à tenir sur ledit
mariage ?

A dit que le sieur curé mange souvent chez elle
répondante, ne sait s'il y a mangé dans ce temps-là,
et ignore sur quoi on a pu parler.

Enquise si elle répondante ou le sieur son fils
n'ont pas promis ou donné au sieur curé une somme
de 500 livres ?

A dit que non.   *Signé :* ESTER. DRAUD.

V

EXTRAITS

DU

DUC DE LUYNES ET DE BARBIER

V

EXTRAITS

DES MÉMOIRES

DU DUC DE LUYNES ET DU JOURNAL DE BARBIER

Novembre 1737.

Histoire arrivée à Paris. Peirenc de Moras, fils d'un barbier de village, et qui faisait ici le métier d'agioteur, a trouvé le secret, par le système (de Law), de gagner plus de 600,000 livres de rentes avec deux ou trois millions d'effets mobiliers. Il a épousé la fille de Fargès, autre fripon. Il est mort ; il a laissé une veuve fort riche, un fils conseiller aux requêtes du Palais, et une fille de quatorze ans qui est un gros parti et qui était dans un couvent.

Cette veuve fort riche a une très bonne maison, garnie de seigneurs qui font la cour à madame. M. de Lamothe-Houdancourt, lieutenant général

des armées du roi, homme de grande condition et
bien fait, a l'honneur de ses bonnes grâces. Il a
introduit dans la maison un de ses parents et amis,
M. de La Roche-Courbon, brigadier des armées du
roi, cadet de Poitou, frère du marquis de Blénac,
de fort bonne maison, mais n'ayant que 800 livres
de rentes de patrimoine. On envoyait souvent chercher la fille à son couvent pour voir sa mère. La
Roche-Courbon lui a fait la cour, a plu à la jeune
fille, que l'on dit aussi résolue qu'à vingt ans. M. de
Lamothe-Houdancourt donnait les mains à cette
intrigue. Tant y a que le dimanche avant la Toussaint, une femme de chambre de la mère, qui était
gagnée, a été chercher la fille au couvent dans un
carrosse de la maison, à l'ordinaire. Au sortir du
couvent, la fille est montée avec la femme de chambre dans une chaise de poste, postée au coin de la
rue, et a pris le chemin d'Orléans pour se rendre
dans une terre dudit sieur de La Roche-Courbon,
en Poitou. On dit aussi qu'au-dessus de Chastres,
la femme de chambre a crié au postillon de prendre
un chemin de traverse, pour aller à une terre de
Mme de Moras, et que la jeune fille a tiré un pistolet
de sa poche et a dit à la fille de chambre qu'elle lui
casserait la tête si elle parlait, ce que l'on regarde
comme ayant été fait exprès en présence du postillon,

pour décharger la femme de chambre d'être complice d'un rapt. Il y avait deux domestiques à cheval à la suite de la chaise. Le postillon ayant rendu compte de ce qui s'était passé au maître de poste, celui-ci a écrit à M. Pajot, d'Ons-en-Bray, directeur général des postes, en sorte qu'on a su le chemin que la fille avait pris et même le jour qu'elle était arrivée à Poitiers. En conséquence, grand bruit dans la maison. MM. Farges de Polizy et Peirenc de Saint-Cyr, ses oncles, maîtres des requêtes, sont partis en poste avec un ordre du roi, l'ont trouvée dans le château, où elle était depuis deux jours avec M. de La Roche-Courbon, et l'ont ramenée dans un couvent. Les uns disent que cela avait été fait de concert entre Mᵐᵉ de Moras et M. de Lamothe-Houdancourt, pour ne pas donner la fille à un duc un peu forcément de la part du ministre. D'autres, que c'est un complot entre MM. de Lamothe et La Roche-Courbon, et que M. de Lamothe a été congédié de la maison de Mᵐᵉ de Moras. Quoi qu'il en soit, il ne sera plus aisé de marier cette fille, ayant passé deux jours dans le château. Cela est suspect pour la virginité, et on fera peut-être tout aussi bien de la marier avec La Roche-Courbon, bon homme, de bonne maison, qui n'aura pas fait une mauvaise affaire.

S'ensuit une petite chansonnette sur un vaudeville courant les rues :

> La petite Moras,
> Cette riche héritière,
> Suit avec grand fracas
> Les traces de sa mère !
> Elle a quitté la grille,
> Et ne savez-vous pas
> Que c'est pour la béquille
> Du père Barnabas ?

Ce refrain, qui est assez plaisant, a fait faire nombre de jolis couplets sur les aventures publiques(1).

Du 3 novembre 1737, à Fontainebleau.

On a appris aujourd'hui que Mlle de Moras, fille
de celui qui avait été directeur de la Compagnie
des Indes et qui est mort il y a deux ou trois ans,
avait été enlevée il y a huit jours. Elle est extrêmement riche, et elle a treize ou quatorze ans. On ne

---

(1) Voir Barbier. *Chronique de la Régence et du règne de
Louis XV*, tome III, p. 109 et 110, et tome IV, p. 416 et 417.
(Édition Charpentier, 1866.)

sait encore d'autres circonstances, sinon qu'elle était dans un couvent à Paris et sa mère à la campagne, qu'on a apporté à la gouvernante une lettre supposée de Mme de Moras qui mandait de lui amener sa fille et qu'elle envoyait pour cet effet une chaise à deux. Mme de Moras a été huit jours sans le savoir et ne l'a appris que par hasard; on ne sait par qui, ni où elle est (1).

Du mardi 19 novembre 1737, à Fontainebleau.

Il paraît ici depuis trois ou quatre jours une lettre de Mlle de Moras, de dix ou douze pages, écrite à madame sa mère; elle est écrite avec beaucoup d'esprit et de résolution. Cette résolution est des plus singulières pour une fille de treize ans. Il paraît prouvé qu'elle avait, depuis un an au moins, deux domestiques à ses gages, qui ne savaient pas à qui ils appartenaient et qui ne l'ont su que lorsqu'elle est partie. Elle a été en poste tout droit près de Poitiers, chez M. de Courbon, frère de M. de Blénac, pour qui elle avait marqué avoir du goût. Sa gouvernante

(1) Extrait, ainsi que les pages suivantes, des *Mémoires du duc de Luynes*. (Édition F. Didot.)

qui était dans la chaise avec elle lui ayant fait des
représentations qui lui déplurent, elle lui dit qu'elle
ne se plaignît pas, parce qu'elle avait deux pistolets
dans sa chaise et qu'elle ferait bien marcher le
postillon. M. de Courbon paraît vouloir se justifier
fort d'avoir contribué à cet enlèvement. M. de
Polizy, oncle de Mlle de Moras, ayant été chargé de
l'aller rechercher et n'ayant point apporté de lettre
de Mme de Moras, Mme de Courbon et monsieur son
fils dirent qu'ils ne la rendraient point à moins d'un
ordre du roi. Comme on avait eu la précaution de
demander une lettre de cachet, elle arriva quelques
heures après et Mlle de Moras est revenue à Paris, où
on l'a mise dans un autre couvent que celui où elle
était d'abord. Mme de Moras fait poursuivre l'affaire
en justice.

Du 23 décembre 1737.

L'affaire de Mlle de Moras fait toujours du bruit;
M. de Courbon est poursuivi et est sorti du
royaume; la gouvernante n'a rien encore avoué,
mais les accusations contre elle paraissent prou-
vées.

Du 12 janvier 1738.

Mme de Moras mourut aussi il y a quelques jours. Cet événement ne change rien à l'affaire de M. de Courbon, quoiqu'il ait déclaré qu'il ait épousé Mlle de Moras, parce que le Parlement est saisi de l'affaire et qu'il est décrété de prise de corps; le curé qui les a mariés est arrêté; ce même M. de Courbon, qui est en fuite pour éviter l'effet du décret, a passé en Piémont; il a imaginé d'aller descendre chez M. de Senneterre, notre ambassadeur à Turin, et son secrétaire a été assez facile pour lui donner un logement. M. de Courbon a écrit à M. de Senneterre à Paris pour lui faire part de son arrivée chez lui. M. de Senneterre vint aussitôt en rendre compte à M. le cardinal (de Fleury), fort fâché contre M. de Courbon, d'autant plus que la maison d'un ambassadeur est là.

Dimanche 27 juillet 1738, à Versailles.

Le 17, on eut nouvelle du jugement de M. de Courbon qui a été à la plus grande rigueur. M. de

Courbon a été condamné à avoir la tête tranchée, la femme de chambre de Mlle de Moras à être pendue, et la mère de M. de Courbon bannie pendant neuf ans. Il y a appel de cette sentence, suivant l'usage ordinaire, et présentement M. de Courbon a présenté une requête pour demander que ceux qui ont été enlever de chez lui Mlle de Moras soient condamnés à être pendus. Cette demande ne paraît pas soutenable, quoiqu'il prétende qu'on n'a pas pu lui enlever sa femme; mais on sait que ce fut en vertu d'une lettre de cachet.

Versailles, mardi 26 août 1738.

J'appris aussi hier la mort de Mlle de Moras (fausse nouvelle), dont l'histoire a fait tant de bruit; elle est morte de la petite vérole, dans un couvent où elle était, mais le procès de M. de Courbon n'est pas fini.

Dimanche 22 mars 1739.

Hier fut jugée en dernier ressort l'affaire de M. de Courbon qui est toujours à Turin; il fut condamné à avoir la tête tranchée. La gouvernante de Mlle de Moras n'a été considérée que comme femme de chambre, et par cette raison n'a été condamnée qu'à la fleur de lys et au bannissement. Le curé et son père ont été aussi condamnés au bannissement. La couturière qui recevait les lettres de M. de Courbon a été pleinement justifiée, et il lui a été adjugé des dommages et intérêts. Malgré la peine de mort de M. de Courbon, le jugement est regardé comme favorable aux accusés.

Mars 1739.

L'affaire de Mlle de Moras, qui dure depuis six mois que la sentence du Châtelet a été rendue au criminel, par mille incidents qu'on a fait naitre pour gagner du temps, a été enfin jugée au Parlement le samedi 21 mars. La Grand'Chambre et la Tournelle assemblées, la fille de chambre, au lieu d'être pendue, a été condamnée au fouet, la fleur de lys et neuf ans de bannissement. Le curé de Contré, terre du sieur de Courbon, au lieu des galères, a été condamné à l'amende honorable et au bannissement; et par rapport au sieur de Courbon absent, la sentence qui le condamne à avoir la tête tranchée a été confirmée. L'arrêt a été exécuté pour la femme de chambre et le curé qui étaient prisonniers, et par effigie pour le sieur de Courbon. On n'a jamais pu obtenir la grâce de la femme de chambre, dont on a voulu faire un exemple à Paris pour la sûreté des filles de famille. Cependant on rejette toute la cause de ce malheur sur Mme de Moras mère, qui a donné lieu aux familiarités de M. de Courbon avec sa fille.

FIN

TABLE DES MATIÈRES

ACHEVÉ D'IMPRIMER

PAR

CH. UNSINGER, IMPRIMEUR A PARIS

le 30 Septembre 1882

POUR

E. DENTU, ÉDITEUR

A PARIS

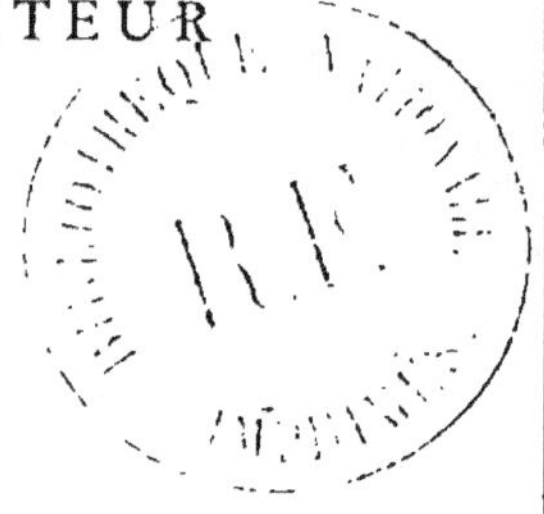